新编
新媒体概论

谭辉煌　刘淑华　编著

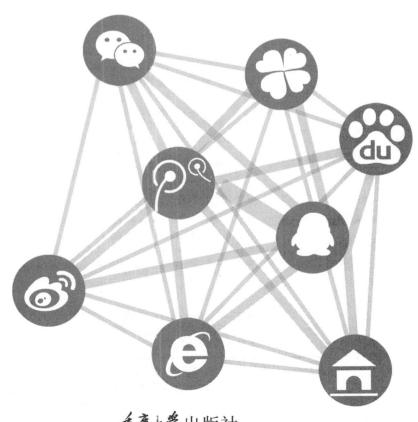

重庆大学出版社

图书在版编目（CIP）数据

新编新媒体概论／谭辉煌，刘淑华编著. -- 重庆：
重庆大学出版社，2018.8（2024.9重印）
ISBN 978-7-5689-1181-8

Ⅰ. ①新… Ⅱ. ①谭… ②刘… Ⅲ. ①传播媒介—概
论 Ⅳ. ①G206.2

中国版本图书馆 CIP 数据核字（2018）第145773号

新编新媒体概论

谭辉煌 刘淑华 编著
策划编辑：唐启秀
责任编辑：杨 敬 版式设计：唐启秀
责任校对：王 倩 责任印制：张 策
*
重庆大学出版社出版发行
出版人：陈晓阳
社址：重庆市沙坪坝区大学城西路 21 号
邮编：401331
电话：（023）88617190 88617185（中小学）
传真：（023）88617186 88617166
网址：http://www.cqup.com.cn
邮箱：fxk@ cqup.com.cn（营销中心）
全国新华书店经销
重庆升光电力印务有限公司印刷
*
开本：787mm×1092mm 1/16 印张：17 字数：374千
2018 年 8 月第 1 版 2024 年 9 月第 4 次印刷
ISBN 978-7-5689-1181-8 定价：45.00 元

《新编新媒体概论》编委会

编　　　著：谭辉煌　刘淑华

编写组成员：盘石军　李　兵　张　帆　周春发

　　　　　　柳庆勇　田园子　高　超　叶　欣

新媒体知识的动态建构

——为《新编新媒体概论》序

一

新媒体之新,不仅在于它与传统媒体相比,属于一种新的媒体形态,更在于它不居恒态,常变常新。

20世纪90年代末,中国正式开启互联网进程。当以门户网站为代表的第一代互联网媒体出现在我们面前,我们惊叹于它的数字化生存,海量的信息存储与传输及其以主动搜索为特征的全新的信息接触方式。进入 Web 2.0 时代之后,互联网进一步从文字、图片传输走向音频、视频传播,从信息流走向物流与资金流,全面复制着现实生活世界。在信息流领域,即我们所说的传播领域,进一步确立起网络媒体的互动特征,并在此基础上,加速推进互联网传播的多形态发展:博客,微博,微信,各类网站开设的供普通大众自由参与讨论和发表意见的各种论坛、贴吧等,将我们推向一个新的自媒体传播时代。Web 2.0 技术加上移动通信技术,更使得随时随地的信息发布与接收成为可能,使得具有高度即时性的网络直播成为可能。

互联网从来就没有停止过它的变化,常变常新便是它的一种发展常态。历来媒体的发展从未如此过。新媒体之新,正在于斯。

二

正因为新媒体的不居恒态,常变常新,新媒体的有关知识,也应该是一个动态的建构过程。

高等教育中的教材建设,是知识建构中十分重要的内在建制。其之于新知识的动态建构,无非两种路径,一是旧教材的修订,二是新教材的新编。本书选择的是新编路径。

阅读该书,我们明显感到作者为新媒体知识的动态建构所作出的努力。有部分章节,是专为动态发展中的新媒体而设,如大数据时代数据新闻的生产(第十三章),Web 2.0 技术与即时通信技术下的网络直播(第十四章),媒介智能化背景下的可穿戴设备与虚拟现实技术(第十五章)。而更多的是,在既存新媒体形态的讨论中,融入作者们对其动态发展的前沿性跟踪与关注,其对门户网站、搜索引擎、网络视频、手机、博客、微博与微信等的讨论皆是如此,其概述三章,更不乏思维的亮点与卓见。

成熟知识的建构是需要时间与过程的。新媒体知识的建构，更有赖于新媒体的动态发展与新媒体知识动态建构的互进与生发。因此，缺点或不足也许不可避免，有新的进步、新的发现，在我看来，就已经是一件相当了不得的事情了。

三

本书的作者们，是一群年轻的博士。他们对新事物的敏锐程度，以及新知识吸纳与建构的能力，远非吾辈可比。因此，活跃在新媒体研究领域的，大多数都是新崛起的新一代青年学者。

这一批博士，大多为"80后"，"新鲜出炉"不过几年时间。他们中有的人已收获国家社科或教育部人文社科项目，大多皆已晋升副教授，有的人甚至晋升了教授。其中一半与我相识，辉煌、庆勇，还有田园子、张帆与叶欣。有的出于我的门下，有的则师从其他高人。我历来并无门户之见，不管师出何门，我皆能同等视之、待之。

其生有涯，而知无涯。吾穷一生之力以求无涯之知，仍未窥见彼岸之所在。垂暮的我，羡慕他们正行进在求无涯之知的路上，我更为他们的学术收获感到由衷的高兴。

是为序。

张金海
2018 年 7 月 7 日于武昌珞珈山

前言
PREFACE

众所周知,网络新媒体已经对人类社会和生活产生了极其深刻的影响,这当然也包括大学本科教育。就新闻传播学类专业而言,基本可以总结为两个变化:一个是传统的新闻传播学类各个专业在新的冲击与挑战面前必须作出调整与应对,比如说培养方案的修订和实践教学模式的改革等;另一个是为了适应新的媒介技术与传播环境,在传统的新闻传播学类专业之外建立新的本科专业,于是我们看到2012年教育部决定在新闻传播学类专业目录中新设"网络与新媒体""数字出版"两个特设专业,从此与新闻学、传播学、广播电视学、广告学、编辑出版学一起成为七个并列的二级学科专业。据统计,截至2017年6月,全国已有180所高校在培养网络与新媒体专业的人才。

然而,当前新闻传播学教育存在不可回避的现实矛盾,"一方面,传媒行业的快速变革带来对新型专业化人才的需求不断扩大;另一方面,既有的课程体系、人才培养模式与行业发展需求的匹配程度不断降低"①,这令新闻传播学的教育者不得不作出反思:我们到底应该培养什么样的新闻传播学人才?我们的课程体系该如何与现实需求进行匹配?我们的实践教学模式该如何科学合理地设计?乃至我们最常用的教学工具——教材,又该如何来编写?

正是肩负着以上使命和责任,我们打算从最基础的环节也就是教材入手,编著一本新闻传播学类专业可以通用的基础理论类教材《新编新媒体概论》,希望可以为我国的新闻传播教育贡献一点绵薄之力。

总的来说,本教材的特色可以用一个"新"字来概括。

第一是写作团队以新闻传播学领域的新生力量为主。团队一共由10位博士组成,其中"80后"博士共8人,他们都是活跃在新闻传播学教育与科研领域的新生力量:有的刚刚博士毕业不久,有的在高校教学第一线已经默默工作了多年,有的甚至在国外有过留学或访学的经历,乃至又步入博士后的行列。他们的科研能力值得肯定,有的拿到了国家社科青年基金项目,有的主持教育部人文社科青年项目,有的在国内核心期刊发表多篇论文。除了年轻的"80后"主力军,还有三峡大学柳庆勇教授、浙江师范大学周春发副教授两位"70后"博士的鼎力加盟,他们的支持为教材的高质量奠定了雄厚的基础。

---

① 胡正荣.面向融媒时代的新闻传播教育[J].新闻与写作,2017(4).

第二是教材体例的新颖。在一般教材的常规模块之外,经过集体讨论,我们在每章设置了以下新"动作":一是"编者简介",包括个人的基本工作和研究情况,同时附上了个人的形象照片和电子邮箱,目的是既可以展现一下写作人员的风采,也便于读者和每章的写作人员进行交流互动。二是提供课程案例,主要是视频形式,目的是增添教材的知识性和趣味性。为了不影响教学,每章基本不超过 3 个视频案例。需要说明的是,因为版权原因我们不能直接在书上提供视频二维码,如果需要可以跟作者联系获取。三是"推荐阅读"和"话题讨论"。"推荐阅读"是在正文的相关内容下面附上知识延伸性质的资料,包括经典著作、核心论文、主要网站以及讲座视频等;"话题讨论"主要设置在课后,每章提供一个开放性的话题,便于教师布置课后作业和学生思考使用。

第三是教材内容的新潮。新媒体的发展速度非常迅猛,所以要在教材内容上与其保持更新本身就是一件非常困难的事情。不过从目前的发展状况来看,教材所包含的数据新闻、人工智能、虚拟现实、可穿戴设备、网络直播等内容,基本上保持了对当前新媒体发展前沿的密切跟踪与关注。

整体上讲,教材的内容体系由新媒体概述(第一至第三章)、新媒体形态(第四章至第九章)、新媒体传播(第十章至第十五章)和新媒体经营管理(第十六章至第十九章)四大部分构成。

教材的写作分工尽量做到编写内容与写作者的研究方向和研究兴趣保持一致,实际上,很多章节就是写作者科研成果或者教学心得的凝练。全教材的具体写作分工如下:谭辉煌负责第一章、第二章、第三章、第十二章、第十四章和第十五章;刘淑华负责第四章、第五章和第八章;盘石军负责第六章和第十一章;柳庆勇负责第七章;高超负责第九章;田园子负责第十章;张帆负责第十三章;叶欣负责第十六章;李兵负责第十七章和第十八章;周春发负责第十九章。

生有涯,而知无涯。学者们都在用有限的时间和生命去追求无穷的真理。作为年轻的学者来研究新兴的媒体,受多方面的影响,难免存在不足和缺陷,恳请专家、同行和学生在阅读中多提出批评和建议。

谭辉煌

2018 年 7 月 8 日于湖北咸宁

目 录
CONTENTS

参考文献

后　记

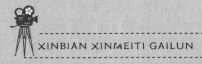
第一章　认识新媒体

【本章作者】

　　谭辉煌.广告学博士,湖北科技学院人文与传媒学院副教授,主要研究方向为新媒体和新媒体广告,主持教育部人文社科青年项目1项。电子邮箱:646345796@ qq.com。

【案例导入】

案例一：央视 2014 年播出了大型纪录片《互联网时代》，其中的第十集《眺望》描述和展望了人类在互联网技术下的交通、教育、医疗、商务、游戏、睡眠和饮食等全新的工作和生活模式。

案例二：2016 年新浪新闻推出的《舟游天宫》及一系列可视化产品是对新闻内容体验式报道的一次尝试，通过沉浸式线上产品与趣味性线下体验相结合的方式，搭建了一系列更加贴近网友关注点、更具人性化的可视化互动平台，改变了网友获知新闻的方式，让新闻报道可"触摸"。这也是此次天宫神舟报道最大的亮点——"天宫秀场"。

"天宫秀场"用"线下明星 VR 体验+线上直播互动"的形式，拉近网友与天宫神舟的距离。"天宫秀场"活动持续至少 1 个月，每次活动的参与明星和体验内容都会进行更新替换，给网友带来不同的惊喜；线下平台设置在中国科技馆，每日进行天宫神舟 VR 线下体验活动，利用 VR 技术和线上明星直播的影响力，最大化地发动网友参与。在"天宫秀场"中，新浪新闻运用了虚拟成像技术，明星的一举一动都会融入宇宙场景，网友可以看到不同明星享受太空之旅，也可以在围观的过程中享受宇宙元素与明星体验带来的感观碰撞（图 1.1）。

图 1.1　新浪新闻"天宫秀场"

"天宫秀场"绝不仅是一场"秀"。直播期间，关于天宫二号与神舟十一号的信息、宇宙的起源与危机等重要信息都会实时更新，专家的科普与讲解也会穿插在直播中；同时，这些信息和科普知识还会以更加科技化的手段呈现，实现新闻内容与互动直播相结合的目标。"天宫秀场"直播在新浪直播间、新浪新闻客户端等多个平台持续进行，网友可以利用弹幕功能尽情地刷屏、吐槽。

如今，"新媒体"已经是一个使用率很高的词语，也已经渗透我们生活的方方面面，乃至对整个人类社会都产生了非常重大的影响和改变，并且这种影响和改变还将继续进行下去。那么，新媒体为何具有如此惊人的能力？相较于传统媒体，新媒体又"新"在哪里？我们又该如何认识和评价新媒体？本章将重点探讨这些问题。

第一节　什么是新媒体

与当前"新媒体"一词频繁使用的现状形成鲜明对比的是,对于什么是新媒体,目前国内外还没有一个公认的定义,用"横看成岭侧成峰,远近高低各不同"这句诗来形容新媒体概念的研究现状亦不为过。不过,新媒体的一些基本特点与规律已经获得学界的认可,这也构成了我们探讨新媒体的一个重要基础条件。

一、"新媒体"的提出

关于新媒体概念的起源,有一种说法是出自加拿大媒介研究学者马歇尔·麦克卢汉。1959 年 3 月 3 日,麦克卢汉在芝加哥参加全美高等教育学会举办的会议时,发表了题为"电子革命:新媒体的革命影响"的演讲。在演讲中,麦克卢汉指出:"从长远的观点来看问题,媒介即讯息。所以社会靠集体行动开发出一种新媒介(比如印刷术、电报、照片和广播)时,它就赢得了表达新讯息的权利。……今天,印刷术的君王统治结束了,新媒介的寡头政治篡夺了印刷术长达 500 年的君王统治。寡头政治中,每一种新媒介都具有印刷术一样的实力,传递着一样的讯息……"①很显然,麦克卢汉所指称的"新媒体"主要是相对于印刷术而言,具体是指广播。所以它并不是我们现在所使用的新媒体的概念。

我们现在使用的"新媒体"概念出现于 20 世纪 60 年代。1967 年,美国哥伦比亚广播电视网技术研究所所长 P.戈尔德马克(P.Goldmark)在发表的一份关于开发电子录像商品的计划中提出了"New Media"(新媒体)这个概念。1969 年,美国传播政策总统特别委员会主席 E.罗斯托(E.Rostow)在提交给时任美国总统尼克松的报告中也多处使用了"New Media"这个概念②。那个时候,新媒体一词更多的是指向电子媒体中的创新性应用。

二、新媒体是一个动态发展的多维概念

对于新媒体基本概念的研究和探讨,学界常常有两种感叹:一种认为这是一件很难甚至吃力不讨好的事情,例如国际学术界关于新媒体研究的主流期刊《新媒体与社会》在发刊一周年卷首语中写道:"我们承认新媒体是一个相对易受攻击的概念",可见研究的不易。另一种则是感叹学者们对新媒体概念的"界定过宽且逻辑混乱"③,让人无所适从。

---

① 马歇尔·麦克卢汉.麦克卢汉如是说[M].何道宽.译.北京:中国人民大学出版社,2006:3.
② 明安香.信息高速公路与大众传播[M].北京:华夏出版社,1999:72.
③ 匡文波."新媒体"概念辨析[J].国际新闻界,2008(6):67.

其实无论"难"也好,"乱"也好,恰好说明了一个问题,那就是新媒体是一个动态发展的多维概念。

1.新媒体概念的动态发展

自从"新媒体"概念在 20 世纪 60 年代被提出后,其演进过程如下。

20 世纪 80 年代,伴随着计算机技术的发展,"新媒体"一词开始广泛普及。中国知网最早收录的关于新媒体的文献出现在 1986 年。这一时期对新媒体的认识有两个特点:一个是意识到新媒体将对社会尤其是教育产生重大的影响;另一个则是侧重于从技术和功能层面认识新媒体,认为新媒体包括"卫星通信、光纤图像通信、传真、计算机网络、双方向有线电视、文字广播等"[①],并指出新媒体具有多功能和互动性的特点。

就国外而言,关注的重心基本停留在新媒体带来的社会影响上。1984 年,罗纳德等人编辑的《新媒体:传播、研究与技术》一书出版,重点考察微处理技术、有线电视、卫星通信等如何影响社会结构和人际关系。1986 年,罗杰斯在其著作《传播技术:社会中的新媒体》一书中介绍新传播技术的使用和历史,探究互动性的新媒体给个体、组织及社会生活所提出的基本问题[②]。

20 世纪 90 年代,随着中国全面接入互联网,新媒体与互联网有了越来越多的关联[③]。1999 年,国内新闻传播领域较早涉及新媒体研究的著作《信息高速公路与大众传播》的作者明安香在书中指出,新媒体包括光纤电缆通信网、图文电视、计算机通信网及互联网、大型电脑数据库通信系统、通信卫星和卫星直播电视系统、高清电视等。这一时期,国内使用得比较多的与新媒体相关的另一个概念是"网络媒体"。

国外有关互联网的研究发展迅猛。1996 年的《传播学》杂志发表了一系列互联网研讨会论文,其中的论题体现了传播学者最初面对互联网这一正在崛起而且面目尚不清晰的技术现象时的困惑,讨论了以下问题:为什么传播学者应该研究互联网? 互联网是否可以作为大众媒介? 如何研究互联网?

21 世纪初,手机作为媒体进入人们的视野。国内最早通过手机传播新闻是在 2003 年 2 月 1 日美国哥伦比亚号航天飞机失事 16 分钟后,当时的新浪网以手机短信的形式把这则新闻发送给手机用户。此后,在重大突发新闻事件中,许多新闻网站都采用这种方式传送新闻。随着移动通信技术的发展和用户的快速增长,手机报、手机 WAP 版、手机广播和手机电视、手机新闻客户端等应用形态陆续登上媒体舞台。

2003 年是中国数字电视的元年,这意味着中国电视行业迈出了数字化转型的步伐。随后,数字电视、IPTV 乃至近几年流行起来的 OTT TV 和智能电视纷纷出现,这些互动性电视媒体都不断地丰富着新媒体的外延。

2010 年以来,新媒体的概念在许多新兴技术的背景下又得到拓展。可穿戴设备、虚拟现实技术、云计算、大数据、物联网等前沿技术的发展,已然打破了人们对新媒体的常规理解。这些新技术展现出许多前所未有的新特征,这些特征是现有的新媒体定义所没

---

① 冯昭奎.新技术革命对日本经济的影响[J].机械与电子,1986(5):23.

② 毕晓梅.国外新媒体研究溯源[J].国外社会科学,2011(3):117.

③ 彭兰.新媒体概念界定的三条线索[J].新闻与传播研究,2016(3):121.

有包含进去的,这对于新媒体研究者来说,毫无疑问又将是一个重大的挑战和考验。

2.新媒体概念的多维层面

(1)技术层面。技术是媒介产生和发展的根本动力之一,这是由媒介进化史所印证的一个基本命题。毫无疑问,对新媒体概念的探求很大程度上都会从技术层面开始,这也是国内外研究学者探讨新媒体的一条共同路径。尽管不同的学者主张新媒体的技术内涵各不相同,但就目前来说,总体上分为数字技术、网络技术和移动通信技术。数字技术解决的基本问题是信息的数字化,这使得所有信息都转换为"0"和"1"的统一标准,其意义在于消解了不同媒介之间的形态区隔,为媒介融合奠定了基础,并使得信息交互成为可能。所以,数字技术是新媒体的技术基石,为新媒体的发展提供了原动力。网络技术的基本功能则在于实现了计算机之间的互联互通,使得资源共享和信息传递沟通成为可能,从此,网络成为人类社会的一个巨大平台。移动通信技术的发展使得人类摆脱了实体网络和固定终端的限制,人们通过无线网络实现了即时在线传播,这意味着人类使用媒介自由的进一步跨越。当然,除了以上三大基本技术之外,物联网、大数据、虚拟现实等技术也不可忽视,它们必将对人类产生更为巨大而深刻的影响。

(2)形态层面。新技术催生新媒体,一个最为直观的表现就是带来新的媒体形态。媒体形态着重观照媒体外部形式而不探讨媒体所承载的内容,这是媒介研究的另一条途径。著名媒介研究学者保罗·莱文森提出了媒介"三分说":互联网诞生之前的旧媒介、滥觞于20世纪90年代中期的新媒介和滥觞于20世纪末兴盛于21世纪的新新媒介[1]。所谓新媒介在他看来主要以电子邮件、亚马逊网上书店、聊天室等为代表,而新新媒体则主要是以博客、维基、脸谱和推特等为代表的网络媒体。国内比较常见的新媒体形态划分有网络媒体、移动媒体和互动性电视媒体[2],网络媒体、自媒体和移动通信媒体[3],原生的新媒体和数字化的传统媒体[4]等。综合和借鉴以上划分,我们认为新媒体可以分为网络媒体、移动媒体和数字化媒体三种基本形态,其中特别强调的是数字化媒体,它是指传统媒体经过数字化改造和转型之后形成的新媒体,与数字媒体的概念是不一样的。

(3)传播层面。从传播层面看新媒体,主要从传播介质、传播形式、传播手段等基本方面来理解。新媒体首先是一种传播介质,这与印刷媒体、电子媒体在本质上是相同的,其功能同样是起着传递信息的基本作用。而从传播形式和传播手段的角度上说,新媒体是综合运用文字、声音、图片、影像等多种工具和形式的媒体。如果进一步从传播模式上讲,新媒体是互动性极强的媒体,它改变了传统媒体单向被动的传播模式,构建了"一对一""一对多""多对多"等多种传播模式,乃至融合了人际传播、组织传播和大众传播等多种传播形态。

① 保罗·莱文森.新新媒介[M].何道宽,译.上海:复旦大学出版社,2011:3.
② 宫承波.新媒体概论[M].北京:中国广播电视出版社,2012:4.
③ 周茂君.新媒体概论[M].重庆:西南师范大学出版社,2016:21.
④ 彭兰.新媒体导论[M].北京:高等教育出版社,2016:3.

（4）机构层面。媒体与媒介的主要区别就在于前者还有组织机构层面的含义，新媒体作为机构，主要是指基于新媒体渠道和平台来提供信息和服务的机构。

当然，在我国，利用新媒体进行新闻信息传播必须有资质上的要求。2005年9月25日，国务院新闻办公室与信息产业部颁布的《互联网新闻信息服务管理规定》指出，有三类机构可以从事新闻信息服务，包括新闻单位设立的登载超出本单位已刊登播发的新闻信息、提供时政类电子公告服务、向公众发送时政类通信信息的互联网新闻信息服务单位；非新闻单位设立的转载新闻信息、提供时政类电子公告服务、向公众发送时政类通信信息的互联网新闻信息服务单位；新闻单位设立的登载本单位已刊登播发的新闻信息的互联网新闻信息服务单位。

2014年8月7日，国家互联网信息办公室颁布了《即时通信工具公众信息服务发展管理暂行规定》。该规定指出：新闻单位、新闻网站开设的公众账号可以发布、转载时政类新闻；取得互联网新闻信息服务资质的非新闻单位开设的公众账号可以转载时政类新闻；其他公众账号未经批准不得发布、转载时政类新闻。这意味着，微信公众号也被纳入新媒体新闻信息服务范畴进行管理。而有资质利用公众号进行新闻信息服务的，仍是《互联网新闻信息服务管理规定》中许可的三类机构。

（5）社会层面。从社会层面理解新媒体的重心在于思考新媒体对人与人、人与社会带来的影响。因为，"从社会层面来看，新媒体是人、媒体技术与社会等多种因素在互动进程中产生的一种新型综合媒体。它的产生、社会化应用以及社会影响都是多种因素共同作用的结果，本质上是人的创造和人性的展现"[①]。从宏观角度上说，新媒体对当今社会的影响是全面而深刻的，它涵盖了政治、经济、文化、社交、艺术等方面；它不仅改变了人类的生活方式，而且深刻地影响着人类的思维方式和价值观。单从社会层面上说，它意味着人类从大众社会进入网络社会，这是两种截然不同的社会类型[②]（表1.1）。

表1.1　大众社会和网络社会的特征比较

特　征	大众社会	网络社会
主要成员	集体（群组、组织、社区）	个人（与网络相连）
成员本质	相似的	相异的
程　度	扩大的	扩大的和缩小的
范　围	本地的	全球的和本地的
联结性和连通性	成员内部连通性高	成员之间连通性高
密　度	高	低
中心化	高（少中心）	低（多中心）
包含性	高	低
社区种类	真实的和统一的	虚拟的和多元的

① 吴玉辉."新"媒体的多维度研究[J].当代传播,2013(5):68.
② 简·梵·迪克.网络社会——新媒体的社会层面[M].蔡静,译.北京:清华大学出版社,2014:33.

特　征	大众社会	网络社会
组织种类	官僚主义的融合	受信息支配的不同平面
家庭的种类	大家庭	多种关系的小家庭
主要交流方式	面对面	逐渐间接交流
媒介种类	大众广播媒体	窄播互动媒体
媒介数量	少	多

三、新媒体不只是媒体

　　传播学认为,大众传播媒体有四大传播功能,即监测、协调、文化传承和娱乐,新媒体作为新世纪的大众传播媒体同样具有以上四大功能。然而,除此之外,新媒体还具有其他的重要功能,这些功能是传统媒体所不具备的,换句话说,新媒体不只是媒体,更是平台。因为,在新媒体之上,我们除了监测社会发展动态、获取新闻信息、享受娱乐和与人交往之外,还可以旅行预订、购物支付、打车、叫外卖、理财炒股等。所以,"新媒体既是传播平台,也是经营平台,同时还是人们的工作、生活、社交平台"①。

　　因此,我们不难发现,平台的概念是远远大于媒体的概念的。人们日常生活中不可或缺的智能手机,既不只是一个通信工具,也不只是媒体,而更是一个综合性的平台。我们熟知的 BAT,它们的平台色彩就更为鲜明。百度是一个中文搜索平台,但其很多产品又具有媒体的属性,如百度指数和首页的百度推荐等;阿里旗下的淘宝是一个购物平台,其支付宝则打造了国内领先的支付平台,垂直的搜索引擎淘宝搜索也吸引了不少的网络流量;腾讯是一个社交平台,同时腾讯网又在国内门户网站中占有一席之地。因此,对新媒体的理解,我们不能只将其局限于媒体,而要进一步延展至平台的层面。可以确定的是,随着云计算、物联网和大数据的发展,未来媒体的平台功能和属性必将更加凸显(表1.2)。

表 1.2　中国网民手机平台各类应用使用率(来自 CNNIC)

应　　用	2017. 12		2016. 12		
	用户规模/万	网民使用率/%	用户规模/万	网民使用率/%	年增长率/%
手机网络文学	34 352	45.6	30 377	43.7	13.1
手机旅行预订	33 961	45.1	26 179	37.7	29.7
手机邮件	23 276	30.9	19 713	28.4	18.1
手机在线教育课程	11 890	15.8	9 798	14.1	21.3
手机微博	28 634	38.0	24 086	34.6	18.9
手机地图、手机导航	46 504	61.8	43 123	62.0	7.8

---

① 彭兰.新媒体概念界定的三条线索[J].新闻与传播研究,2016(3):125.

续表

应　用	2017.12		2016.12		
	用户规模/万	网民使用率/%	用户规模/万	网民使用率/%	年增长率/%
手机网上订外卖	32 229	42.8	19 387	27.9	66.2
手机即时通信	69 359	92.2	63 797	91.8	8.7
手机网络新闻	61 959	82.3	57 126	82.2	8.5
手机搜索	62 398	82.9	57 511	82.7	8.5
手机网络音乐	51 173	68.0	46 791	67.3	9.4
手机网络视频	54 857	72.9	49 987	71.9	9.7
手机网上支付	52 703	70.0	46 920	67.5	12.3
手机网络购物	50 563	67.2	44 093	63.4	14.7
手机网络游戏	40 710	54.1	35 166	50.6	15.8
手机网上银行	37 024	49.2	33 357	48.0	11.0

通过以上梳理我们认为,新媒体是基于数字技术、网络技术和移动通信等技术,通过数字化和交互性的固定或移动多媒体终端向用户提供信息和服务的传播形态和网络平台,主要包括网络媒体、数字化媒体和移动媒体三种基本类型。

第二节　新媒体的基本特点

在不同研究者的眼中,新媒体往往呈现出不同的特点,这一方面是由于观察视角的不同,另一方面则在于新媒体的动态发展。如果从具体的层面和相对稳定的状态上讲,新媒体的基本特点可以从五个方面进行总结。

一、数字化生存

数字化指的是将复杂的、不同的信息都转化为由数字"0"和"1"表示的二进制代码并纳入计算机内部进行统一处理的过程。尼葛洛庞帝将数字化生存的基本单位称为比特,以区别于物质世界的原子,并指出两者遵循不同的生存法则,"比特没有质量,易于传播,可以以极快的速度传播。在它传播时,时空障碍完全消失。原子只能由有限的人使用,使用的人越多,其价值越低;比特可以由无限的人使用,使用的人越多,其价值越高"[①]。数字化生存是新媒体的一个最基本的特点,也是其区别于传统媒体的基本之处。

---

① 尼葛洛庞帝.数字化生存[M].胡泳,范海燕,译.海口:海南出版社,1997:3.

进一步讲,也正是由于新媒体的数字化生存,即新媒体将所有信息形态,包括文字、声音、图片、视频等都转换为统一的比特流,使得信息之间的形态差异消解了,这才为所谓的媒介融合提供了基础和创造了条件。

二、海量存储与传输

任何一种媒介都会存储或者传输信息,但是不同媒介在信息的容量范围上是不一样的。总的来说,传统媒体由于其自身的限制,在信息的容量上都是有限的。报纸和杂志的版面、广播的频率、电视的频道之所以都是稀缺资源,在很大程度上就是因为它们的信息容量都比较小。以网络为代表的新媒体则不一样,海量信息的存储和传输可以通过超链接和云端等方式实现,并且在存储与上传之后可以随时自由访问和使用。

网络新媒体海量存储与传输的特点直接带来了网络信息的海量性,我们现在所生活的时代被誉为大数据时代,而大数据时代的基本特征就是海量信息充斥着网络,这也为新闻信息生产与营销传播带来了机遇和挑战。

三、交互式传播

交互式传播是新媒体的本质,也是新媒体与传统媒体的根本区别之一。在交互式传播模式当中,人与计算机、人与人之间处于相互对话和交流的状态。尤其是伴随着互联网和移动通信技术的高速发展,网络交互式信息传播平台日益多元化,人们可以通过各种便携式的智能终端实现即时的在线互动。

交互式传播改变了传统媒体单向、被动的传播结构,赋予了网络用户极大的自主权。在互联网的世界中,网络用户不再是被动的信息接收者,他们不仅可以自由地选择阅读、收听和观看内容,还可以随心所欲地发表评论,与其他网络用户沟通互动,甚至可以自主地生产和传播内容,从这个角度上说,美国《在线》杂志认为新媒体是"由所有人对所有人的传播"的说法是很有道理的。

交互式传播作为新媒体最为关键和核心的特征,无疑启示着我们,无论在新闻的内容生产与传播形式上,还是在营销传播的创意与呈现上,都要想方设法地去扩大和创新这一特征,只有这样才能领会新媒体的实质并运用好新媒体。

四、超时空、泛在化与虚拟在场

不断地超越和克服时空的限制是媒介演进的一个基本逻辑,无论是麦克卢汉的"媒介是人的延伸"的经典命题,还是伊尼斯所划分的时间偏向的媒介和空间偏向的媒介,都是在时空逻辑层面上追溯媒介演进的规律。

如果按照时空突破能力为依据,媒介演进的轨迹可以粗略地划分为古代媒介时期、现代媒介时期和网络新媒介时期。很显然,古代原始媒介在时空的突破能力上是最小的,而到了以广播、电视为代表的现代电子媒介时期,时空突破能力就有了极大的提升,尤其是可以跨越地域的阻隔而使信息畅通无阻。不过,这些能力在网络新媒介时代都显得逊色不少,因为只有到了这个时期,媒介才从根本上实现了对时空限制的突破,取得了质的飞跃,原因有三。

第一,新媒体的超时空传播能力。以互联网为代表的数字传播技术具有互联互通的特性,这将从根本上打破时间和地域的界限,从而将全球联系在一起,时空的限制性得到前所未有的突破。

第二,新媒体还具有泛在化的特点。"泛在"源自拉丁语的 Ubiquitous 一词,意为"存在于任何地方"。1991 年,由施乐(Xerox)实验室的计算机科学家马克·韦瑟(Mark Weise)首次提出,用以描述任何人无论何时何地都可通过合适的终端设备与网络连接从而获取信息。如时下最为流行的微博、微信,在移动互联网的助推之下,成功地实现了 4A 传播(anytime, anywhere, anyone, anything)。另外,随着物联网的发展,未来网络将不只是人与人相连的网络,而将是万物相连,网络泛在化也将成为常态。

第三,新媒体的虚拟在场性。所谓虚拟在场,简单地讲就是人的身体并不在现场但感官上却可以获得真实的在场效应。这种效果当然得益于虚拟现实技术的发展。虚拟现实技术是一种综合性媒介的虚拟现实,因为它不仅仅只模拟某一种媒介,也不只复制某一种身体感官,更不受现实时空的物理限制。它是将人全身心地置入一个虚拟的计算机环境,在这个环境中,人可以与计算机进行实时的交互,并产生真实的身心体验。在这种背景下,我们有理由相信,传者和受者将不再有某一方被隐匿起来,双方可以在虚拟现实环境中建构起全新的身体在场关系,原来只存在于近距离接触才可能的身体时空在场,在虚拟现实环境中将不再是前提和限制,哪怕远隔千里,仍可获得在场效应。传受双方的身体不再被人类创造的媒介所阻隔,而是可以在虚拟现实技术所创造的环境中得以相遇并产生互动;同时,产生如同在真实世界中面对面交往的在场效应,从而实现身体在场的深层次复制和还原。

五、平台化运营

平台的基本含义是指计算机硬件或软件的操作环境,如计算机操作系统 Windows 就是一个平台,有了它,计算机的硬件就可以在人的使用下运作起来。因此,平台的基本内涵和功能内核就是"通过一定的'通用介质'(标准、技术、载体、空间等),使双边(或多边)主体实现互融互通"[①]。简单地说,平台就是为双边或多边市场提供产品或服务,如苹果手机,就是"把大量的精力用于打造一个具有完美用户体验的终端产品、开发具有开放程序接口的手机操作系统,以此形成的网络效应来构建一张无形的虚拟网络。再通过 iTunes 后台,把前端的需求与后端的应用程序供给连接起来,形成一个具有交叉网络效应的多边平台"[②]。

平台化是新媒体运营与发展战略的一个共同话语。以 BAT 为代表的中国互联网企业纷纷高举平台化发展的大旗,百度 CEO 李彦宏提出到 2019 年百度要成为全球第一大

---

① 黄升民,谷虹.数字媒体时代的平台建构与竞争[J].现代传播,2009(5):20.
② 谷虹,黄升民.三网融合背景下的"全战略"反思与平台化趋势[J].现代传播,2010(9):9.

媒体平台,阿里巴巴董事局主席马云提出要将阿里建设成平台型企业,腾讯则把自己直接定位为"一站式在线生活服务平台"(图1.2)。

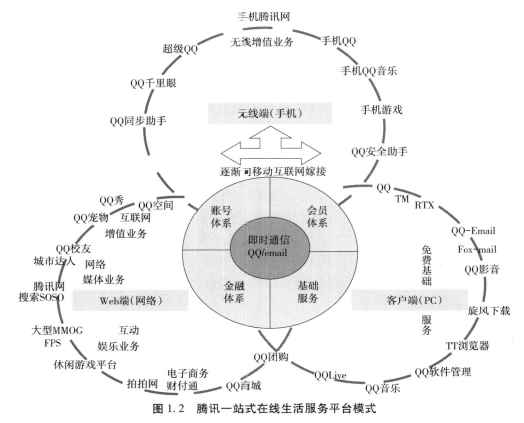

图1.2　腾讯一站式在线生活服务平台模式

【推荐阅读】由英国学者盖恩(N.Gane)、比尔(D.Beer)编著的《新媒介:关键概念》(复旦大学出版社,2015年)一书,选取了六个关键概念——网络、信息、交互界面、档案、交互性和仿真,通过对它们进行多学科、多维度的梳理和考察,建构起新媒介研究的概念框架。全书视野开阔,内容深厚,逻辑严谨。

第三节　新媒体的形态

自麦克卢汉以降,媒介形态研究一直是媒介研究的一个重要取向。伴随着网络与数字技术的快速发展,新媒体的形态也日益丰富多彩,甚至不同形态的新媒体之间出现了交叉与融合的现象,媒体形态的界限也逐渐模糊。因此,对新媒体形态的划分并不是一件简单的事情。这里采取的是一种较为普遍和易于接受的划分。

一、网络媒体

网络媒体的定义有广义和狭义之分,广义上的网络媒体是指遵循 TCP/IP 协议传送数字化信息的计算机通信网络,狭义上的网络媒体是指通过互联网传播新闻信息的发布平台。

网络媒体是最早出现同时也是最重要的新媒体形态[①],主要包括两种类型:第一种是"上网媒体"[②],即将传统媒体的内容照搬和移植到互联网上,如早期的网络报纸、网络广播和网络电视。不过,发展到后来,由于充分理解和吸收了新媒体的特点,这些"上网媒体"改变了早期简单复制的模式,因此,我们也将其纳入网络媒体的范畴。第二种是原生的网络新媒体,目前主要包括门户网站、搜索引擎、即时通信、网络社区、网络视频、网络游戏、博客、微博等。从功能上讲,它们扮演着新闻信息传播、信息搜索、娱乐、社交等多种功能,并且出现网络媒体形态功能融合性的发展趋势,即某一网络媒体同时具备多种媒介功能。如搜索引擎百度,不仅满足用户的信息搜索需求,还充分利用自身的优势进行符合用户习惯和偏好的新闻推荐,甚至进行大数据营销和社会动态发展趋势预测。又如门户网站腾讯网,除了是一个综合性的新闻信息传播平台,还开发了电商交易。

二、移动媒体

移动媒体在广义上是指用户使用手机、平板电脑、掌上电脑等数字移动终端,通过移动网络获取移动通信网络服务和互联网服务;在狭义上是指用户使用手机终端,通过移动网络浏览互联网站和手机网站,获取多媒体、定制信息等其他数据服务和信息服务。值得强调的是,有的研究者将车载移动电视、公交视频等移动交通工具上的视听媒体也纳入移动媒体的范畴。但按照本书的理解,这些媒体并不属于新媒体,因为它们无法与用户形成互动,"缺乏新媒体传播的本质特征——互动性"[③],所以并不在我们讨论的范围之内。

手机媒体是移动媒体的主流媒体,据 CNNIC 发布的第 41 次《中国互联网络发展状况统计报告》显示,截至 2017 年 12 月,我国网民规模达到 7.72 亿,其中手机网民规模达7.53 亿。网民中使用手机上网人群占比由 2016 年年底的 95.1%提升至 97.5%,手机上网主导地位进一步得到强化。

可穿戴设备是新兴的移动媒体。可穿戴设备是指直接穿在身上,或是整合到用户的衣服或配件的一种便携式设备。作为一种媒体,它不仅是一种硬件设备,更是通过软件支持以及数据交互、云端交互来实现强大的功能。典型的产品有谷歌眼镜、苹果手表、咕咚手环等。可穿戴设备最直接的意义是解放了人类的双手,人与媒体的互动可以通过手动之外的语音命令、体感操作甚至眼睛眨动等方式进行。可以预见,可穿戴设备将对人

① 宫承波.新媒体概论[M].北京:中国广播电视出版社,2012:4.
② 胡海龙.对网络媒体的一点探讨[J].国际新闻界,1999(6):34.
③ 匡文波."新媒体"概念辨析[J].国际新闻界,2008(6):68.

类的感知模式产生前所未有的影响。可穿戴设备的另一个重要价值则在于对人类身体数据的实时监测与记录,从而构建"个人生态信息系统"①,这将对维护人类的生命健康起到不可低估的作用。

三、数字化媒体

所谓数字化媒体是指传统媒体通过数字化转型、改造和升级后形成的媒体。由于经过数字化变革之后,这些传统媒体生成和具备了新媒体的基本特质——数字化和互动性,所以,我们也将之纳入新媒体的范畴。在媒体行业大军中,数字化媒体是新媒体形态的重要构成方式,基本包括数字化报刊、数字化广播和数字化电视。

以数字化电视为例,数字化电视是传统的电视媒体结合互联网的数字与 IP 特性之后的升级形态②,换句话说,数字化电视是传统电视数字化与网络化转型的结果,因此,它也是一个总体上的称谓。就目前而言,数字化电视主要包括数字电视(DVB)、交互式网络电视(IPTV)、互联网电视(OTT TV)等形态。

数字化电视媒体代表了传统电视媒体在互联网技术和数字技术冲击之下的积极探索与转变,作为电视的新型发展形式,数字化电视媒体是以电视机为接收终端,向用户提供高质量、多媒体视听节目的平台。较之于传统电视,数字化电视更具互动性;同时,其在功能上也超越了单纯的媒体功能,而是向多功能的家庭生活信息平台转变,用户在数字化电视媒体上不仅可以自由点播观看节目,也可以查找房价、医疗等生活信息,还可以进行订票、购物以及炒股等操作。

【课后思考】

1.如何理解新媒体是一个动态发展的多维概念?

2.为什么说新媒体不只是媒体?

3.新媒体具有哪些基本特点?

【话题讨论】

1.对于新媒体形态的划分,你有什么不同的见解?

2.案例:2015 年 12 月 16 日,在第二届世界互联网大会开幕式上,中共中央总书记、国家主席习近平发表主旨演讲。他说,网络空间是人类共同的活动空间,网络空间前途命运应由世界各国共同掌握。各国应该加强沟通、扩大共识、深化合作,共同构建网络空间命运共同体。

20 世纪末,人类进入信息时代。伴随计算机网络和通信技术的迅猛发展,不仅革新了生产手段,助推了新一轮产业革命,互联网也日益成为各国创新驱动发展的先导力量;互联网也凭借承载信息量的广泛性与巨大优势,深入人们生活的各个领域。网络和信息

---

① 黄佳娴,张宏.基于可穿戴设备构建个人生态信息系统的探讨[J].现代传播,2015(2):139.
② 宫承波.新媒体概论[M].北京:中国广播电视出版社,2012:5.

技术正前所未有地改变着全球经济模式和人类交往方式。

更重要的是，互联网的发展为信息共享、信息协作和商务拓展创造了一个崭新的万能空间。按照学界的定义，网络空间是伴随着信息技术发展而出现的一个全新的人造空间，这个空间覆盖整个地球的全部由计算机、手机、通信设施、媒体等信息终端、信息传输设备和数字信息内容之间连接交互而形成的智能虚拟空间。这个人造虚拟空间，真正实现了全球的互联互通，成为一个可以超越国家、地区、民族、人种、文化、风习，超越了时空和人类全部历史的崭新的数字化世界。它既改变着我们的学习、工作、生活和思维方式，也潜移默化地改变着我们的价值观、世界观和情感取向，就此促使我们所处的经济、政治形态发生着从量到质的改变。

在当今人类享有网络世界带来的经济发展、生活便利和无尽繁荣的同时，也伴随着一系列能够预见的和不可预见的烦恼。

比如，如今80%以上的网民是青少年，一方面，互联网是他们学习知识、获取信息、交流思想、开发潜能、休闲娱乐的重要平台；但另一方面，一些不法分子唯利是图，有的利用网络传播暴力色情信息，有的利用内容不健康的互联网游戏吸引青少年，使许多青少年沉迷于网络而不能自拔，甚至患上"网络成瘾症"，学业和身心受到很大伤害，也给家庭和社会带来了极大的困扰。若上升到宏观层面和国家主权角度，网络空间已经成为继领土、领海、领空、太空之后的第五空间，是各个国家之间存在资源利益竞争的新的空间。由于国情不同、历史文化背景不同、互联网发展程度不同，目前网络空间从硬件到软件、从标准到规则基本上由发达国家制造和制定，"信息霸权"概念下的"信息富国"和"信息穷国"分化已然出现。不少发展中国家因为关键基础资源的分配不均、新技术使用不力，也引发了一系列新的风险。

这样一个涉及所有国家和公民的公共空间还面临着安全和开放的威胁，使互联网在成为一支前所未有的进步力量的同时，也会带来巨大的破坏活动。比如，恐怖分子可以利用互联网招兵买马和策划攻击事件，互联网上充斥着诽谤和欺诈，人口贩运分子和色情组织会利用互联网寻找和剥削受害者，政府和企业的机密文件可以被犯罪集团利用"黑客"行动攻击窃取，全球已经发生了一系列非国家主体之间的"网络战争"……对于一个互联互通、无所不在的网络空间，人类在事实上已连接为一个新的命运共同体。为了世界互联网健康发展，国际社会必须谋求共治，建立网络空间新秩序。

案例来源：胡敏.共享一个有规则的网络世界.中国青年报，2015.12.20。

请讨论：你觉得网络空间和网络社会有什么不同？网络空间给人类带来了什么影响？

第二章　新媒体的发展历程

【本章作者】

谭辉煌,广告学博士,湖北科技学院人文与传媒学院副教授,主要研究方向为新媒体和新媒体广告,主持教育部人文社科青年项目1项。电子邮箱:646345796@qq.com。

【案例导入】

案例一: 据 CNNIC(中国互联网信息中心)发布的中国互联网络发展状况统计报告显示,截至 1997 年 10 月 31 日,我国上网计算机数为 29.9 万台,其中,直接上网计算机 4.9 万台,拨号上网计算机 25 万台。我国上网用户数为 62 万,其中,大部分用户是通过拨号上网,直接上网与拨号上网的用户数之比约为 1:3。

从用户希望在网上获得的信息来看:39.6% 的用户希望在网上获得商业资讯,32.8% 的用户希望在网上获得金融信息,80.4% 的用户希望在网上获得科技信息,42% 的用户希望在网上获得社会新闻,24.8% 的用户希望在网上获得休闲信息。大部分上网用户都对科技信息比较感兴趣,这也与上网用户从事职业的比例有关,从事科研、教育、计算机行业的用户及学生占 54.7%,真正的消费型用户占的比例很小。

当时 Internet 最令人失望的分别是:36.2% 的网民认为上网收费太贵,49.1% 的网民认为网上速度太慢,7.3% 的网民认为中文信息太少,7.4% 的网民认为除浏览信息外实际可做的事情太少。

案例来源:《第 1 次中国互联网络发展状况调查统计报告》,中国互联网络信息中心。

案例二: 据 CNNIC 发布的第 41 次中国互联网络发展状况统计报告显示,截至 2017 年 12 月,我国网民规模达 7.72 亿,普及率达到 55.8%,超过全球平均水平(51.7%)4.1 个百分点,超过亚洲平均水平(46.7%)9.1 个百分点。其中,手机网民规模达 7.53 亿,网民中使用手机上网的占比由 2016 年的 95.1% 提升至 97.5%。使用电视上网的网民比例也提高 3.2 个百分点,达 28.2%;台式电脑、笔记本电脑、平板电脑的使用率均出现下降,手机不断挤占其他个人上网设备的使用。中国网站总数为 533 万个,".CN"下网站数为 315 万个。

案例来源:《第 41 次中国互联网络发展状况调查统计报告》,中国互联网络信息中心。

我们从 CNNIC 所做的第 1 次和第 41 次中国互联网络发展状况调查统计报告中,可以非常直观地看到中国互联网 20 年来的巨大变化。无论是用户规模、各种终端的数量、网站和域名数量,乃至互联网对社会领域的渗透范围与影响程度,两个时间节点的变化可谓翻天覆地。那么,以互联网为代表的网络媒体又具体经历了怎样的发展过程? 它对人和社会产生了怎样的影响? 我们又该如何看待和评价网络媒体飞速发展所带来的社会剧变?

第一节　按网民规模划分

人口基数是中国互联网,也是网络媒体发展的红利之一,因此,单从网民规模的角度看网络媒体的发展历程,在一定程度上也可以反映出一些问题。

一、百万网民时期(1997—1999 年)

这一时期,在网络大潮的冲击以及信息技术的迅速进步和推广下,我国上网计算机数和网民数也在迅猛地增长。据 CNNIC 统计显示,1997 年 10 月我国网民数量为 62 万,1998 年突破百万增至 210 万,到 1999 年达到 890 万。

在网络用户中,男性占主流。1997 年 CNNIC 的统计数据显示男性占 87.7%、女性占 12.3%;1998 年男性占 92.8%、女性占 7.2%;1999 年有所下降,男性占 86%、女性占 14%。在年龄上,用户以 21~35 岁的青年人为主。

从用户的月收入来看,400~1 000元,1 000~2 000元这两个收入群体是上网的主要人群,1997 年的比例分别是 58%和 32%,1998 年的比例分别是 39.9%和 32.4%,1999 年的比例分别是 37%和 33%。

从网络用户的所属地域来看,北京、上海、广东分别在 1997 年和 1998 年位居前三,江苏在 1999 年超过广东进到第三位,说明我国互联网的发展与经济和文化的发展水平有着密切的关系。

从用户上网的目的来看,查询信息和收发电子邮件占了绝大多数(表 2.1)。

表 2.1　第 3 次中国互联网络发展状况调查统计报告显示的上网目的

使用目的	占比/%
查询信息	95
收发电子邮件	94
下载共享或免费软件	77
在网上和人聊天交流	42
游戏、娱乐	35
使用 IP 电话、网上寻呼等新技术	19
电子商务、网上购物	15

三年来,最不能让用户满意的一直是网上速度太慢和收费太贵,占比为 1997 年 36.2%,49.1%;1998 年 61.2%,88.9%;1999 年 92%,74%。

二、千万网民时期(2000—2004 年)

2000 年我国网民数量较 1999 年有了巨大攀升,一举突破1 000万人上升至2 250万人,其中专线上网的用户人数约为 364 万,拨号上网的用户人数约为1 543万,同时使用专线与拨号的用户人数为 343 万。除计算机外同时使用其他设备(移动终端、信息家电等)上网的用户人数为 92 万。较 1999 年以前不同的是,网民以 18~24 岁的青年为主,占比为 41.18%。

2000 年，我国国际线路的总容量为 2 799 M，连接的国家有美国、加拿大、澳大利亚、英国、德国、法国、日本、韩国等。

2001—2004 年，我国上网计算机数和网民人数如表 2.2 所示。

表 2.2　2001—2004 年我国上网计算机数和网民人数

年　份	2001 年	2002 年	2003 年	2004 年
上网计算机数/台	1 254 万	2 083 万	3 089 万	4 160 万
网民人数/人	3 370 万	5 910 万	7 950 万	9 400 万

不难看出，此期我国互联网继续保持了增长态势。

截至 2004 年 12 月，在网民的特征结构方面，男性、未婚、25 岁以下、大专及以下、月收入在 2 000 元及以下（含无收入）网民的比例继续在网民各特征数据中占据相对主要地位，所占比例分别为 60.6%、57.2%、51.7%、69.3%、80.6%。在职业方面，学生、专业技术人员仍然是网民主体，比例分别为 32.4%、12.6%；在行业方面，制造业、教育业、公共管理和社会组织、IT 业、批发和零售业是网民的主要分布行业，比例分别达到了 14.6%、13.0%、11.9%、9.3%、7.7%。网民每天和每周的上网时间分别为 13.2 小时和 4.1 天；网民上网的最主要目的是获取信息和休闲娱乐，比例分别为 39.1% 和 35.7%，网民的上网目的继续向多样化发展。

三、过亿网民时期（2005 年至今）

2005 年，我国互联网继续保持持续、稳定的增长态势。其中网民数、上网计算机数分别达到了 1.1 亿人、4 950 万台，与上年同期相比分别增长了 18.1% 和 19.0%。

在网民的特征结构方面，男性、未婚、30 岁以下、大学本科以下、月收入在 2 000 元及以下（含无收入）网民的比例依然在网民各特征数据中占据主要地位，所占比例分别为 58.7%、57.9%、82.6%、70.8%、70.9%。在职业方面，学生所占比例超过了网民总数的 1/3，达到了 35.1%；其次是企业单位工作人员，占总数的 29.6%；排在第三位的是学校教师及行政人员，所占比例为 7.3%。

网民上网设备仍然主要采用台式计算机，比例达 97.2%，使用笔记本电脑上网的网民比例已经达到 18.2%；拨号上网网民、专线上网网民的数量与上年同期相比分别有 14.8% 和 4.6% 的下降，宽带（xDSL、Cable Modem 等）上网网民数达 6 430 万，与上年同期相比增长 50.2%，在所有网民中比例已经达到 57.9%。

我国上网情况存在较明显的地区差异。首先，城乡之间网民数量及网民普及率差异巨大。我国城市网民大约有 9 168.6 万人，城市网民普及率为 16.9%；而同期乡村网民有 1 931.4 万人，网民普及率仅为 2.6%。其次，东、中、西部发展差异很大。东部不仅在网民数量上占到了全国网民数的半数以上，在 IPv4、域名数和网站数方面也遥遥领先于中、西部。东部 IPv4 数占全国总量的 62.4%，东部域名数和网站数分别占到了全国总量的

78.5%和79.9%。中、西部互联网发展则基本持平。

2005—2017年我国网民数量每增加1亿的年份进展如表2.3所示。

表2.3 2005—2017年我国网民数量每增加1亿的年份

年 份	2005	2007	2009	2010	2011	2013	2017
网民数量/人	1.1亿	2.1亿	3.8亿	4.5亿	5.1亿	6.1亿	7.7亿

从表2.3不难看出,2005—2007年,2009—2011年是网民数量稳步增长的两个时期,2011—2013年和2013—2017年增长速度明显放缓。换句话说,2005—2010年的前六年网民从1.1亿增加到了4.5亿,净增3.4亿,而2011—2017年的后七年网民人数只增加了2亿。应该说,这是比较符合事物发展规律的。

第二节 按网络媒体互动程度划分

网络媒体的演进是一个渐进的过程,这突出地表现在人们对其互动性的理解和应用上。从这个层面上说,其演进经历了三个时期。

一、Web 1.0时期(1994—2003年)

这一时期网络媒体的基本特征是对传统媒体的简单照搬与复制,主要是按照传统媒体的运作思维来经营。1995年1月,国家教委主管主办的《神州学人》杂志上网,成为中国第一份中文电子杂志。1997年1月1日,《人民日报》网络版诞生。在此前后,新华网(1997年11月7日)、中央电视台(1996年年底)、中国国际广播电台(1997年)、《光明日报》网络版(1997年年底)以及一些地方媒体都开始上网,形成中国媒体第一波上网潮。对于这一热潮,"当时充其量认识到原来的纸媒形态借助互联网发生了改变,但尚未把互联网视为独立的新兴媒体"[1]。

Web 1.0时代以网站为主要媒体形态,代表站点为新浪、搜狐、网易三大门户网站。1997年,商业网站网易诞生,1998年搜狐、新浪网出现,1999—2000年,企业网站如E龙、携程、51Job、空中网等纷纷成立。网站主要是以编辑为特征,用户登录网站并阅读网站提供的内容,网站和用户之间鲜有互动。比较能体现网络媒体特征的就是超链接,通过这种方式可以实现内容的连接与延伸,有利于拓展阅读。

二、Web 2.0时期(2004—2009年)

这一时期网络媒体的本质特征就是互动,也是能够真正体现网络媒体优势的时期,

---

[1] 闵大洪.从边缘媒体到主流媒体——中国网络媒体20年发展回顾[J].新闻与写作,2014(3):5.

以博客、播客等媒体形态为代表。这一时期,网络媒体加强了网站与用户之间的互动,尤其是网络用户的主体性得以体现。他们既是内容的传播者,也是内容的生产者,网站内容基于用户提供(UGC),网站的诸多功能也由用户主动参与建设,网站与用户之间实现了双向的交流与对话。

三、即时网络传播时期(2010 年至今)

即时网络传播,就是以大规模同时在线的网民的实时互动为基础的互联网应用。较之 Web 2.0 时期,这一时期的最大优势就是互动的即时性和泛在化,即可以做到任何时间、任何地点以任何方式向任何人进行传播,这当然得益于移动通信技术的快速发展和智能终端的普及。随着可穿戴设备等新兴移动终端的兴起和物联网的广泛应用,尤其是智能技术与终端的创新发展,网络互动的层面与范围将进一步深化和扩大。

【推荐阅读】方兴东等人的《中国互联网 20 年:三次浪潮和三大创新》一文,见《新闻记者》2014 年第 4 期。该文从商业创新、制度创新和文化创新三个层面入手,全程、全面地梳理和评价了 20 年来中国互联网的发生、发展和管理等波澜壮阔的历程,从而让人们更好地理解互联网给人们带来的变革和互联网对中国的独特价值与意义。

第三节 按互联网整体发展情况划分

回顾中国互联网发展的 20 年历程,总体上经历了基础初创期、产业形成期、快速发展期,目前正处于融合创新期①。

一、基础初创期(1993—1999 年)

这一时期开启了中国互联网时代序幕,也是互联网发展的启蒙阶段。中国从基础网络建设和关键资源建设起步,逐步建成了具有国际出口能力的四大骨干网——中国教育和科研计算机网、中国公用计算机互联网、中国科技网、中国金桥信息网,建立了中国国家顶级域名运行管理体系,开始提供.CN 域名注册和解析服务。互联网的广阔市场前景激发了中国互联网发展的第一波热潮,以网易、搜狐、新浪三大门户网站为代表的一批互联网企业相继成立,人民网、新华网等多家中央重点新闻网站陆续上线。

---

① 中国网络空间研究院.中国互联网 20 年发展报告[EB/OL].中国网信网,2016-01-21.

二、产业形成期（2000—2005年）

这一时期走上了中国特色互联网发展道路。中国互联网信息服务业体系逐步建立，以搜索引擎、电子商务、即时通信、社交网络等服务为主要业务的互联网企业迅速崛起，网络接入、网络营销、电子商务、网络游戏等主要领域的商业模式初步形成，各领域有代表性的互联网企业快速成长，全产业链共同发展的产业格局基本建立。中国网民数量实现翻两番，2005年网民总数超过1亿人，跃居世界第二位，初步形成互联网服务的用户规模效应。

三、快速发展期（2006—2013年）

在这一时期，宽带网络建设上升为国家战略，网民数量保持快速增长，网络零售与社交网络服务成为产业发展亮点，移动互联网的兴起带动互联网发展进入新阶段。社交网络服务日益融入人们的日常生活，"无社交，不生活"成为中国网民生活的新常态。智能终端和移动互联网应用的快速普及，推动互联网"泛在化"，促进线上线下融合，拉动了信息消费。中国将互联网发展和互联网治理提升到新的高度。

四、融合创新期（2014年至今）

在这一时期，吹响了建设网络强国号角。融合创新期是现在进行时。党的十八大以来，以习近平同志为核心的党中央高度重视网络安全和信息化工作，作出建设网络强国、完善互联网管理领导体制等一系列重大战略决策，中国互联网发展迎来了重大战略机遇期。中国互联网治理正在进入融合创新的新阶段，将着眼于国家安全和长远发展，进一步加强顶层设计，健全完善治理体系，深入推进依法治网，全面加强网络安全保障，努力构建清朗网络空间。

第四节　按网络渗透范围划分

互联网对整个社会的影响在很大程度上说是一种涟漪效应，是由点到面迅速蔓延至社会的各个层面的过程。也许我们无法精确地罗列这种影响到底是从哪个层面开始到哪个层面结束，但是大体可以从以下几个层面来理解。

一、作为技术形态的网络

众所周知，网络首先是一种技术，是由计算机技术与通信技术相结合而成。它把处于不同地理位置，具有独立功能的多台计算机、终端及附属设备、通信线路连接起来，并配备相应的网络软件,以最终实现资源共享的通信系统。进一步讲,网络集中了人类科技发展的最高成果,囊括了信息技术、材料技术、生物技术等主要高技术领域,它是计算机设备、计算机技术、通信材料、通信技术等一系列因素综合而成的技术产品,少了其中任何一项要素,网络将不成其为"网络",它的功能也得不到发挥。作为一种技术产品,网络的功能首先是将我们过去看不见、摸不着的信息,以快速、高效、广泛和互动的方式进行传播,这是以往任何一种信息载体都做不到的。总之,"网络技术代表着一场技术革命,它是人类社会的一次物质、能量和信息的新的转换方式,从新的意义上建立起人与物、人与人之间的联系"①。

作为技术形态的网络,计算机的发展经历了由军用到民用的转变。早在 20 世纪50 年代中期,美国就开始了建立联机系统的尝试,以提高军队指挥系统的效力。因特网的前身——ARPANET(国防高级研究计划网),即阿帕网从此诞生了。它将各个防空指挥所的计算机与通信系统结合在一起,可以随时准确地与作战指挥部及最高司令部交换信息。1986 年是网络发展历程中的转折点,美国国家基金会建立了国家科学基金网(NSFNET)。此时,网络终于摆脱了它的军事使命,成为在人类通信史上具有革命性意义的因特网。之后,计算机联机系统的民用功能不断扩大,同时覆盖范围也越来越广。

二、作为经济形态的网络

当我们将网络作为经济形态理解时,意味着是将之与"农业经济""工业经济"相并列的一种经济运行形式来看待的。网络经济的产生是与正在兴起的信息、知识生产相适应的。工业社会的特点是生产分工明确,产品大批量、同质化、实体化,这一特点决定了普遍性市场交换的实现,从而成为市场经济建立的基础。而知识的生产却与此不同,信息、知识生产的特征是生产个性化,产品异质化、综合化、虚拟化。由此生产的产品要想融入市场,成为促进经济运行的要素,一方面,需要通过一定技术手段进行,如网络的传输;另一方面,必须通过一定的经济制度和经济运行模式加以保障,网络经济的产生便缘于此。因此,网络经济是继农业经济和工业经济之后出现的一种新的经济形态,它是以信息与网络产业为主导产业、以信息与知识为主导资源的经济形态,是以计算机信息网络技术为基础、以各种计算机网络为平台所进行的各种经济活动及其在此基础上所形成的各种经济关系的总和②。

以大家熟知的电商平台淘宝为例,它可以说是目前网络经济的一个典型代表。在这个平台上,以店铺为核心的信息流展示,不仅汇聚了大规模形形色色的商家和买家,更促成以支付宝为第三方支付平台的网络资金流的产生,还有各大物流公司组成的物流体系,以及由此形成的购物、消费、点评和退换货等行为,俨然是人类真实生活和关系的"镜像式反映"。不仅如此,以天猫、京东、苏宁、国美等各大电商平台为代表的网络经济的快

---

① 杨悦.论"网络"概念的三个层次——兼谈网络发展的三个阶段[J].自然辩证法研究,2001(4):63.
② 韩耀,刘宁.经济网络、网络经济与网络经济学[J].南京财经大学学报,2007(3):74.

速增长,将促进物流、金融、零售等相关行业快速成长,消费潜力也逐步由城市渗透到农村,这对推动我国经济结构转型大有裨益(图2.1)。

图2.1　2016年"双十一"网购大数据分析报告

三、作为社会形态的网络

网络所产生的技术上和经济上的变革,最终将导致整个社会的变革。具体来说,它将从根本上改变人们的交往方式、生活方式、思维方式及价值观念。

从交往方式上说,网络社会的个体既突破了农业社会和工业社会的个体受以家庭和公司为基本关系单元的拘囿,也打破了现实时空的限制,发展成为虚拟世界和现实社会交融在一起的,因而也是快速便捷的交往模式。丰富的社交媒体和各种网络社区,以及从线上走到线下的社群活动,都在无限扩大和丰富着传统的实体性物理世界。

从生活方式上讲,无论是消费购物、交通旅行还是日常饮食起居等各个方面,都在并将继续发生着根本性的改变。我们通过打车软件呼叫出租车,我们通过网络预订外出旅行所需各种服务,我们在享用美食之前经常做的一件事情——拍照发朋友圈(图2.2),这几乎成为网络时代的一个就餐仪式,网上叫外卖也是当今大学生和公司职员的生活常态。这些生活方式上的变迁,都归因于网络。

从思维方式和价值观念上看,网络的影响既有正面的也有负面的。首先,网络是一种集文字、声音、图像、视频等于一体的多媒体形态,形成的是动态化立体性传播,这有利于培养人们的多媒体思维,即形象思维能力发达而逻辑思维能力削弱;同时,随着移动媒体的普及和用户的激增,人们的碎片化生活被填充和占据,这对跳跃式思维模式的形成有着潜移默化的作用。其次,网络使得人类思想生产模式走向开放、互动和透明。比如维基百科,它摒弃了仅仅是由精英阶层进行的思想生产方式,代表着大众阶层的知识创造和共享。最后,也有很多人对互联网背景下人类的思维方式和价值观产生担忧,如过于依赖网络导致记忆力和认知能力削弱,注意力被网络吸引和转移导致独处能力减弱,网络暴力和网络色情影响青少年的价值观等,都值得社会关注。

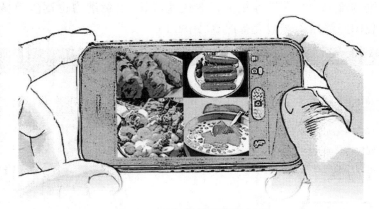

图 2.2　吃饭前拍照发朋友圈

四、作为政治形态的网络

媒体和政治之间的关系一直以来都很密切，这从美国总统对媒体的使用就可窥见一斑。罗斯福任内多次通过无线电波向全美观众发表演讲，被称为"广播总统"。肯尼迪与尼克松首次将总统辩论搬到电视上，胜出的肯尼迪被称为"电视总统"。善于利用Google、Facebook 等互联网平台并组织了豪华科技竞选团队的奥巴马，则是"互联网总统"。特朗普团队利用一切可以利用的自媒体资源，最终"超级网红"特朗普胜出，成为"自媒体总统"。

【**推荐阅读**】李光斗《特朗普的胜利是自媒体对传统媒体的胜利》(搜狐网)。该文从媒体
运作的层面详细分析了特朗普在 2016 年美国总统大选中得以胜出的缘由，
见解独到，分析有理有据。

作为政治形态的网络，从民众和政府之间的互动关系上看，一方面，技术赋权使得民众参政议政的渠道得到极大拓展，民众可以通过网络平等地获取各种政策信息，自由地讨论国家大事和民生问题；另一方面，政府也可以通过网络了解民情、分析舆情，主动和民众沟通，积极采纳意见，合理解决问题。

从更高的层面上讲，网络安全问题是一个国家乃至世界的重大战略问题。关于这一点，我国国家领导人在多次发言中都有过强调。2014 年 2 月 27 日，中共中央总书记习近平发表了《在中央网络安全和信息化领导小组第一次会议上的讲话》，指出没有网络安全就没有国家安全，这标志着国家把网络安全与信息化建设放在与国家战略同等重要的地位，在战略上具有十分重大的意义。2014 年 11 月 19 日，习近平向首届世界互联网大会致贺词，指出互联网发展对国家主权、安全、发展利益提出了新的挑战，迫切需要国际社会认真应对、谋求共治、实现共赢。2016 年 4 月 19 日，习近平总书记发表了《在网络安全和信息化工作座谈会上的讲话》，强调要树立正确的网络安全观，加快构建关键信息

基础设施安全保障体系,全天候全方位感知网络安全态势,增强网络安全防御能力和威慑能力。近几年,国家最高领导人出任中央网络安全和信息化领导小组(现中央网络安全和信息化委员会)组长,国务院设立高规格的专门主管网络信息的办事机构,公安部门设立管理网络的职能部门,还在互联网的国际接口采取严密的防范措施,这些措施在世界上都是不多见的。网络安全已经上升到国家战略的高度,这要求我们"不能仅仅从一般的技术和管理的角度看问题,还应该以战略思维从国家发展的大势、从相互联系中更高、更深、更全地理解网络安全问题"①。

【课后思考】

1.按网络媒体互动程度分,新媒体的发展经历了哪几个阶段?

2.如何理解作为技术、经济、社会和政治形态的网络?

【话题讨论】

1.新媒体的发展历程还可以从哪些角度或者层面去思考?

2.**案例 1**:今年(2016 年)阿里"双十一"VR/AR 的科技元素,其中知名度最高的是VR 购物"Buy+"于今年上半年推出的虚拟购物产品。"双十一",阿里放出"为'Buy+'专门准备了 15 万份 VR 眼镜"的噱头,还首推了 AR 互动游戏"寻找狂欢猫",在 11 月 10 日晚的"双十一"晚会上,阿里云还展示了人工智能技术 ET。同样,京东"双十一"也拿出了用"无人机"送货来博眼球。不管是京东还是阿里,都在乘着人工智能、虚拟现实这股风,将电商从商业模式创新带到技术创新,符合科技潮的主旋律。

案例 2:近年来,智能技术应用面临的网络安全威胁日益严重。2012 年,美国著名黑客巴纳比·杰克称,他可以在距离目标 50 英尺的范围内侵入心脏起搏器,让起搏器释放出足以致人死亡的 830 V 电压;2013 年的"防御态势"黑客大会上,美国两位网络安全人员演示了如何通过攻击软件使高速行驶的汽车突然刹车;在 2014 年乌云安全峰会上有黑客指出,360 安全路由、百度小度路由、小米路由等智能路由器均存在安全漏洞;在2015 年的 GeekPwn 大会上,黑客演示了破解智能家居的过程,我国智能设备安全问题同样非常严重。但与之形成鲜明对比的是,消费者的安全意识十分淡薄。调查发现,我国只有 44% 的人知道智能设备可能泄露个人隐私。随着智能技术在医疗、汽车、家居等各大领域深入应用,2016 年,智能设备的安全问题将更加突出。

猎豹移动安全实验室发布的《2015 年上半年移动安全报告》显示,截至 2015 年 6 月,安卓平台的恶意应用总量为 451 万,而 2014 年同期仅有 215 万。新增手机病毒是过去数年的总和,其中移动支付、资费消耗和隐私窃取是手机病毒排行前列的三大危害,而移动支付类病毒占比高达 68%。中国银联发布的《2015 移动互联网支付安全调查报告》称,

---

① 陶文昭.网络安全的国家战略[EB/OL].人民论坛,2016-01-29.

2015 年, 1/8 的受访者遭遇过网络诈骗, 比 2014 年上升 6 个百分点。2016 年, 移动设备和移动支付用户会继续"爆炸式"增长, 安全问题也将凸显。

    案例来源: 张莉、王超.2016 年我国网络安全形势严峻, 这十大问题需警惕! 中共中央网络安全和信息化委员会办公室官网, 2016.2.5。

    请讨论: 作为技术的新媒体是如何渗透到人类经济和日常生活中的? 如何看待由此带来的网络安全问题?

第三章　新媒体的发展趋势

【本章作者】

谭辉煌,广告学博士,湖北科技学院人文与传媒学院副教授,主要研究方向为新媒体和新媒体广告,主持教育部人文社科青年项目1项。电子邮箱:646345796@qq.com。

【案例导入】

案例一:用手机分享图片和视频已不是什么新鲜事,不过你听说过手机能传递气味吗? 当手机屏幕上出现美味佳肴时,用户同时就能闻到它的香味,这岂不是锦上添花? 日本一家公司向外界展示了这样一款神奇的小装置,将其安装在智能手机上就可以让用户拥有这种全新的感官体验。这款神奇的装置名为 Scentee,它通过手机连接器与手机相连,在其下面备有装着不同气味气体的小罐子,根据用户的需求只要按下"puff"(喷射)键后即可传递气味(图 3.1)。

图 3.1　日本 ChatPerf 公司研发的 Scentee 可让手机实现传递气味的功能

案例来源:佚名.日本公司发布"气味手机"　传递香味锦上添花.中文日报网,2013.5.16。

案例二:美国《国家地理》杂志在某商场架设了一台机器,利用 AR 技术,当人们站在交互区域以内,就可以和各种动物、人乃至整个自然界互动。凶猛的老虎、跳舞的海豚、远古的恐龙、太空行走的宇航员,以及电闪雷鸣、乌云密布甚至雨点打在身上的感觉⋯⋯

案例来源:佚名.国家地理杂志广告:亲身体验大千世界万种惊奇,优酷网。

案例三:2012 年,《华盛顿邮报》率先创造了"机器编辑",通过"Truth teller"的机器人对新闻的真实性和准确性进行核实,并将新闻报道中的文字、语音等信息与"打假"数据库进行对比,一旦发现异常便会发出警报。2014 年年初,《洛杉矶时报》采用的新闻自动生成系统仅用三分钟就将新闻稿写作完成并发表在网站上,成为第一家报道美国加州地震的媒体。腾讯新闻 2015 年 9 月发表的一篇标题为《8 月 CPI 同比上涨 2.0% 创 12 个月新高》的稿件引起许多媒体人的关注,原因是此报道末尾处的文章来源"Dream writer"是一款腾讯财经开发的自动化新闻写作机器人。这款机器人可以根据语料库在第一时间自动生成稿件,瞬时输出分析和研判,一分钟内将重要资讯和解读送达用户。

案例来源:漆亚林、陆佳卉.人机协同:媒体智能演化路向,人民网,2016.1.5。

当媒体发展到可以复制和还原人类的嗅觉、触觉乃至味觉的时候,这意味着媒体的演进进入了一个全新的阶段。这是因为,对于以上几种感官的模拟与延伸,是任何一种传统媒介都无法实现的。而当媒体可以像人一样计算、感知、认知外部世界,甚至在某些方面超过人类的时候,也意味着媒体的演进在另外一个维度上带来了深刻的变革与创新。对于新媒体在以上两个层面的变化,我们该如何去认识和把握? 自然化和智能化这两个概念是不是可以描述和阐述清楚这两种发展趋势? 这是本章要重点探讨的问题。

第一节　自然化

麦克卢汉是较早地从媒介与人的感宫之间的逻辑关系来探求媒介演进规律的媒介理论家,他的经典论断"媒介是人的延伸",提示我们要关注人的感知模式与媒介之间的密切关系。本章所说的自然化,其逻辑起点正好就在于此,所强调的是新媒体的发展趋势可以从以上角度找到研判的依据。

一、自然化的界定

自然化,这一概念目前主要在两个领域内使用较多,一个是哲学领域,用以指在社会实践之中将一切自然物种的尺度(规律)内化为自己内在的尺度,从而回归自然并且按照自然的规律对待和利用自然的过程。另一个是大众文化研究领域,自然化体现为社会、历史、经济与文化所限定的(因而是可以改变的)情景与意义被当作自然而然的东西,也就是说,不可避免的、永恒的、普适的、遗传的(因而也是不容争辩的)东西成为某种"经验"。之所以出现这两种不同的使用语境,与"自然"一词本身的多义性直接相关。《汉语大词典》关于"自然"一词有 4 种解释,辞海收了 6 个释义,对两者进行综合,主要有以下 5 个含义:①即"自然界"。广义指具有无穷多样性的一切存在物,与宇宙、物质、存在、客观实在等范畴同义,包括人类社会。狭义指与人类社会相区别的物质世界,通常分为非生命系统和生命系统。被人类活动改变了的自然界,通常称为第二自然或人化自然。②天然,非人为的。③自然而然,按事物内部规律发展变化。④不做作,不拘束,不呆板。⑤副词或连词,犹,当然。由此可以清晰地看出,"自然化"的"自然"在哲学研究领域是从第一个释义的角度在使用,而在文化研究领域则与第三个释义有点接近。

本书所使用的"自然化"也有特定的指称,它与以上两种用法都不相同。这主要表现在:首先,对"自然"这个具有多种意义的概念,本书所取的基本含义是第三个和第四个释义,即同时包含自然而然,按事物内部规律发展变化的意思;也包含不做作、不拘束、不呆板的意思,但不包含"自然界"的意思。其次,具体而言,本书所说的自然是指人类自身所具备(无须借助外物)的合乎人类自身发展规律的感知形态和感知模式,比如"只听不看""停下来看""边走边看""边走边说""边走边听""边看边摸""看一看、尝一尝""摸一摸、闻一闻"等。最后,自然化就是指新媒体的发展演进符合、遵循和复制人类自然的感知形态和感知模式的过程。

二、新媒体的自然化发展逻辑

在媒介的历史发展过程中，前技术时期是媒介的自然形态时期，以口头语言媒介和实物媒介为典型代表，其特点是基本不依赖其他媒介，保持着自然感知形态和遵循着自然感知模式。以印刷术和电子技术为代表所催生的报纸、杂志、广播和电视，是媒介形态的第一次自然化阶段，它们分别成功地复制了人类停下来看、只听不看和看到多彩世界这几个基本的自然感知形态和感知模式。到目前为止，互联网和移动互联网是媒介形态的第二次自然化阶段，它比第一阶段进步的地方在于，成功地复制了人类边走边看、边走边说和边走边听这一灵活性更大因而也是难度更大的自然感知模式。因此，下一个阶段媒介的自然化发展趋势必然会遵循两个方向。

其一是进一步复制可以触摸、可以闻嗅甚至可以品尝的感知形态，从而达到完整而又精确地复制人类的自然感知形态和感知模式的高级水平。如果按照复制难度的大小对人类感知形态和感知模式进行划分的话，"停下来看""只听不看"无疑属于最容易复制的，这在电子传播时代就已经成功地完成了；"边走边看""边走边说""边走边听"因为是移动中的感知，所以属于较难复制的，不过在数字技术时代，到目前为止也已经顺利地实现了；而"边看边摸""摸一摸、闻一闻""看一看、闻一闻"甚至"看一看、尝一尝"等模式，由于涉及的是触觉、嗅觉和味觉这些只能靠近距离发挥作用的感官，所以复制难度最大。到目前为止，数字技术也只能部分地对之形成模仿，尚未达到全面地成功复制的水平。因此，下一阶段发展的趋势必定是对这一难度最高的感知形态实现成功复制和高度还原，从而达到全方位地复制人类感知形态和感知模式的目标。要实现这样一个难度最大的目标，就目前可知和可能的技术条件而言，数字技术、移动互联网技术、可穿戴技术、虚拟现实技术等多种技术的综合，都将有利于推动这一目标的顺利实现。

其二是改进甚至是改变人类的某些感知形态和感知模式，促进新媒体的自然化升级。在媒介的不断演进中，我们始终强调人的主体性，赋予媒介形态复制人类自然感知形态和感知模式的使命，其目的也在于将媒介形态与人之间的关系纳入和谐、自然的理想状态。无论媒介技术如何千变万化，媒介形态的感知方式都必须符合人类的自然习惯，否则都会被淘汰。然而，有一点我们同样是不能忽视的，那就是媒介技术的发展除了具有保持性外，创新性或者说创造性也是其重要特征。也就是说，伴随着媒介的演进，新的媒介形态既有可能是复制了人类自然的感知形态和感知模式，也有可能带来某种全新的感知模式，再或者是两者兼而有之。对于新出现的不属于人类自然感知形态和感知模式范围之内的感知方式，笔者认为只要这种方式不做作、不多余，不构成累赘和负担，能够为大多数人所接受，那么它就属于自然化的升级。原因有三：第一，既然是自然化升级，当然与前技术环境下的感知形态和感知模式不一样。第二，自然化升级并没有脱离"自然"的本质。在前文的概念界定中已经指出，本研究所使用的"自然"一词，既包含自然而然，按事物内部规律发展变化的意思，也包含不做作、不拘束、不呆板的意思。第三，使用这一概念有利于解释新媒体进化所带来的媒介变迁的客观现实。

我们不妨以可穿戴设备为例，谷歌眼镜的"眨眼拍照"功能，"用户只需要眨一眨眼即可拍摄照片,免去了使用拍照按钮或语音命令的烦琐过程,便利性得到大幅提高"①;同时,也可以通过语音进行搜索。加拿大科技公司泰米实验室发布的 MYO 腕带,用户只需将腕带随意套在手臂上,就可以利用手势来进行一些常用的触屏操作,如对页面进行放大、缩小和上下滚动等(表 3.1)。

表 3.1　可穿戴设备的类别、感知方式及代表产品

产品指标	设备类别			
	运动健身类	健康管理类	信息资讯类	体感控制类
交互方式	图形化界面。多通道智能人机交互,通过传感器收集信息和数据	图形化界面。多通道智能人机交互,通过传感器收集信息和数据	以自然语音交互为主,通过语音识别来实现操作	体感交互,虚拟交互
产品形式	腕带、手表、鞋	腕带、手表等	手表、眼镜等	腕带等
代表产品	Nike+Training	Fitbit Flex	Google Glass	MYO 腕带

正如麻省理工学院指出的那样,"可穿戴计算技术最大的意义在于颠覆了人们对计算系统应该如何被使用的认知"②。用眼睛拍照、用手势翻页和操作屏幕、用语音搜索,碰碰手上的指环就交换了联系方式,还有"眼动跟踪、位置、姿态和生理感知及手势以及情感识别等"③,这些是前技术环境下不曾有过的感知方式,因而不能称为自然感知形态和感知模式。但是,这些新创造的感知方式不仅不做作、不别扭,不会给人带来负担和累赘,而且更加自然和协调,甚至为人类省却不少麻烦。"艾媒咨询 2013 年的调研数据显示,有 68.9%的受访者表示会考虑购买可穿戴设备,只有 31.1%的受访者表示不会购买可穿戴设备。"④这也说明可穿戴设备是受到大多数人接受的,更何况用户的体验在决定可穿戴设备在市场中的存活与否中起着至关重要的作用,"技术就要引到后台,成为看不见的内容,我们是生活的拥有者,我们应该更自然、更方便地使用技术。而这也是可穿戴设备发展的一个方向,走向自然化"⑤。也即是说,可穿戴设备所开创的全新感知方式,也同样必须满足"自然化"的趋势,只是这种自然化不是对前技术环境下的自然感知方式的复制,而是改变和升级,这同样是数字技术的发展遵循以人为本的原则的体现。正是在这样的趋势下,新媒体的自然化升级才成为可能。在不久的将来,戴上眼镜或者手表,通过语音搜索商品和服务,眼前马上呈现搜索结果;利用眼睛轻松地翻页、预订和购物,使用手势来触摸商品,运用腕表等体感设备记录使用商品后的生理变化,再通过眨眼拍照的方式将使用的体验分享到社交网站等行为,听起来似乎有点科幻,但绝对不是大胆的想象,而将成为新媒体的常态。

① 新浪科技.谷歌眼镜重大升级:新增"眨眼拍照"模式[EB/OL].新浪网,2013-12-18.
② 赵子忠,徐琦.可穿戴计算设备的新发展[J].中国传媒科技,2013(6):84.
③ 于南翔,陈东义,夏侯士戟.可穿戴计算技术及其应用的新发展[J].数字通信,2012(4):14.
④⑤ 毛俊玉.可穿戴设备市场面临挑战　用户体验决定产品命运[N].中国文化报,2013-11-09.

第二节 智能化

如何判断计算机拥有人类的智力？电子计算机的奠基人阿兰·图灵博士认为应该进行如下测试：让一台机器和一个人坐在幕后，让裁判同时与人和机器交流，如果裁判无法判断交流的对象是机器（计算机）还是人，就说明机器有人的智力。这就是著名的图灵测试。2016年被称为智能元年，在这一年，不仅谷歌的机器人赢了世界围棋高手，IBM的人工智能也干了两件漂亮的事。其中，第一件是鲍勃·迪伦获得了诺贝尔文学奖之后，IBM的人工智能Watson花了几秒时间阅读了鲍勃·迪伦的作品，然后说了一句话："你的歌曲反映了两种情绪，叫流逝的光阴和枯萎的爱情。"另外一件事情是，一位日本女性身患重病，在医生已经束手无策的情况下，Watson花了十几分钟时间，读了2 000万页的医疗文献，然后给出自己的医疗建议，救了这位日本女性一命。

一、什么是智能化

笼统地讲，智能是智慧和能力的合称，智慧是指从感觉到记忆再到思维的过程，而能力是指行为和语言的表达过程。随着大数据、物联网、传感器等前沿技术的发展，智能化似乎渗透社会的各个层面，如智能家居、智能医疗、智能交通等。2016年3月，谷歌机器人AlphaGo战胜了人类顶尖棋手李世石，进一步将人工智能推向了大众的热议话题。

在媒体领域，机器人写作成为近几年国内外新闻创新实践的前沿阵地。2011年，美国自动写作技术公司Narrative用Narrative Science算法，大约每30秒就能够撰写出一篇新闻报道。2014年7月，美联社就开始尝试财报的自动化报道，他们的自动化写作平台Word smith与Allstate、Comcast、雅虎、美联社等数家大公司合作，每周能生产出几百万篇文章。2015年9月，腾讯财经开发了机器人"Dream writer"，它能根据算法在第一时间自动生成稿件，瞬时输出分析和研判，一分钟内将重要资讯和解读送达用户，2016年里约奥运会Dream writer撰写了超过3 000篇的赛事新闻报道。2015年11月，中央级媒体新华社正式推出机器人"快笔小新"，它可以每周写数十条的体育类稿件、近百条财经类稿件；下一步，技术人员将从数据标准化和写稿智能化两个方面让"小新"变得更"聪明"。

有研究指出，智能化新闻服务就是实现四个"R"，即把恰当的新闻内容（right content），在合适的时间（right time）通过合适的设备（right device），传送给正确接收新闻的人（right person）[①]。从新闻媒体的角度上讲，这样的定义是基本可行的。然而，新媒体的智能化发展应该不只限于新闻领域，广告、娱乐、舆情等重要领域也不可忽视。因此，

---

① 李泗子,张鹏.CNML推动智能化新闻服务[J].中国传媒科技,2008(4):45.

从传媒这一较为宏观的层面上讲，智能化是指媒体模仿、学习甚至超越人类智能的过程。在这一过程中，一方面，媒体的功能得到凸显和扩大，为人类节省了许多时间也带来了许多便利；另一方面，由于人类在与媒体智能化互动的过程中产生了许多想象空间，人与媒体之间的关系也更富于哲学意味。

二、智能化的基本维度

新媒体的智能化发展可以分为计算智能、感知智能和认知智能三个基本阶段：计算智能阶段媒体可以做到能存会算，感知智能阶段媒体可以做到能听会说、能看会认，认知智能阶段就朝着能理解会思考的方向发展。目前，新媒体的智能化发展正朝着第三个阶段迈进。从智能化的基本维度上看，主要可以从四个方面来分析。

（一）生产

媒体内容生产的智能化目前主要的体现就是机器写作，其基本模式是"人工模板"+"自动化数据填充"，即首先由人工编写好新闻写作的基本模板，然后根据具体的新闻事件由机器人完成相关数据的收集、分析和处理，两者结合后形成稿件发布出去。"'机器人写手'是基于语料库资源的数据统计与运算，从海量的数据中提取所需要的价值信息和核心观点，并自动形成新闻报道角度，甚至形成故事化符号模态，然后利用系统既定的新闻报道模板生成新闻。"[①]机器写作的最大优势就在于数据的收集、整合与处理能力比人类更强，速度比人类更快，下面不妨对比一下美联社同一新闻的机器写作和记者写作报道。

机器新闻：

ABM Industries Inc.（NYSE：ABM）周三公布公司第三财季盈余 150 万美元。纽约总部表示，公司每股有 3 美分净盈余。经一次性收益和成本调整后，每股盈余将达 47 美分。然而这一业绩未能达到华尔街的预期。接受了 Zacks Investment Research 调查的五位分析师普遍预计该公司每股盈余将达到 49 美分。在此期间，作为给商业建筑、医院及机场提供清洗等维护服务的供应商，公司营收 13.5 亿美元，超出 Zacks 调查的 4 位分析师给出的 13.4 亿美元预期。ABM Industries 预计今年全年公司每股盈余将达到 1.75～1.8 美元。其股价自今年起已经上涨近 9%。截至周三收盘（股市交易的最后一分钟），股价达到 31.17 美元，同比增长 17%。

记者新闻：

ABM Industries Inc.（NYSE：ABM）周三公布了他们的季度财报。据 Analyst Ratings. NET 报告显示，该公司称本季度每股盈余 47 美分，比 Zacks 普遍预计的 49 美分低 2 美分。相比普遍预计的 13.3 亿美元，ABM Industries 本季度营业额达 13.5 亿美元，同比上涨 5.7%。上一年度同时期，公司每股盈余 47 美分。ABM Industries 将其 2015 财年的每股收益指导更新为 1.75 美元至 1.8 美元。

---

① 漆亚林,陆佳卉.人机协同:媒体智能演化路向[EB/OL].人民网,2016-01-05.

通过以上两则新闻的对比分析可以发现，机器写作在数据的收集、匹配和反馈上比记者新闻更全面和迅速①。另外，人工智能在广告创意生产上带来的变革，也是非常值得关注和讨论的前沿话题。

【推荐阅读】 彭兰《移动化、智能化技术趋势下新闻生产的再定义》(见《新闻记者》2016年第1期)，该文详细探讨了移动化与智能化趋势下新闻生产的再定义：由传感器带来的新闻源与新闻反馈机制的再定义；由机器写作带来的写作者与写作模式的再定义；虚拟现实、增强现实等新技术带来的新闻体验再定义；由"即时新闻""苹果新闻"等应用带来的新闻分发渠道的再定义。漆亚林、陆佳卉《人机协同：媒体智能演化路向》(见《中国报业》2015年第23期)和王江涛《机器人新闻写作的局限与不足》(见《传媒观察》2016年第7期)，两篇文章全面分析了机器写作的局限与突破方向。

(二)预测

新媒体的智能化预测是指媒体在人类购买行为发生之前提前预判并进行合乎其个性的推荐。我们先不妨想象一下这样的场景：你即将要出门接你的孩子，你抓起钥匙，听到咖啡桌上的设备说："似乎你的牛奶明天就会用完了，而酸奶现在特价1.19美金。你想要在Trader Joe's(一家私营的杂货连锁店，直接从全世界的农场和生产商进货，不通过中间商或者代理商)下订单吗？总价5.35美金。"假若你回答"是的"，那么Alexa(亚马逊语音助手)则确认订单。订单在15分钟之内就会准备好，待你从孩子学校回到家时，就能在路边取件了。

智能化预测要解决的终极问题就是帮助人们适时解决当前的问题，"在人们确切需要什么时，帮助他们找到相应的产品——甚至可能是在他们还没意识到此需要之前——无论他们是否已登录或准备点击屏幕上的购买按钮"②。

智能化预测之所以成为可能，是因为人工智能和机器学习能够从不断变化的海量数据集中识别微妙的模式。这些数据集包括消费者的购物历史、产品偏好和清单，竞争对手的定价和库存以及目前的和预测的产品需求。

下一代智能助手和联网设备将能够学习用户的习惯、识别行为和环境模式，从而使这些体验更具预测性。如Echo(亚马逊智能居家产品)那样的设备将能够获取日常交互的数据，以预测交易的具体时机。零售商店中的联网设备也将有巨大的潜能去预测消费者行为和回应个体需求。许多商店已经利用智能手机来关注顾客动态与传递同情况密切相关的商品提议。生物识别技术、身份识别技术和位置传感器的进步将会让零售商在了解诸如你的感受、你花多少时间浏览商品以及你是刚从公司下班抑或刚完成健身等因素后，能够为私人定制产品内容。对于这样的场景，你可以尽情地想象。

---

① 本案例仅表达机器新闻与记者新闻之间的差别，不代表内容真实。
② Amit.预测型人工智能将如何改变购物方式[EB/OL].搜狐网,2016-11-25.

（三）回应

智能化回应主要是针对网民的搜索请求而言，具体就是指网络用户在使用搜索引擎发出搜索请求时，所得到的个性、精准、快速的回复。

我们知道，以雅虎和谷歌为代表的第一代和第二代搜索引擎虽然为用户的搜索行为带来了许多便利，但仍然存在检索结果与用户期待难以匹配的问题，即无法真正实现"搜索满足"。而要想实现这一点，搜索引擎必须做到智能化，"智能搜索引擎是未来的发展趋势，它除了提供传统搜索引擎的功能之外，还增加了用户兴趣识别、内容语义理解、智能化信息过滤和推送等功能，为用户提供了一个真正个性化、智能化的网络信息搜索工具"[①]。

智能化回应的关键在于搜索引擎必须做到理解语义，通俗地讲就是搜索引擎能够懂人理解人，能够明白搜索者的搜索意图，如不同的人输入相同的关键词得到的回应也不一样，"一个智慧搜索系统要能够理解用户请求所代表的含义，进一步，能自动区分其语义并按此语义以及用户需求的语义实施搜索"[②]。如百度近期推出的智能交互产品"小度"机器人（图3.2），它拥有三个非常重要的"人类能力"：对语言的理解、对知识的掌握与运用和对人的理解，甚至还能通过用户建模增强对用户的个性化理解，再通过情感分析技术感受人们表达的情感、情绪[③]，在这个基础上，百度可提供精准答案和服务。

图 3.2　百度公司的"小度"机器人

（四）传播

我们生活在一个信息极其丰富和繁杂的时代，"信息爆炸"也好，大数据时代也好，其实都在暗示我们，获取和传播匹配的信息将成为挑战和机遇。对媒体而言，如何向身处不同场景的网民提供和传播适切的信息，是一个不可回避的重大问题。换句话说，媒体必须迈向智能化传播的方向，"智能化媒体的突出优势就是可以通过大数据，分析受众的精细化需要，并通过技术逻辑将受众的需要与媒体的内容生产建立起对应关系，实现精准传播"[④]。一个典型的案例莫过于今日头条，作为一个基于数据挖掘的个性化推荐引擎，今日头条并不生产内容，更没有自己的记者和编辑，其运营核心在于根据用户特征、场景和文章特征做个性化推荐，每一个用户的推荐内容都不同，实现真正的千人千面。具体而言，在用户特征方面，今日头条可以根据用户短期的点击、转发和评论行为按照兴趣、职业、年龄、终端、地域分布、兴趣和情感倾向等特征对用户进行画像，进而分析出用户喜欢什么类型的文章、最喜欢文章里的什么关键词、关注你的人还喜欢什么内容等；场景方面，今日头条可根据用户身处不同的时空场景推荐不同的内容；文章特征方面，重点分析文章中有什么主题词，有什么重要标签，文章热度、时效性和相似性等。

① 赵文娟，刘忠宝.基于语义理解的智能搜索引擎的研究[J].计算机与网络，2012（1）：58.
② 顾君忠，陈民.基于大数据分析的智能搜索引擎[J].软件产业与工程，2015（1）：25.
③ 佚名.搜索引擎迈向智能化　百度上线"小度"机器人[EB/OL].中国新闻网，2015-06-11.
④ 漆亚林，陆佳卉.人机协同：媒体智能演化路向[EB/OL].人民网，2016-01-05.

（五）管理

大数据的生产与存储必然给媒体的内容管理带来挑战,人工智能技术有能力迎接这种挑战。以广播电视新闻为例,人工智能至少可以在以下两方面带来变革:

1.内容提取与分析

IBM针对媒体推出了IBM Watson Media,它可以从视频库内容中提取海量数据,包括可视化数据、文字和音频提示、情感提示以及地点等其他特性。在美国网球公开赛中,IBM Watson Media的Cognitive Highlight监控比赛场地,分析球速、球员跑动距离及观众的欢呼次数等,并给出了一个"整体兴奋"得分。半岛电视台已经开始通过面部识别、语音翻译和情感分析来研究自己的视频内容,试图搞清楚视频中的人物是怎么生气,声音是什么时候发出以及人们在什么时刻欢呼这样的问题。他们还利用大数据挖掘20年前新闻节目档案中的信息。

2.内容核查

美国奈特基金会为人工智能公司拨款5万美元,支持人工智能事实核查工具"Who Said What"开发,帮助记者识别音频和视频中引用内容的真实性。

【课后思考】

1.什么是自然化?
2.如何理解新媒体的自然化发展逻辑?
3.新媒体智能化的基本维度有哪些?

【话题讨论】

1.你觉得机器写作会取代记者写作吗,为什么?
2.**案例一**:2016年11月14日,2016腾讯网媒体高峰论坛在京举行,腾讯集团高级执行副总裁刘胜义致开场辞:"我们正处于一场因人工智能带来的媒体产业革命:智能化将重新塑造人与媒体、人与资讯的关系,带来新的组织形式、生产方式、产品形态,颠覆并重构媒体生态。"
案例来源:刘胜义.智能化将颠覆并重构媒体生态,腾讯网,2016.11.14。

案例二:你身边有多少设备已经是"智能"的了? 从各大新品发布会,到CES大展,曾经的传统硬件厂商们都在不遗余力地鼓吹一个"智能化"的未来。设想,未来有一天,你们家的冰箱智能化了,你们家那台隔几天就需要"升级"的智能电视快要把你逼疯,你们家的洗衣机因为接了互联网而不小心收到智能面板的提示——"有病毒侵入"……也许全面智能化的环境并非想象中那么美好。这就是科技博客Arts Technica的编辑在《智能电视、冰箱、洗衣机……小心一场灾难的来临》一文中提出的观点。在他看来,全面的智能化也许真的是一场人类"聪明反被聪明误"的灾难。
案例来源:佚名.全面智能化也许是一场灾难.钛媒体官网,2014.1.17。

请讨论:新媒体智能化发展的积极意义与消极影响有哪些?

第四章 门户网站

【本章作者】

    刘淑华,传播学博士,厦门大学广告学博士后,美国俄亥俄大学斯克里普斯传播学院访问学者,泉州师范学院文学与传播学院讲师,主要研究方向为新媒体和媒介发展、新媒体与品牌传播。电子邮箱:122100269@qq.com。

2016 年年底,网易传媒内部组织架构大调整,搜狐总编辑陈朝华离职另谋他就。沉寂已久的门户网站扎堆引发外界关注。这在移动互联网时代实属罕见,只不过消息都是关于转型与衰落。曾经辉煌的门户所创造的流量经济,随着移动互联网的发展而渐渐式微。

张朝阳两年前就喊出"门户重生",但他没能给这个目标的实现加一个期限。这些充满话题性的门户,在移动互联网的更新与迭代之下,探索着更多的转型途径。在这个没有时限的重生之路上,或许更多的将是艰难与焦躁。

2016 年夏天,雅虎以 48.3 亿美元的价格将旗下核心业务(门户)卖给了美国运营商 Verizon,但外界认为这个价格一点也不亏。要知道雅虎保留了两个最值钱的资产,一个是阿里巴巴的股票,一个是在日本市场发展得还不错的雅虎日本,两者的价值加起来曾一度超过了雅虎的总市值(当前 365 亿美元)。

案例来源:佚名.焦躁的门户网站:流量经济的滑铁卢,第一财经网,2017.1.4。

20 年前,中国老一代网民最典型的网上行为就是坐在电脑面前浏览门户网站。在那个年代,门户网站创造了流量经济,即通过网络上包罗万象的杂货铺内容吸引海量的用户点击,再将这些点击量卖给广告主获利。那么,作为 Web 1.0 时代最具影响力的网络形态,门户网站究竟包含哪些具有吸引力的内容? 它又是如何运作的? 而当互联网进入 Web 2.0 时代,门户网站又有什么变化? 在即将来临的 Web 3.0 时代,又当何去何从?

第一节　门户网站概述

传统的门户网站经历了初步成长、高速发展、业务转型等阶段,直到今天移动互联网时代的"门户重生",整个发展历程可谓道路曲折,不过这也表明,随着互联网技术的不断演进,门户网站的内涵和外延一直处在一个动态发展的过程中,这也意味着我们需要以一个动态的视角来审视门户网站。

一、门户网站的概念

"门户网站"这一概念名称来自英文"Portal Site","Portal"是从拉丁文"Porta"演变而来,原意是正门、入口,意指事物可以通过门户进入另外一个地方,因此门户网站最初的含义是到达目的的起点而非目的本身,是用户进入互联网获取信息与内容的起点。

门户网站最初的功能是提供信息内容的搜索引擎,如国际知名的门户网站雅虎(Yahoo),最初就是以搜索引擎来吸引用户的注意力,满足他们的信息搜索需求。但随着越来越多搜索引擎的出现,仅靠搜索引擎这种将用户引向其他网站的业务模式和单一功能已无法维持网站的正常运营。面对市场竞争的日益激烈,门户网站不得不思考和探索新的业务模式。

互联网从 Web 1.0 进入 Web 2.0 时代,门户网站更注重为不同的用户提供个性化、定制化、移动化的服务,如个人博客、个人空间、网络社区、在线直播、音频视频等,由此门户网站已经演变成了网络世界中的一种"百货商场"或"网络超市"。在这种意义上,门户网站属于 ICP(Internet Content Provider)的一种,意为互联网内容供应商、多媒体信息资源的提供者。

因此,门户网站这一概念的内涵有狭义和广义之分。从狭义上讲,门户网站是一个入口,一个通向某类综合性互联网信息资源并提供有关信息服务的应用系统。从广义上讲,门户网站是一个应用框架,它将各种应用系统、数据资源、互联网资源整合集成到一个庞大的信息管理平台上,并以统一的用户界面提供给用户,便于用户获取相关信息和内容。随着技术的不断发展,门户网站的优势也越来越明显:第一,门户网站是一个入口,用户通过这个入口能够搜索到想要的信息资讯;第二,门户网站是一种媒体,将海量的信息传递给广大用户;第三,门户网站是一个网络平台,企业能在这一平台上与目标消费群体实现深度的互动;第四,门户网站还是一个网络超市,它集成了当今互联网几乎所有的主流应用。

二、门户网站的发展历程

(一)门户网站的发展阶段

1994 年,互联网正式进入中国。在此前一年,即 1993 年 12 月,新浪网的前身四通利方信息技术有限公司在北京正式注册成立,1998 年 12 月,四通利方宣布并购海外最大的华人网站公司"华渊资讯",成立当时全球最大的华人网站"新浪网",引起海内外极大关注。1997 年网易公司成立,1998 年搜狐、腾讯公司也相继成立。经过多年快速发展和市场竞争之后,国内门户网站的格局基本确立,新浪、腾讯、搜狐、网易一起被称为四大门户网站,此外,凤凰网也是不容忽视的一大门户网站。

概括而言,1998 到 2000 年是门户网站的培育期,门户网站凭借其海量的网络空间,信息内容迅速丰富起来,用户数量也随之快速增加。2001 到 2013 年是门户网站的快速发展期,这一时期的一个主要特点是,门户网站纷纷上市。新浪、网易和搜狐分别于 2000 年的 4 月、6 月和 7 月在纳斯达克上市,腾讯于 2004 年 6 月 16 日在香港证交所上市,凤凰新媒体于 2010 年 5 月 12 日在纽约交易所上市。而到了 2014 年,随着网络技术的发展,传统的门户网站逐渐进入衰落期,发展态势开始出现下滑。移动互联网、物联网、人工智能等新技术都对门户网站造成了巨大冲击。

(二)门户网站的三段式服务

如果从门户网站提供的业务类型的角度来看,可将其发展过程归纳为三个阶段。

第一阶段,检索服务阶段。这一阶段是以 Yahoo 为代表的传统门户阶段,网站分门别类,以树形结构将相关信息归类整合到一起,传播方式以单向性较强的大众传播为主。在这一阶段,门户网站创造了流量经济,即通过包罗万象的内容吸引大量用户点击访问,再将这些点击卖给广告主从中获利。这种运营模式的开拓者是雅虎创始人杨致远。

第二阶段,内容服务阶段。这一阶段以新浪、搜狐、网易、腾讯、凤凰新媒体等门户网站为典型代表,其主要特征是海量的内容聚合突破了传统媒体的版面空间限制,大大加强了门户信息内容的规模和数量。例如,以 Google 为代表的搜索引擎网站通过"关键字"搜索,将大量有价值的信息整合到一起,方便用户查询。相较于上一阶段,传播方式变得更加交互。

第三阶段,多元化服务阶段。发展至这一阶段,门户网站为了应对日趋激烈的同业竞争,各门户网站开始提供多样化和个性化的产品服务,如博客、空间、播客、社区等。在这种模式中,网站实际上是给用户提供了一个自主平台,将信息内容的选择权、生产权、传播权交给用户,让他们来充当信息内容的生产者和传播者,将第二阶段的交互性更推进一步。

三、门户网站的类型

根据不同的分类标准,门户网站可分为不同的类型。

(一)按网站的内容划分

1.综合性门户网站

综合性门户网站是把网络上数目繁多、数量庞大的各类信息资源加以细分并整合,同时辅以搜索引擎功能,从而给各类用户提供能方便、迅速地查询所需信息的网站。简而言之,综合性门户网站是一种综合性的、提供多种信息的网站。

综合性门户网站还提供多样化服务,如搜索引擎检索、新闻浏览、E-mail、多人在线论坛、商业信息以及网络购物等功能。对于用户而言,如果想要快速找到感兴趣的各种不同类型的信息类目及相应的信息,使用综合门户网站是便利的。综合门户网站在提供信息方面扮演着非常重要的角色。

2.垂直型门户网站

此类门户网站面向某一特定行业的用户,买方和卖方均从事同一行业,如钢铁业、化工业、物流业、建材业等。因为网站提供的是专业产品的信息发布和交易,因此网站的经营者必须具备相关的专业知识,且熟悉该行业的运作情况。另外,此类门户网站在组建时必须注意行业的选取,所选行业本身的现状应是环节繁多、效率较低,而通过互联网组建此类门户网站可以减少中间环节、节约成本、提高整个行业的运作效率,对该行业的企业运营者而言更有入网的吸引力。

垂直型门户网站主要发挥如下作用:提供行业内产品的供求信息,提供产品的价格信息,提供业内的市场信息,提供业界的新闻资讯,为企业提供发布信息、产品、服务和进行网上交易的平台。

（二）按构建的主体划分

1.企业门户网站

顾名思义，企业门户网站的构建主体是某企业组织，这类网站的主要功能如下：第一，作为发布企业信息的平台；第二，作为与用户沟通的平台，获取用户的各种反馈信息；第三，作为服务客户的平台，为客户提供实时高效的业务服务；第四，作为开展和扩大企业业务的平台，以低成本传播企业产品服务信息，扩大市场影响，增强销售能力；第五，作为宣传企业形象的平台，扩大企业在业界和社会上的影响力；第六，作为企业内部员工沟通和企业与客户之间交流沟通的平台，改善企业内部员工之间的人际关系，增强企业与客户之间的业务联系。

2.商业信息门户网站

此类门户网站主要为用户提供各类有价值的信息资讯，以信息内容吸引浏览者，提升访问流量。具体而言，这类网站提供的产品服务包括信息的发布、传递与交流，此外，还提供虚拟社区等增值服务。其收入主要来源为广告费、增值服务费、技术与信息服务费等。

商业信息门户网站主要发挥如下作用：提供各种类型的信息，包括产品信息、市场信息、各类新闻等，并且提供信息分类查询，帮助用户迅速找到所需要的信息。为用户提供个性化的服务设计，满足各种类型用户的特定需求，为用户提供信息的发布、传递与交流，保证优质的网上服务。

3.电子商务门户网站

电子商务门户网站除了为用户提供产品信息之外，主要目的是促成买卖双方在网络平台上的交易，其主要利润来源于用户的交易。在此类网站上，买卖双方可发布各自的需求信息和供应信息，而网站会提供交易支付和物流送货等服务。

电子商务门户网站的主要作用如下：为企业或个人提供发布信息和进行网上交易的平台，提供产品的供求信息和价格信息，买卖双方在此平台上有更多的交易选择，透明度和效率更高，并随时反映市场供求变化。国内最具代表性的网站有淘宝网（图4.1）、京东网、苏宁等，国外则有亚马逊（图4.2）。

图 4.1　淘宝网　　　　　　　　　　图 4.2　亚马逊（中国）

4.政府门户网站

政府门户网站一词来源于英文"Government Portal"的中文翻译。政府门户网站于20世纪末、21世纪初首先产生于国外,我国也于1998年年底推出了"政府上网工程"。随着互联网的普及,网站也成为政府为社会公众提供公共服务的基础平台和重要窗口,成为政府联系社会公众的一座虚拟桥梁。政府门户网站也成为推动政务电子化和政府信息化建设的一个重要方式。具体而言,政府门户网站的构建主体是国家各级政府,也即由国家或地方政府所有,某一级政府在各部门的信息化建设基础之上,建立起跨部门的综合业务应用系统,这一系统具有统一入口并一站式连接各级政府部门,使公众、企业与政府工作人员都能快速便捷地接入所有相关政府部门的政务信息与业务应用,使人们能够获得便捷的服务。简言之,政府门户网站是在线向社会公众和企业人员提供政务信息和相关服务的引导性网站。

5.地方门户网站

地方门户网站是指通向地方综合性互联网信息资源并提供有关互联网信息服务的地方综合网站系统。其基本特质是具备强烈的地方属性,一切都应该围绕"地方"为网站的核心;在内容上具备真实性、实时性;在功能上具有实用性、互动性、娱乐性。这类网站上的内容主要以本地的信息资讯为主,一般包括本地资讯、同城网购、分类信息、征婚交友、求职招聘、团购集采、口碑商家、上网导航、生活社区等频道。

【推荐阅读】关于门户网站概念、类别、运作原理、发展历程等基本知识,可以参看:(1)毛晶莹《门户网站的概念和类型分析》,《管理学报》,2005(2)。(2)钱明辉《地方政府门户网站类型及其优化策略》,《情报科学》,2013(31)。

第二节 国内四大门户网站

新浪、搜狐、网易、腾讯是目前国内门户网站的"四大巨头"。在中国互联网的发展史上,它们是不容忽视的一股重要力量。

一、新浪

新浪成立于1998年12月,服务于包括海外华人在内的全球华人,旗下已拥有新浪网、新浪无线、新浪热线、新浪企业服务、新浪电子商务五大业务主体。作为业务主线之一的新浪网覆盖全球华人社区,是全球最大的中文门户网站,主要提供网络新闻和内容服务。具体而言,新浪网通过与国内外千余家内容供应商达成合作关系,设在中国内地的各家网站提供了30多个在线内容频道。新浪及时全面的报道涵盖了国内外突发新闻、体坛赛事、娱乐时尚、财经及IT产业资讯等内容,汇聚各行业精英的新浪博客,以及优质独家的宽带互动视频产品,成为中国互联网用户生活中的重要部分。

新浪的主要盈利模式是"网络广告+无线增值业务"。从新浪企业资料库提供的数据来看,支撑新浪业绩的主要是广告收入,且广告收入在总收入中所占的比例也越来越大。新浪的非广告收入主要是无线增值业务,且是随着移动政策环境的不断恶化,新浪的无线增值业务也逐渐衰弱。

二、搜狐

搜狐是我国最早的互联网公司,1995 年搜狐创始人张朝阳从美国麻省理工学院毕业回到中国,利用风险投资创建了爱特信信息技术有限公司,1998 年正式成立搜狐网。2008 年,通过对北京奥运会权威、快速、全面、专业的报道,搜狐赢得了当年国内门户网站最高的用户首选率及最高的用户满意度。2011 年 4 月 22 日搜狐荣获 2010—2011 年度中国最具影响力互联网企业奖。

搜狐公司现阶段的主要盈利来源是其在线广告业务收入与在线游戏业务收入。在线广告是搜狐公司最重要的利润源,搜狐公司依托其门户资源为企业客户提供广告投放平台,从而使企业客户投放的广告有更多的受众群体,以达到为企业客户招揽到更多消费者的目的。在线游戏作为搜狐公司另一个核心利润源业务,其游戏产品设计主要针对年轻消费者,且产品服务符合现阶段年轻消费者的消费习惯,因而在线游戏逐渐发展成为搜狐公司利润源的主力业务。

三、网易

如果按四大门户网站成立时间算的话,网易可谓是当之无愧的元老。1997 年成立的网易,如今已经走过了 22 年的发展历程,堪成中国互联网的标志。这主要体现在如下代表性的事实方面:1997 年 6 月网易公司成立,并正式推出全中文搜索引擎服务。1998 年 1 月网易开通国内首家免费电子邮件服务,并且推出免费域名系统。1999 年 1 月网易门户网站被《电脑报》评选为"中国知名度最高的网站"之首。

网易门户网站为互联网用户提供了以内容、社区和电子商务服务为核心的中文在线服务。在网站的内容频道方面,网易同国内外上百家网上内容供应商建立了合作关系,提供比较全面的网上内容,推出了多个各具特色的网上内容频道。在电子商务领域,网易含有网上商场"网易商城"、第三方支付平台"网易宝"、优惠券服务"网易优惠券"、网上导购平台"惠惠网"。

此外,网易还在网络在线游戏研发领域收获颇丰。它在游戏上采取自研和代理游戏双向推进的模式。2017 年第一季度,"阴阳师"手游便获得 App Store 日区游戏分类免费榜首;"梦幻西游"手游新增注册用户突破一亿;"大话西游"手游注册活跃用户超过 2 000 万。网易 2017 年第一季度财报显示,在线游戏服务净收入为 107.35 亿元人民币,占总净收入的 70%。

未来,网易会继续以精品手游和现象级代理游戏为支柱,随着网易考拉购电商业务的不断成熟,加上网易新闻客户端、云音乐等移动端产品商业化进程的不断优化,使网易真正实现以在线游戏为主托,多元化布局的盈利模式。综合看来,网易除了最初的门户网站之外,已经发展出在线游戏、电子邮箱、在线教育、在线音乐等多元化的业务服务,成为中国领先的互联网公司之一。

四、腾讯

腾讯成立于 1998 年 11 月,当时腾讯的业务是拓展无线网络寻呼系统,其后来构建的腾讯网门户网站逐渐形成了种类丰富的内容频道。

与网易一样,游戏也是腾讯实现营收的杀手锏,并且占有重要比重。在线网游"英雄联盟"和"穿越火线"不仅一直占据网络游戏榜首,而手游也同样具有举足轻重的作用。腾讯 2017 年第一季度财报显示,一季度腾讯总收入 495.52 亿元,其中网络游戏收入约为228.11 亿元人民币,同比增长 34%,占腾讯总营收的 46%。

除了游戏是腾讯最赚钱的业务之外,广告收入同样是腾讯营收最主要的增长点之一。腾讯作为移动端媒体平台及视频平台之一,坐拥国内最受欢迎的两款社交软件微信和 QQ,网络广告收入、微信朋友圈、微信公众账号、移动端新闻应用及品牌展示效果广告收入同样占据了腾讯收入的半壁江山。据财报显示,2017 年第一季度广告收入高达75.56 亿元人民币。此外,腾讯支付、微信红包、云服务、微信转账、理财通和 QQ 红包也为腾讯的收入带来较大的贡献。马化腾也表示,未来腾讯将进军全球市场,并发力数字娱乐为腾讯收入作出更多的贡献。

2017 年 6 月 23 日在北京世界品牌实验室(World Brand Lab)主办的"世界品牌大会"发布了 2017 年(第十四届)《中国 500 最具价值品牌》分析报告,腾讯排名第二。它已经从最初的门户网站发展为中国最大的互联网综合服务提供商之一,也是中国服务用户最多的互联网企业之一。

【推荐阅读】读懂腾讯、新浪等门户大咖,才能读懂中国互联网,关于这些门户网站的前世今生,生存发展之道,可以参考:(1)吴晓波,《腾讯传(1998—2016)——中国互联网公司进化论》,杭州:浙江大学出版社,2017。(2)陈彤、曾祥雪,《新浪之道:门户网站新闻频道的运营》,福州:福建人民出版社,2005。

第三节 门户网站的发展趋势

进入移动互联网时代,传统门户网站的内容变现能力在下降。毕竟在今日头条、一点资讯等平台的影响下,门户网站的流量被带走了不少。这意味着,门户网站的转型,必须往平台化、移动化、社交化方向发展。

有专业人士预测,今后用户上网的入口,或者说浏览器的默认主页,将逐渐由新浪、搜狐这样的门户网站转变成网络用户的个人门户。在个人门户里,除了具备写作(博客）、图片、视频、音频以及交友等自我展示（可以概括为"给别人看"）等功能外，更主要的是给用户提供"实用"和"使用"（可以概括为"给自己看"）的功能，其中包括订阅（RSS）、收藏（网摘）、通信（邮局）、交流（站内 IM）等（目前大多数博客和"个人空间"还都是以"给别人看"为主，而不是"给自己看"）。也就是说，目前一名用户需要分别在多个公共网站上才能完成的新闻阅读、信息搜索、邮件收发、博客撰写等需求，将可以基本集成在一个完全个性化的个人门户里。

一、业务从单一向多元扩张

和国外的门户网站一样，国内的门户网站在业务转型中开始放弃单一的"门户网站"的角色和定位，不再坚持自己是单纯的.COM 公司，而是集技术、媒体、通信和电子商务于一体的综合网络服务提供商，呈现业务模式、目标市场多元化的战略发展趋势，开展多元化经营。这其中包括收入的多元化和客户的多元化，以减少对广告收入的依赖，以谋求持续的利润增长。多元化经营的核心是把门户网站作为媒体运作，面向用户提供整合性的内容和服务，将之商品化后推行全面收费计划，开展电子商务、ASP 等各方面业务。如新浪网把其业务的多元化发展定位在三个方面：跨媒体平台、面向企业提供全面信息化解决方案、面向个人收费项目。和新浪相比，搜狐的发展战略走的是弱化媒体、强化技术的方向。搜狐把自己定位于新技术、新媒体、通信和电子商务公司，而非单纯的门户网站。为此搜狐重新划分了四条产品线，这四条业务主线相对应的是四个定义：一个互联网技术公司（ETS 服务），一个新媒体公司（广告），一个通信公司（收费短信、移动通信）和一个电子商务公司（搜狐商城）。网易也开始进行全方位的布局，发力游戏，在现有业务网易邮箱、有道词典基础之上扩展新闻客户端、网易公开课、网易云音乐和考拉海购等诸多业务。腾讯以 QQ、微信等社交服务为切入口，形成覆盖游戏、视频、娱乐、金融等多方产业链，不仅稳坐国内互联网公司头把交椅，更成为亚洲市值最高的公司，成功超越阿里巴巴和三星电子。纵观传统的四大门户网站，它们在业务转型中都在尝试着向收费服务的转变和向业务经营的多元化发展，这种转变一方面体现在其所提供的服务更加产品化，以市场为最终驱动；另一方面也体现改变单一的产品或服务，其结果是在传统网络广告带来的收入在其总体收入中所占比重的变化呈现了下降的趋势，多元化经营所取得的收入比重不断增加。

二、广告运作创新

Web 1.0 时代养成的聚合内容的生产方式曾让门户网站风光无限，如今却成为阻碍门户网站转型发展的"内忧"。当微博、微信把整个互联网行业从 Web 1.0 时代带入 Web 2.0 时代（图 4.3），当智能手机把互联网从 PC 互联网升级到移动互联网后，流量的分发模式早已经发生了质变，这意味着，移动端的流行对于传统门户流量以及广告收入的冲击成为门户网站面临的"外患"。互联网浪潮日新月异，残酷竞争之下，适者生存，传统门户的辉煌年代已经过去。内忧外患之下，传统门户不得不调整业务布局，不断求新求变，以适应 Web 2.0 时代的要求。

图 4.3　Web 2.0

例如,门户网站发展十余年来,用户已经对传统门户常见的展示类广告感到麻木与厌烦。门户网站需要更加具有互动性的、创新性的广告来刺激用户的感官。除了展示类广告,如今门户网站还在不断发展综合视频、声音与动画的富媒体广告、信息流广告等多种广告形态。同时在这些新的广告形态中融合 H5、AR、AI 等新兴技术,使之与用户产生更好的交互,达到信息的双向生产与选择。以搜狐为例,搜狐提出了按用户场景整合创造交互广告,并推出了强曝光产品系列、深交互型产品系列、高转化产品系列、互动型产品系列四大广告系列产品。

三、加强产业融合

传统产业涉足互联网,互联网公司投资传统产业。双方互通有无,取长补短,是互联网产业更是门户网站未来发展的大趋势。

在国内,搜狐与北京美加建业教育发展有限公司宣布双方正式结盟为战略合作伙伴。搜狐依托美加国际教育的丰富资源,借助互联网平台,共同拓展国际教育新领域,同时双方将在搜狐教育频道合作建设全新的"美加教育"栏目,向网民提供更为多样便捷的国际教育服务。而网易则与专业远程证券交易服务商飞虎公司达成战略合作协议,共同建立"网易—飞虎在线股票交易中心",提供网上注册开户、股票交易和相关股票咨询服务,首次在国内实现了基于互联网环境的在线股票交易账户开户服务,为广大网民和股民的投资理财带来了极大的便利。本着优势互补、资源共享的双赢策略,网易与飞虎公司还将逐步展开多方位的深层次合作,共同推动在线证券市场的发展,创造全新的营利模式。此外,还有新浪网与阳光卫视进行的股权收购和业务整合。

【课后思考】

1.门户网站的定义与特点。

2.门户网站的历史发展与变迁。

3.分析国内四大门户网站的营利模式。

【话题讨论】

1.国内四大门户网站的版面设计与布局什么不同?

2.门户网站应该如何应对移动互联网的挑战与冲击?

第五章 搜索引擎

【本章作者】

刘淑华,传播学博士,厦门大学广告学博士后,美国俄亥俄大学斯克里普斯传播学院访问学者,泉州师范学院文学与传播学院讲师,主要研究方向为新媒体和媒介发展、新媒体与品牌传播。电子邮箱:122100269@qq.com。

【案例导入】

五一小长假期间,一篇文章刷爆微信朋友圈。西安电子科技大学学生魏则西在两年前体检出滑膜肉瘤晚期,通过百度搜索找到武警北京总队第二医院(以下简称"北京武警二院"),在花费将近20万元医药费后,不治身亡。

魏则西的经历可谓戳到了众多患者的痛点,引起社会广泛关注。而《每日经济新闻》记者调查发现,通过百度推广的医院,其合作方多是由民营医院阵营中最活跃的莆田人投资成立。另外,据《中国企业家》近日报道,在中国11 000家民营医院中,"莆田系"民营医院占到了80%。魏则西之死,让人们再次把目光聚集到了这个庞大的群体上。

值得注意的是,国家互联网信息办公室(以下简称"国家网信办")发言人姜军昨日(5月2日)发表谈话指出,根据网民举报,国家网信办会同国家工商总局(现国家市场监督管理总局)、国家卫计委(现国家卫健委)成立联合调查组进驻百度公司,对魏则西事件及互联网企业依法经营事项进行调查并依法处理,联合调查组将适时公布调查和处理结果。

案例来源:佚名."魏则西事件"揭开莆田系生存法则,每日经济新闻,2016.5.4。

2016年5月,这组由"魏则西""莆田系""百度推广"等关键词组成的社会事件成为各大新闻网站的热点内容。这起悲剧反映出我们当今社会中的一个常态:人们对互联网及其搜索引擎的强烈依赖。随着科技的发展和信息化的推进,面对海量信息,搜索引擎对人类工作生活的影响力越来越大,遇到问题时,依靠搜索引擎搜索已经成为当下社会的普遍现象。人们通过搜索引擎学习知识、了解新闻,更多情况下通过搜索引擎完成商品的购买。那么,究竟什么是搜索引擎?它具有什么样的功能?它的出现究竟给互联网和现实社会带来什么样的影响?

第一节 搜索引擎概述

搜索是现代网民日常生活的一个常态。我们试图通过搜索来寻找各种问题的答案,这是搜索的基本目的。因此,我们有必要了解一下搜索引擎的产生及其工作原理。

一、搜索引擎的诞生

搜索引擎指根据一定的策略、运用特定的计算机程序从互联网上搜集信息,在对信息进行组织和处理后,为用户提供检索服务,将用户检索相关的信息展示给用户的系统[①]。

---

① 廖绍雯,陈勇.个性化搜索引擎关键技术及应用[J].软件导刊,2011(8):120-121.

它是一个提供信息检索服务的网站,包括信息搜集、信息整理和用户查询三部分。

　　搜索引擎源自 1990 年由加拿大蒙特利尔的麦吉尔大学三名学生(Alan Emtage、Peter Deutsch、Bill Wheelan)发明的 Archie(Archie FAQ)。当时设计的主要目的是搜索分散在各自的 FTP 主机中的文件,但它不同于后来的搜索引擎。1994 年 4 月,美国斯坦福大学的两名博士生,美籍华人杨致远和 David Filo 共同创办了雅虎(Yahoo!),随着访问量和收录链接数的增长,雅虎目录开始支持简单的数据库搜索。雅虎作为第一代搜索引擎的代表,虽然没有在商业推广上取得很大突破,但是在技术推广上起了很大的作用。当时雅虎用的技术主要是人工目录网络导航系统,用户可以通过人工分类搜索到网站。因为雅虎的数据是手工输入的,所以不能被归为真正的搜索引擎,事实上只是一个可搜索的目录。但是因为雅虎中收录的网站都附有简介信息,所以搜索效率明显提高。因为 Yahoo! 搜索功能巨大的影响力,它几乎成为 20 世纪 90 年代的互联网的代名词。Yahoo! 之后,陆续有 Altavista、Inktomi、Google 等提供搜索引擎服务。

　　诞生于 1998 年的谷歌(Google)公司,是一家专门的搜索引擎公司,它很快就推出了一种新的搜索算法,即链接分析算法(PageRank),这种算法使用了类似科技论文中的引用机制,论文被引用的次数越多,引用的刊物越是权威,该论文的价值就越高。Google 的这种排序算法具有很强的客观性,可以说排序规则是否有效准确,在很大程度上决定了搜索引擎的成败。Google 很快被视为第二代搜索引擎的杰出代表,Google 公司不仅在搜索引擎技术上取得了新的突破,更重要的是在盈利模式上的成功给整个搜索引擎市场带来了勃勃生机。在沉寂了几年以后,搜索引擎成为整个互联网时代的焦点和重要工具,至今依然如此。

二、搜索引擎的运作原理

　　搜索引擎一般由搜索器、分析器、索引器、检索器和用户接口等几个部分组成(图5.1)。

1.搜索器

　　搜索器功能是在互联网中漫游、发现和搜集信息。人们开发出"网络蜘蛛"(Spider)或"机器人"(Robot)的网页搜集软件,负责访问网络的各个站点,搜集网上不断更新的网页信息并带回搜索系统。

2.分析器

　　分析器通过一些特殊算法,从蜘蛛程序抓回的网页源文件中抽取相关信息(一般包括正文内容信息、与其他网页的链接信息和页面表现中某些信息),并对其赋予不同的权值,以表明检索词同网页内容相关的程序。

3.索引器

　　索引器功能是理解搜索器所搜索到的信息,从中抽取出索引项,用于表示文档以及生成文档库的索引表。它对信息进行分类整理后,建立各种索引并更新搜索引擎数据库。索引器将生成从关键词到 URL 的关系索引表。索引表一般使用某种形式的倒排表，并以特定的数据结构存在索引数据库中。倒排表是一个索引结构，包括两个索引表，即文档表和术语表。

4.检索器

检索器的主要作用是根据用户输入的关键词，在索引器形成的倒排表中进行查询，在索引库中快速检索文档，同时完成页面与查询之间的相关度评价，对将要输出的结果排序，并实现某种用户相关性反馈机制。

5.用户接口

用户接口的作用是输入用户查询、显示查询结果、提供用户相关性反馈机制，主要目的是方便用户使用搜索引擎，使之高效率、多方式从搜索引擎得到及时、有效的信息。

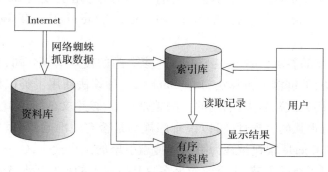

图 5.1　搜索引擎的运作原理

【**推荐阅读**】更多学习，请搜索视频"搜索引擎工作原理"。

三、搜索引擎的类别

搜索引擎是按照一定的指令和要求，通过既定的计算机程序从互联网中攫取符合要求的相关信息，在对信息进行必要的组织和整理之后，将这些信息反馈给搜索者的一套系统。搜索引擎主要包括全文索引、目录索引、元搜索引擎、垂直搜索引擎、集合式搜索引擎、门户搜索引擎和免费链接列表等类型。这其中比较常见的搜索引擎有四种。

1.全文搜索引擎

全文搜索引擎是名副其实的搜索引擎，国外代表有谷歌，国内则有百度。它们从互联网提取各个网站的信息(以网页文字为主)，建立起数据库，当用户使用全文搜索引擎检索所需要的信息时，引擎会从海量的网站中提取与用户指令相匹配的信息，并按照一定的顺序进行信息反馈。而当用户以关键词(字)进行全文检索时，搜索引擎会根据关键词出现的频率、位置、链接质量将这些网页链接反馈给用户。根据搜索结果来源的不同，全文搜索引擎可分为两类：一类拥有自己的检索程序，俗称"蜘蛛"程序或"机器人"程序,能自建网页数据库,搜索结果直接从自身的数据库中调用,上面提到的谷歌和百度就属于此类;另一类则是租用其他搜索引擎的数据库,并按自定的格式排列搜索结果,如Lycos 搜索引擎(图 5.2)。

图 5.2　Lycos 搜索引擎

2.目录搜索引擎

目录搜索引擎也称为分类检索,是因特网上最早提供 WWW 资源查询的服务,主要通过搜集和整理互联网的资源,根据搜索到网页的内容,将其网址分配到相关分类主题目录的不同层次的类目之下,形成像图书馆目录一样的分类树形结构索引。目录索引无须输入任何文字,不依靠关键词进行查询,只要根据网站提供的主题分类目录,用户可以逐层查找自己所需的信息和网站链接,层层点击进入,便可查到所需的网络信息资源。其中,最具代表性的就是雅虎搜索和新浪分类热搜。

3.垂直搜索引擎

垂直搜索引擎是 2006 年后逐步兴起的一类搜索引擎。有别于比较常用的关键词(字)网页搜索,垂直搜索的使用指向性较为明确,专注于特定的搜索领域和搜索需求,例如票务搜索、旅游搜索、视频搜索、图片搜索、美食搜索、购物搜索等,由于用户的需求类型指向性很明确,搜索范围便大幅缩小。因此,垂直搜索对硬件的要求与前两种搜索引擎相比要低得多,而用户需求特定、查询方式便捷的特点也大大优化了用户的使用体验。如淘宝网内的搜索框,输入关键词就可以搜索淘宝网中的宝贝。

4.元搜索引擎

1995 年,一种新的搜索引擎形式出现了——元搜索引擎,用户只需提交一次搜索请求,元搜索引擎在接收到用户的指令之后,由元搜索引擎负责转换处理后,提交给多个预先选定的独立搜索引擎同时进行信息检索,并将从各独立搜索引擎返回的所有查询结果集中起来处理后再返回给用户(图 5.3)。比较知名的元搜索引擎有 InfoSpace、Vivisimo、Dogpile 等。在搜索结果排列方面,有直接按来源排列搜索结果的,如 Dogpile;也有按照自定的规则对结果进行重新排序的,如 Vivisimo。

在他们之间平均85%链接均不相同

百Google度搜索

图5.3　元搜索引擎 baigoogledu

此外,还有其他一些非主流的搜索引擎形式。

集合式搜索引擎。该搜索引擎是由用户从提供的若干搜索引擎中选择,数据更新速度比其他引擎都快,如好搜网在 2007 年年底推出的引擎。

门户搜索引擎。AOL Search、MSN Search 等虽然提供搜索服务,但自身既没有分类目录也没有网页数据库,其搜索结果完全来自其他搜索引擎。

免费链接列表。一般只有简单的滚动链接条目,少部分有简单的分类目录,不过规模要比 Yahoo! 等目录索引小很多。

图片搜索引擎。用户可以通过上传、粘贴图片网址或在关键词框内输入描述图像内容的关键词等方式寻找目标图片的高清大图、相似美图以及图片的相关内容,如百度图片搜索、谷歌图片搜索、搜狗图片搜索等。

【推荐阅读】关于搜索引擎的概念、类别、运作原理等基本知识,可以参看:(1)潘雪峰,《走进搜索引擎》,北京:电子工业出版社,2011。(2)克罗夫特,《搜索引擎:信息检索实践》,刘挺,秦兵,张宇,等.译.北京:机械工业出版社,2009。(3)冯永华,《百度,大数据——全球最大的搜索引擎,最大的中文网站》,广州:广东经济出版社,2016。

第二节　搜索引擎的功能

通过对搜索引擎的工作原理和类型的分析,可以得知,就搜索引擎本身而言,它主要有三个方面的技术性功能:第一,信息采集功能。搜索引擎能够广泛收集互联网上的 Web 页面,构建一个信息空间。第二,信息组织和标引功能。通过某种形式来组织、标引所收集的 Web 页面,力图抓住页面的内容。第三,信息检索功能。通过建立数据库,接受用户查询,利用信息检索算法,尽可能将最相关的页面返还给用户,达到有效检索的目的。

在发挥技术性功能的同时,搜索引擎还具备一些社会性功能。

一、社会动态反映与趋势判断

2013 年开始,我们感受到了大数据带来的强劲冲击,所有数据聚合的平台,都显示出了强势的扩张力和穿透力。电商向金融业务领域的渗透和延伸就是个中代表。相较于电商网站等专业信息服务机构而言,以百度、谷歌为代表的全网搜索引擎从数据规模到数据范围,都更为庞杂,借助数据挖掘技术,足以洞悉社会发展过程中的方方面面。例如,谷歌通过对搜索信息的数据分析,能够比美国疾病控制中心更早发现社会的流感病毒的流行趋势。海量数据的汇集和有效的挖掘方式,在反映社会发展动态的时候,在某些领域已经展现出了超越专业技术的效果[①]。例如,2016 年年底,百度发布了 2016 年年度搜索报告,包含"年度热搜榜""年度文娱榜"和"年度现象榜"三大母榜单,汇聚了 2016 年中国人的搜索热点。每个母榜单中都包含了若干个子榜单,比如"十大国际事件""十大关键词""十大流行语""十大焦点人物""十大群众围观""十大社会表情"等,共计 26 个。这从一个独特的角度揭示了中国社会一年来的复杂图谱和中国网民本年度独特的社会行为特点。同样,搜索引擎巨头谷歌也会发布"年度搜索词汇榜",屡屡成为中外网民的热议话题。

二、用户需求重聚与营销功能

搜索引擎实现的是信息聚合,在媒体受众碎片化趋势日益显著的今天,信息聚合的背后其实是用户需求的重聚。分散的用户需求通过相似的搜索词实现了重新聚合,在此基础上,通过对搜索内容的数据挖掘和分析,可以对互联网社会流行趋势、舆论动态和用户特征进行追踪和描述,在此基础上,可以基于不同特征清晰地描绘出用户分层。

一方面,当下媒体受众的兴趣与需求是多样化而分散的;另一方面,在这种分散和庞杂之中,受众正在通过一定的需求和兴趣爱好自然地重新聚合在一起。所以,虽然碎片化的社会大众被各种媒体、各种信息无限分割,营销者与广告主很难再通过某一单一媒体全面覆盖到各种目标人群,营销成本逐年上升,让业界开始怀疑广告的有效性,传统模式中可以实现的低成本、可复制、大规模的掌控受众需求、预判市场走向、覆盖目标受众的"科学的广告体系"被解构。但是,受众的重聚也正在进行中,网络化的媒体将受众的各种信息数据都暴露在网络之上,他们的行为可被监测,他们的需求可以通过互动的平台洞察,他们正在因兴趣和需求重聚[②],而搜索引擎恰恰是需求重聚的典型平台。

三、社会信息公平与缩小知沟

美国传播学者蒂奇纳(P.Tichenor)、多若霍(G.Donohue)和奥里恩(C.Olien)在 1970

---

① 王昕.从"信息舢板"到"数据之舟"——大数据时代搜索引擎发展趋势思考[J].中国传媒科技,2014(2):49.
② 黄升民,刘珊."大数据"背景下营销体系的解构与重构[J].现代传播,2012(11):16-17.

年发表的《大众传播流动和知识差别的增长》一文中提出了"知识沟假设"（knowledge-gap hypothesis），认为在传统的大众传媒时代，随着信息的日益增多，处于不同社会经济地位的人获得媒介信息与知识的速度是不同的，社会经济地位较高的人将比社会经济地位较低的人以更快的速度获取信息与知识。简言之，由于社会不同层次对于信息和知识的接触范围和理解能力差异很大，"知识鸿沟"在社会上广泛存在，整个社会的信息规模越大，知沟的现象越加显著，这两类人之间的知识差距将呈扩大之势。

互联网的出现在一定程度上改变了传统的知沟格局。搜索引擎的广泛使用，使每个人都可以用同样的方式查询信息，大大拓宽了互联网空间中的信息传播通路，在促进社会的信息权利公平的同时，在很大程度上缩小了社会知识鸿沟。今天民众"万事不决问百度"的观念被普遍接受，移动应用"知乎"的广泛流行，都印证了社会信息公平程度的提升。与此同时，由于搜索引擎自身不进行信息加工，所以减少了传统媒体传播环节中对信息的改写和删减，不容易出现理解差异造成的信息内涵扭曲。

第三节　搜索引擎的发展趋势

随着未来网络空间和信息资源的不断拓展，对搜索引擎的需求和依赖只会越来越强烈。而另一方面，网上可以搜索的网页变得越来越多，内容的质量也变得良莠不齐，没有保证，因此，搜索引擎在未来的发展势必会面临更高的要求和挑战。

一、智能化

智能搜索就是用户在想要搜索时，不再需要输入关键词，而可直接输入一个问句，比如"北京今天的天气怎么样？"以往只能输入"北京""天气"等关键词，而现在可以直接输入问句，然后就会得到搜索引擎的快速回复。

目前，人工智能机器人辅助搜索，已经成为各大搜索引擎的标准配置，如百度的"度秘"、搜狗的"语音助手"、必应的"小冰"等，越发受到年轻用户的追捧。主流搜索引擎厂商都在将用户日常使用的产品与人工智能进行深度融合。如搜狗的语音交互引擎技术已经应用在包括搜狗输入法、搜狗搜索、搜狗地图等在内的搜狗全线产品当中。百度人工智能也已取得多项突破性技术成果，并将其成功应用于公司全线产品中，包括语音搜索、度秘机器人、机器翻译、无人车……依托于领先的人工智能技术，融合了语音搜索、图像识别、度秘机器人后，百度搜索也在用户体验上得以快速升级，逐渐向着智能化、服务化、个性化的"新搜索"迈进[1]。

---

[1]　陈德东.搜索引擎引入人工智能　精准匹配拓宽场景应用[N].通信信息报,2016-08-10.

二、专业化与个性化

由于智能搜索的引入,搜索引擎企业针对用户在新闻热点、公益查询、应用分发、商品消费等不同领域的搜索需求,都将会推出更加智能、全面、专业的搜索产品。搜索信息的种类也变得更加丰富,如搜狗搜索相继接入微信、QQ兴趣部落、知乎等,并与微软必应达成合作,在社交、新闻、专业问答、英文和学术搜索等领域都强化了优质内容的吸收力度,构建新型内容生态、形成差异化竞争力。搜索引擎行业将向垂直化、专业化的方向发展①。

搜索引擎的个性化,实质上是以用户需求为中心的搜索引擎服务。搜索引擎后台通过对用户搜索行为、搜索兴趣和搜索内容等信息进行全面搜集和分析,并将之描述为计算机可以理解的数据形式,以这些数据为基础创建用户的网络访问模型。搜索引擎主要通过以下方式来了解用户:第一,用户浏览器的收藏夹。第二,用户的浏览行为。第三,用户在搜索引擎中输入的关键字或关键词。第四,服务器日志,即用户的各种操作行为都会在网络服务器的日志中有详细的记录。最后,基于这种信息数据建构的访问模型,搜索引擎不断调整服务内容,以适应不同用户的个性化、差异化需求。

三、移动化

移动互联网时代,移动搜索迅速发展,移动端流量超越PC端。移动搜索和PC搜索的区别,主要体现为以下三点:第一,搜索的内容不同。就用户的搜索行为而言,在PC端的搜索很多需求是新闻阅读、信息查询,而移动用户在搜索引擎上更多的是搜寻产品和服务。第二,移动搜索的使用情境更加碎片化。从上网的时间上看,用户在PC端的搜索行为在一天当中会出现3个明显的高峰,占据整个搜索流量的70%,而在移动搜索上,除了睡前时段有个小高峰,其他时段都比较均匀,更多地发生在日间的零星时段,碎片化现象比较明显。第三,移动搜索的结果呈现更加便捷的特点。在移动端,网民寻求的是一种方便快捷的搜索服务,用户不需要多次点击,搜索引擎也不用给出太多选择,这就要求搜索过程要尽可能减少中间路径和流程,直达搜索结果。

移动端搜索流量的增加,一方面得益于新技术和新服务的应用与推广,如Html5技术带来的移动网页浏览体验优化,语音搜索、图片搜索、应用内搜索等;另一方面则是得益于即时通信、地图、导航等相关应用的带动作用,以及与O2O商业模式的融合所产生的效益。

四、跨语言与多媒体化

未来搜索引擎还会在跨语言、多媒体等方面有突破性发展。跨语言搜索可以使用户用母语提交查询,然后搜索引擎将其翻译成多种语言,在各自语言的数据库中进行信息

---

① 陈德东.搜索引擎引入人工智能 精准匹配拓宽场景应用[N].通信信息报,2016-08-10.

搜索,返回能够满足用户提问的多种语言的文档。另一方面,搜索引擎还会朝着多媒体搜索的方向发展,目前的搜索引擎基本上还只能针对文字和图片,为音频、视频文件建立搜索索引将是搜索引擎的未来发展方向。

【推荐阅读】关于搜索引擎的未来发展,还可以参看视频"Google 搜索的现在与未来——从'信息引擎'到'知识引擎'"。

【课后思考】

1.搜索引擎的定义与特点是什么?
2.简述搜索引擎的发展变迁。
3.简述谷歌和百度的不同。

【话题讨论】

1.观察当前智能语音搜索平台的现状,分析其成功和不足之处。
2.你认为搜索引擎还有哪些发展可能?

第六章　网络视频

【本章作者】

　　盘石军,传播学博士,湖南文理学院讲师,主要研究方向为网络社会学、网络舆论和风险传播。电子邮箱:453435428@qq.com。

【案例导入】

国内专业视频新媒体数据监测、营销咨询公司 Vlinkage 于 2016 年 12 月 11 日发布一条微博说：几年前我们开始监测数据，做过一个"10 亿剧乐部"的统计，截至 2016 年 12 月 11 日，已有 16 部网络剧播放量超过 100 亿。

以排名第一的《青云志》来说，虽然电视剧在制作阶段就备受关注，但是开播以后，因为剧情问题引发观众的一片不满，豆瓣评分只有 5.2 分，可这部 55 集的电视剧，点击率竟达到了 254 亿，成为 2016 年网络点击量最高的电视剧（图 6.1）。

图 6.1　播放量超过 100 亿的网络剧

然而在 2017 年第一季度，《青云志》网络点击量最高的名号让给了《三生三世十里桃花》。从中商产业研究院监测的数据来看，2017 年第一季度电视剧点击达到 1 700 多亿次，同比增长 159%，环比增长 27%；网络点击超过 300 亿次，同比增长 167%，环比增长 28%（表 6.1）。

表 6.1　2017 年影视剧播放平台和播放量

影视剧	播出形式	网络平台	播放量/亿
《三生三世十里桃花》	网台联动	多平台	363.17
《孤芳不自赏》	网台联动	乐视独播	203.03
《守护丽人》	网台联动	多平台	93.08
《漂亮的李慧珍》	网台联动	多平台	80.71
《因为遇见你》	网台联动	多平台	71.36
《那片星空那片海》	网台联动	多平台	60.71
《大唐荣耀》	网台联动	腾讯独播	55.1

影视剧	播出形式	网络平台	播放量/亿
《热血长安第一季》	纯网剧	优酷独播	46.34
《爱,来的刚好》	网台联动	多平台	40.01
《鸡毛飞上天》	网台联动	多平台	38.73

从榜单来看,2017 年第一季度电视剧网络播放量前三分别是《三生三世十里桃花》《孤芳不自赏》《守护丽人》。其中,《三生三世十里桃花》创下了影视剧网络播放记录达到 363.17 亿次的惊人成绩,按照 58 集的长度,假设每集刷两遍,有超过 3 亿人通过视频平台追这部剧。

相比《青云志》来说,《三生三世十里桃花》的豆瓣评分为 6.3 分,总体来看,好评率也高过前者,这也许是其点击量相对较高的原因之一。

曾几何时,晚上一家几口人守着电视观看电视剧,其乐融融。如今,这样的场景越来越少见,更多的是老人在电视机前,青年人在电脑前看,小孩拿着平板看,这是新媒体对社会对家庭环境影响的一个缩影。网络视频的快速发展,不仅仅是为人们收看电视剧增加一种选择,更多的是它给传统电视带来的冲击,改变视频内容的生产与消费,促进网络广告和网络经济的发展,乃至对社会和文化产生影响。因此,我们有必要了解网络视频,明白它为什么发展如此迅速,理解它又会给社会带来什么影响。

第一节　网络视频概述

据 CNNIC 发布的《第 41 次中国互联网络发展状况统计报告》的数据显示,截至 2017 年 12 月,中国网络视频用户规模达 5.79 亿,较 2016 年年底增加 3 437 万人,增长率为 6.3%;网络视频用户使用率为 75.0%,较 2016 年年底提升 0.5 个百分点。网络视频的快速发展,预示着继新媒体对报纸的冲击之后,电视产业也必将遭受新的冲击。本节将对网络视频的概念、类型和发展历程进行简要介绍。

一、网络视频的概念

对于网络视频的定义现在没有统一的说法,纵观相关定义,主要有两种看法。

第一类主要将网络视频看作以视频形式存在的内容,如中国行业研究机构中研普华在《2016—2021 年中国网络视频行业深度剖析研究与投资分析咨询预测报告》中认为,网络视频是指内容格式以 WMV、RM、RMVB、FLV 以及 MOV 等类型为主,可以在线通过

Real Player、Windows Media Player、Flash、Quick Time 及 DivX 等主流播放器播放的文件内容。易观国际认为,网络视频指格式以 WMV、RM、RMVB、FLV 以及 MOV 等流媒体类型为主,可以在线播放(直接通过浏览器在线播放或者通过终端软件在线播放)、观看的文件内容①。

第二类主要将网络视频看作一种互联网应用,新媒体的一种媒介形式。中国互联网络信息中心在《2012 年中国网民网络视频应用研究报告》中,将网络视频定义为"通过互联网,借助浏览器、客户端播放软件等工具,在线观看视频节目的互联网应用"。詹青龙等人认为,网络视频就是"对各种类型(模拟的和数字的)和各种格式的视频进行处理,将其转换成合适于网络传输的数字化视频格式,并通过互联网进行传播的媒体"②。梁晓涛和汪文斌认为,网络视频就是"以网络为载体,借助浏览器、客户端播放软件等工具,通过以各种形式的流媒体类型为主的视频内容来进行的有关个人、公共或商业行为的一种信息交流方式"③。

从传播学的角度来看,前一种说法强调作为媒介内容的网络视频,后一种强调本身就是一种媒体的网络视频。在此,我们采取第二种看法,将网络视频看作新媒体的一种媒介形态,是与门户网站、网络论坛和微博相对等的媒介形态。作为一种媒介形态的网络视频,它既包括载体形式也包括内容。以爱奇艺视频网站来说,它以网站的形式包含了电视剧、网络电影、脱口秀、综艺等多种视频内容。因此,我们主要采纳中国互联网络信息中心的定义,认为网络视频是指通过互联网,借助浏览器、客户端播放软件等工具,在线观看视频节目的网络媒体。

二、网络视频的特点

要论述网络视频的特点,需要与传统媒体的电视相比较,只有与电视相比较,才能很好地厘清网络视频作为一种新媒体形态所具有的新特点。与传统电视相比,网络视频的主要特点表现在四个方面。

1.内容海量

相比传统电视,网络视频的第一个重要特点就是节目内容丰富。以电视剧来说,据国家新闻出版广电总局(现国家广播电视总局)网络司网络视听节目备案库数据显示,2016 年 1 月 1 日—2016 年 11 月 30 日,视频网站备案的网络剧为4 430部,共计16 938集。而在传统电视方面,国家新闻出版广电总局官网发布《关于 2016 年第四季度暨全年全国国产电视剧发行许可情况的通告》,2016 年全年全国生产完成并获得"国产电视剧发行许可证"的电视剧总量共计 334 部14 912集。单从网络剧与电视剧的数量来比较,网络剧相对较多;更进一步看,即使是传统电视上播放的电视剧基本也可以在网络视频上观看。这样看来,网络视频除了基本上囊括传统的电视播放的电视剧,还包含传统电视没有播

①　易观国际.中国网络视频市场年度综合报告 2010[R].中文互联网数据资讯网.
②　詹青龙,常承阳,顾建峰.网络视频技术[M].北京:清华大学出版社,2010:2.
③　梁晓涛,汪文斌.网络视频[M].武汉:武汉大学出版社,2013:2.

放的网络剧,两者在数量上是不可比拟的。

2.内容来源多样化

网络视频内容丰富的一个原因在于其内容来源多样化。网络视频的内容主要来源于两个方面,一类是网络用户生产的内容(User Generated Content,UGC);另一类是专业电视工作者和制作机构生产的内容(Professional Generated Content,PGC)。网络视频和传统电视的视频内容都可以采用PGC,由专业人士制作内容。但在UGC方面,在网络视频网站上,一般网络用户也可以自行制作视频内容上传到网上,与其他人分享。这是在传统电视上不可能做到的,是网络视频的一个重要特点。

3.互动性

用户在观看网络视频时还可以进行互动,这也是网络视频与传统电视的主要区别之一。看视频时进行互动可以增加观看的乐趣,也有利于视频网站更好地留住用户。用户观看视频时主要的互动行为包括点赞/踩、评论、分享、收藏、发送弹幕、互动问答、投票、免费或付费献花、"摇一摇"去广告等。据中国网络视听节目服务协会发布的《2015年中国网络视听发展研究报告》的数据显示,看视频时进行过互动的用户占整体的41.3%,还有较大的增长空间。各类视频网站提供的互动功能中,点赞/踩的使用率最高,达到19.9%;其次是评论和分享,使用率各占15%左右;收藏功能的使用率为13%,排在第四位;发送弹幕作为时下的一种青年亚文化形式,以7.1%的使用率排在第五;网络视频用户对互动功能的使用还是以免费为主,付费送礼物的使用率为1.3%,排在末位。上述这些互动形式提高了用户的参与度,也体现了网络视频作为一种新媒体的互动特性。

4.自控性

自控性主要是指用户在观看网络视频节目的时候可以自主地选择在何时、何地观看何种节目,而且可以在观看的过程中暂停、前进和后退。与传统电视按时间段线性地播放节目的流程不一样,用户观看视频节目的行为不再受电视台播出时间表和收看场所的限制,互联网内容存储和传播技术可以保证用户可以全天候地观看视频以及自由选择想看的节目,电脑、手机、平板等个人网络终端的多样化,可以使用户在任何地方观看视频,这样大大增加了用户的自控性,而不是传统电视的他控性。

三、网络视频的类型

网络视频在我国经历了10年的飞速发展,已渐渐步入成熟阶段,各种类型的网络视频也逐步成型。由于各个网络视频初期的定位、功能、资金来源和技术基础等方面的不同,形成现今不同类型的网络视频。

对于网络视频的类型,从不同角度有不同的分法,主要有五种划分。

(一)按网络视频内容侧重点划分

按网络视频内容侧重点划分,主要包括新闻资讯类网络视频,如央视网主要播放新闻;娱乐休闲类网络视频,如爱奇艺主要播放电视剧、综艺节目、脱口秀和电影;视频分享类网络视频,这种主要是UGC内容,由用户生产并上传分享的内容,代表网站有土豆、优酷等;视频教学类网络视频,如网易公开课,提供国内外多种学科的教学视频;动画类网络视频,如哔哩哔哩,它一开始是以动画为起点发展起来的。这些分法并不是说每种类型的网络视频只专注一种内容而没有其他内容,只是强调它们在内容上有所侧重。

(二)按内容来源分

按内容来源来分,主要分为两种,一种是 UGC,即网络用户生成内容,主要代表是土豆、哔哩哔哩;另一类是 PGC,即专业生产的内容,主要代表是爱奇艺、腾讯视频等以电视剧、综艺节目和电影为主的网站。

(三)按视频的长度分

按视频的长度来划分,有长视频网站,以爱奇艺为代表;有微视频,以第一视频为代表。

(四)按视频平台运营商或运营主体分

按视频平台运营商或运营主体分,主要有门户类网络视频,如腾讯视频和搜狐视频;电视机构类网络视频,如央视网和芒果 TV;视频分享类网络视频,如土豆和优酷;视频搜索类,指提供视频搜索服务的一类网站,如百度视频搜索。

(五)按是否收费分

按是否收费分,有免费网络视频,现行大部分的网络视频是以免费为主,如爱奇艺、腾讯视频等,这些网站也开始在部分节目进行收费观看;付费网络视频,主要依托电信平台,提供正版内容,用户付费观看,代表网站有九州梦网、优度、联合网视等。

四、网络视频的功能

"传媒充斥在我们生活的每个角落"[1],如今新媒体也已经介入到我们生活的各个方面,就网络视频来说,据 CNNIC 发布的《第 41 次中国互联网络发展状况统计报告》的数据显示,截至 2017 年 12 月,中国网络视频用户规模达 5.79 亿,网络视频已经影响了许多人的生活。黄升民和丁俊杰认为,大众传播媒介具有"信息组织、利益组织和控制对象三重属性"[2]。同样地,网络视频也具备这三个基本属性。作为信息组织,网络视频会对社会文化产生影响;作为利益组织,网络视频会对经济产生影响;作为控制对象,网络视频会对政治产生影响。下面将从社会、文化、经济和政治四个方面来论述网络视频的功能。

(一)社会功能

威尔伯·施拉姆在《传播学概论》一书中认为,大众传媒的传播功能包括社会雷达、资讯操作和决策管理、传授知识和娱乐四种[3]。网络视频的社会功能主要表现在以下三个方面:

---

① 塞伦·麦克莱.媒介社会学[M].曾进平,译.北京:中国传媒大学出版社,2005:1.
② 黄升民,丁俊杰.媒介经营与产业化研究[M].北京:北京广播学院出版社,1997:13.
③ 威尔伯·施拉姆,威廉·波特.传播学概论[M].2 版.何道宽,译.北京:中国人民大学出版社,2016:32.

1.提供资讯

网络视频,尤其是一些侧重新闻资讯的网站给用户提供各种资讯,以帮助用户通过视频的形式获取自己需要的社会信息。

2.娱乐

网络视频提供电视剧、综艺节目、电影等多种娱乐节目,以满足用户的娱乐需求。

3.社交功能

网络视频鼓励用户之间的互动,可以通过评论和弹幕进行讨论,还有一种正在兴起的社交化视频,如陌陌,可以让用户通过短视频的方式进行社交。

(二)文化功能

网络视频中的电视剧、电影和综艺节目等内容本身就属于文化产品,网络视频的发展可以使用户很便利地接触到这些文化产品。一方面,可以有利于社会主义新文化的建设;另一方面,也可以满足用户的文化需求。除了可以对主流文化建设带来好处,网络视频的发展也可以有利于"草根文化"和青年亚文化的发展。以优酷和土豆为代表的视频分享网站,鼓励用户生产、上传和分享视频内容,催生出各种"草根文化"。例如,从胡戈的《一个馒头引发的血案》开始,网络上兴起了恶搞和戏谑的文化;后舍男孩表情夸张的对口型视频,引发这类搞笑的风潮;农民工组合旭日阳刚因翻唱歌曲《春天里》的视频在网上广泛流传,而在 2011 年参加了中央电视台春节联欢晚会。哔哩哔哩作为侧重于动画视频的网站,则创造了二次元和弹幕的青年亚文化形式。

(三)经济功能

网络视频的经济功能主要表现在三个方面:第一,网络视频本身也是一种产业,能创造出经济效益。第二,在网络视频上投放广告,也能间接促进广告主的发展,产生经济效益。第三,网络视频能为创业者提供一个平台,促进大众创新创业,例如 papi 酱凭借变音器发布原创短视频内容而成为"网红",并成功获得真格基金、罗辑思维、光源资本和星图资本联合提供的 1 200 万元人民币的融资,"网红经济"开始被提出来。

(四)政治功能

网络视频一方面是政治宣传和舆论导向的工具,另一方面也是民众进行舆论监督的工具。从另一个角度来看,网络视频也是政府与民众进行沟通的平台,充分发挥网络视频的这一功能,有利于建立良好的政民关系。

五、网络视频的发展历程

2004 年 11 月,我国第一家专业视频网站——乐视网正式上线,这可以看作我国网络视频发展的起点。虽然在此之前就出现过视频形式的内容,例如人民网在 1998 年开始推出网上音视频节目,但这些内容依附于以文字图片为主的网站,没有形成专业的视频网站。我国网络视频从 2004 年开始,经历了从无到有、从小到大、从弱到强的发展历程,逐渐成为人们使用最多的媒体形式。我国的网络视频的发展过程主要分为四个阶段。

（一）萌芽期（2004—2005 年）

2004 年 11 月，乐视网的成立拉开中国视频网站成长的序幕。2005 年上半年，土豆网、56 网、激动网、PPTV、PPS 等相继上线，构成了我国视频网站群体发展初期的主要成员。

从一开始，这几大视频网站有了不同的定位和发展模式。乐视网定位为以影视剧发行为主的长视频网站；而土豆网、56 网和激动网均定位为以用户上传内容为主的视频分享网站；PPS、PPTV 则是运用 P2P（peer to peer，即点对点播放）技术的网络电视客户端。这种不同的发展定位，也为视频网络各自未来不同的发展模式奠定了基础。

（二）高速发展期（2006—2011 年）

2006 年 10 月，Youtube 被谷歌以 16.5 亿美元的天价收购后，视频网站呈爆炸式发展。据不完全统计，中国视频网站的数量在高峰期有上千家，包括优酷、酷六、6 间房、爆米花、暴风影音、PPlive、PPS 等颇具影响力的视频网站就是这段时间出现并逐步崛起的。此外，包括搜狐、新浪、网易在内的一些门户网站也开始涉足视频领域，提供视频服务。

2007 年 12 月 29 日，原国家广电总局和原信息产业部联合发布了《互联网视听节目服务管理规定》，确立了视频网站经营的牌照制度。

2009 年年底，在原央视网的基础上，中国网络电视台（CNTV）隆重上线。随后，各传媒集团纷纷成立网络电视台，视频网站群体中的国家队力量不断夯实。发展至 2010 年，我国的网络视频行业已基本形成国有媒体网络电视台、门户网站及商业视频网站分据市场的竞争版图。

2010 年 3 月，百度旗下奇艺网成立，开始全面进军正版、高清、长视频网络视频领域。

高速发展的另一个表现就是出现上市潮。2009 年 11 月，酷 6 网正式加盟盛大集团，与华友世纪合并后借壳上市，于 2010 年 6 月登录美国纳斯达克；2011 年 9 月 27 日，人人公司以 8 000 万美元全资收购 56 网。有的网站凭借自身强大的资源与独特的运营模式成功 IPO，如 2010 年 8 月 12 日，乐视网在国内创业板挂牌上市；2010 年 12 月 8 日，优酷网率先成功登陆纽交所，成为全球首家在美独立上市的视频网站；土豆网于 2011 年 8 月 18 日登陆纳斯达克。

（三）格局形成期（2012—2016 年）

这一时期主要是出现并购潮，在通过多次并购之后，网络视频的市场格局初步得到确定。

2012 年 8 月 20 日，优酷土豆股合并方案获在香港召开的双方股东大会批准通过，优酷土豆集团公司正式成立，优酷土豆通过 100% 股权交换的方式强强联合。

2013 年 5 月 7 日，百度宣布 3.7 亿美元收购 PPS 视频业务，并将 PPS 视频业务与爱奇艺进行合并，PPS 将作为爱奇艺的子品牌继续为视频用户提供更优质的服务。

2013 年 10 月 28 日，苏宁宣布向 PPTV 投资 2.5 亿美元，占 PPTV 股份 44%，成为第一大股,苏宁的此番投资,也被视作完成网络视频的收购布局。

2014 年 4 月 28 日,优酷土豆集团宣布与阿里巴巴集团建立战略投资与合作伙伴关系,且优酷土豆集团保持独立运营。

经过这一系列重磅并购洗牌后,网络视频市场份额进一步趋于集中,在 2015—2016 年的发展中马太效应越发凸显,视频网站整体格局基本形成,如图 6.2 所示①。

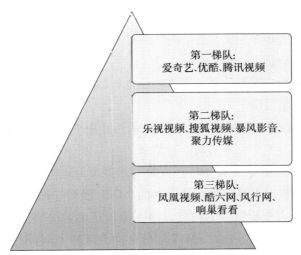

第一梯队:
爱奇艺、优酷、腾讯视频

第二梯队:
乐视视频、搜狐视频、暴风影音、
聚力传媒

第三梯队:
凤凰视频、酷六网、风行网、
响巢看看

图 6.2　2016 年商业视频网站整体格局

在图 6.2 中,爱奇艺、优酷、腾讯视频处于第一梯队;乐视视频、搜狐视频、暴风影音、聚力传媒或有独家内容资源,或占据应用工具、多终端优势,占据第二梯队;凤凰视频、酷六网、风行网、响巢看看等视频网站偏垂直类,用户相对小众,处于第三梯队。

(四)成熟期(2017 年—至今)

在经历上市和并购风潮之后,网络视频市场格局的形成,网络视频的发展此后会进入成熟期,各个视频网站基本有自己成熟的发展方向和战略,相互之间的竞争也会趋于良性竞争。网络经济中网络效应发挥作月,网络视频市场会出现寡头竞争的局面,各个梯队之间差距会越拉越大。但随着网络技术和数字技术的发展,未来会不断出现一些新的挑战,也许会再次改变这个格局。

第二节　网络视频产业

据艾瑞咨询发布的《2017 年中国网络经济年度监测报告》的数据显示,2016 年度,中国在线视频市场规模为 622.4 亿元,同比增长 53.9%。随着用户规模扩大,用户使用黏

---

① 中国网络视听节目服务协会.2016 年中国网络视听发展研究报告[R].中文互联网数据资讯网.

性增加,在线视频带来的商业资源不断升值,预计到 2018 年将成为千亿级市场。

在产业经济学中,产业链是一个经常被提起和用到的概念,早在 1958 年,赫希曼就在《经济发展战略》一书中从产业的前向联系和后向联系的角度论述了产业链的概念。但是关于产业链的概念,众说纷纭,还没有形成统一的共识。刘贵富对已有产业链定义进行综合分析,发现这些定义包含五个相同点[①]。

①产业链中包含有不同的相关产业。

②产业链中包含有多个相关企业。

③产业链中的企业是上、下游关系。

④产业链是围绕用户需要的某一最终产品进行的生产交易活动。

⑤产业链是一条增值链。

从这五点看,产业链是具有上下游关系的属于相关产业的多个相关企业围绕用户需要的某一最终产品进行生产交易活动的增值链。

关于媒介产业链的研究,主要是将产业链的相关理论运用到媒介生产过程上来了解媒介产品是如何被生产出来并传播给消费者的。向志强和彭祝斌认为,媒介产业链上也并存着价值链[②],媒介产业价值链的构成主体主要包括内容提供商、设备供应商、渠道营销商以及产品消费商。其中,内容提供商是媒介价值链的上端,设备供应商和渠道营销商是媒介价值链的中端,产品消费商是媒介产业价值链的下端。

刘钢认为,新媒体产业链有四个关键环节:内容创意—内容制作—生产复制—交易传播[③]。这四个环节在新媒体产业链中的价值比重分配如图 6.3 所示。

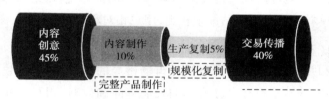

图 6.3　新媒体产业链环节价值比重分配图

李子恒通过从多方面的角度对网络视频行业进行梳理,架构出一条系统的产业链模型,如图 6.4 所示。

从图 6.4 中可以看出,整个产业链的基本链条由内容提供商、平台运营商、分销渠道商和视频用户构成,视频内容由内容提供商生产,再经由平台运营商和分销渠道商传递给视频用户,同时视频用户也提供 UGC 内容给平台运营商。这个模型基本反映了网络视频产业链的各个运行环节,但不够全面,还需要完善。

①　刘贵富.产业链的基本内涵研究[J].工业技术经济,2007(8):94.

②　向志强,彭祝斌.媒介产业价值链与媒介组织的管理创新[J].新闻界,2006(5):27.

③　刘钢.内容是核心　渠道是关键——关于我国新媒体产业链的相关问题与思考[J].中国传媒科技,2008(2):52.

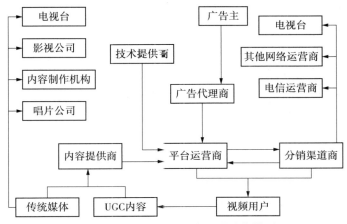

图 6.4 我国网络视频产业链结构模型

我们采用中国网络视听节目服务协会在《2015 年中国网络视听发展研究报告》中提出的网络视频行业产业链①，如图 6.5 所示。

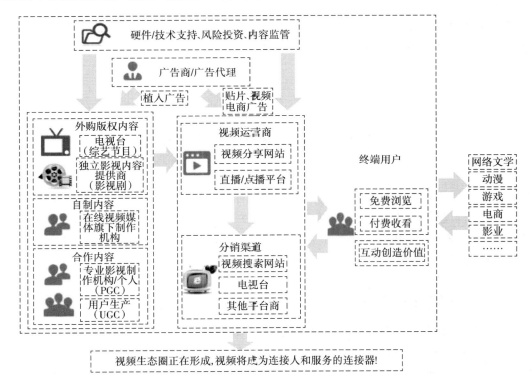

图 6.5 中国网络视频行业产业链

在网络视频产业链中，内容提供商、视频运营商、广告商、终端用户等位于产业链的核心地位。按照传媒经济的"二次售卖"理论，第一次将信息售给受众，第二次将受众注意力售给广告商，这就会产生两个链条：媒介信息——受众和广告信息——受众，其中，

---

① 中国网络视听节目服务协会.2015 年中国网络视听发展研究报告［R］.中文互联网数据资讯网.

媒介信息——受众是主链条,广告信息——受众是副链条。根据这种分法,我们将图 6.7 的网络视频产业链分成两个链条。

第一链条是"视频节目内容—视频运营商—终端用户"。其中视频节目内容有三大来源:第一是外购版权内容,是从传统电视台和其他视频内容制作商那里购买获得;第二是自制内容,由视频运营商自己制作的内容,比如爱奇艺的自制综艺节目《中国有嘻哈》和自制电视剧《河神》等;第三种是由个人、组织或机构主动上传分享的内容,主要包括 UGC 和 PGC。

第二个链条是"广告信息—视频运营商—终端用户"。其中,广告信息通过两种方式进入视频运营商的环节:第一是通过植入广告,在视频节目内容生产的时候就与其合在一起,成为内容的一部分;第二种是将广告投给视频运营商,在视频节目播放的前、中、后时段插入广告。

除了这些核心环节外,产业链的运行既需要得到硬件和技术的支持,也需要得到风险投资的支持,同时也会受到政府机构对视频内容的监管。

随着网络视频产业的发展与成熟,网络视频与其他产业之间的联系也越来越紧密,视频产业链会突破现有的链条,与其他的产业链相互交集,产业链之间的边界也会越来越模糊,最终会形成一个大的综合的网络视频生态圈。

第三节　网络视频的运营模式

我国网络视频在一开始的萌芽期就有了不同的定位,比如,乐视网定位为以影视剧发行为主的长视频网站;而土豆网、56 网和激动网均定位为以用户上传内容为主的视频分享网站;PPS、PPTV 则是运用 P2P 技术的网络电视客户端;这些不同的定位形成现今不同的运营模式。

一、网络视频的运营模式

秦宗财和刘力在综合考察欧美主流视频网站的基础上,指出欧美视频网站运营模式主要分为 UGC 模式、Hulu 模式、P2P 模式、网台联动模式和互动社交视频服务模式等[1]。根据这种分法,我们认为我国的网络视频也存在以下几种运营模式。

(一)UGC 模式

这种模式是用户将自己原创的内容上传至互联网平台,分享或者提供给其他用户。UGC 模式也成为很多类型网站采用的模式,网络论坛、各种点评网、百度百科、博客和微博都可以看作 UGC 模式。采用 UGC 模式的视频网站一般被看成视频分享网站,以用户

---

① 秦宗财,刘力.欧美视频网站运营模式及赢利分析[J].深圳大学学报:人文社会科学版,2016(1):50-51.

的视频上传分享为中心,用户可以搜索、分享、点评网站上共享的视频资源。以"Broadcast yourself(播报你自己)"为宗旨的 YouTube 是 UGC 模式的代表,是现阶段全球规模最大的视频分享网站。

我国 UGC 模式的视频网站的典型代表是优酷和土豆。2006 年优酷上线,在初创时就模仿 YouTube 模式,定位为用户视频分享服务平台,依靠用户生产内容并上传至平台与他人分享,也可以浏览其他人的视频内容。不过发展到现今,优酷也不再是单纯的UGC 模式,而成为 UGC 模式与其他模式结合的混合模式。

(二)Hulu 模式

Hulu 模式是以 Hulu 公司为代表,Hulu 是 2007 年成立的一家美国新兴网络视频公司,该公司以丰富的正版内容的资源优势为基础,通过独立运营和提供优质的用户体验,创建高品质的视频播放平台,从而获取大量优质广告收入,开辟了"正版内容+视频广告"的盈利模式。Hulu 主要采取四种手段获取视频资源:一是充分利用投资方(NBC、FOX、ABC)拥有的视频资源;二是积极与其他媒体内容商合作;三是重视与小众频道的内容提供商合作;四是广泛与网络内容提供商合作[①]。

国内 Hulu 模式视频网站的主要代表是爱奇艺。爱奇艺原名奇艺,是百度在 2010 年组建的独立网络视频公司,2011 年更名为爱奇艺。爱奇艺以"悦享品质"为品牌理念,是国内首家专注于提供免费、高清网络视频服务的专业视频网站。爱奇艺视频在盈利模式上也采用"正版内容+视频广告",业务上涉及用户、广告主和内容方,向用户提供优质内容,为广告主投放广告,向内容方支付版权费用。发展到现在,爱奇艺也不再是单纯的"正版内容+视频广告"模式,也在开始打造自制剧和付费观看。

(三)P2P 模式

P2P 即"Peer to Peer",用户通过同时在流媒体服务器和其他用户取得流媒体文件,并向别人提供自己的流媒体源[②],从而实现计算机资源和服务的共享。基于 P2P 的网络电视采用的是流媒体播放技术,可以直接连接到其他多个用户的计算机节点,利用自动式文件分块重组方案,可以做到一边下载一边播放。这类视频网站主要产品就是在线直播和点播的服务。用户观看视频可以通过客户端和网页在线两种方式,主要以用户下载客户端观看为主。国内代表性的视频网站有早期的 QQLive、PPTV 和迅雷看看等。

(四)网台联动模式

网台联动模式是指传统的电视媒体通过建立视频网站或与专业视频网站合作,将自身的资源与其他资源整合起来,实现电视台与网络平台互动的模式,具代表性的如英国BBC iplayer 和美国 VAB。国内主要代表是中央电视台的中国网络电视台和湖南卫视的芒果 TV。

(五)视频社交模式

视频社交模式是以社交为主的网站提供视频服务,用户主要通过短视频方式进行互

---

① 秦宗财,刘力.欧美视频网站运营模式及赢利分析[J].深圳大学学报:人文社会科学版,2016(1):50.
② 华艳辉.P2P 流媒体技术飞速发展[J].中国科技博览,2008(19):18.

动。国内主要代表有陌陌时刻和快手。陌陌时刻的形式类似 Snapchat story。用户现拍 10 秒短视频后，可以直接在 APP 中进行简单编辑，添加喜欢的文字和表情。视频可以直接在个人主页"我的时刻"中展示。通过好友上传到"时刻"里的短片，你就可以清楚地知道 TA 现在在哪里、在干什么、那里天气怎么样。所有"时刻"内的短视频都能自定义显示时间，24 小时内逾期下架。

【推荐阅读】关于视频网站的商业模式，可参看陈达《Netflix 发家史回顾，商业模式与未来展望》一文，见搜狐网。该文严谨又不失生动幽默地介绍了美国视频收费网站 Netflix 的发展经历、比较优势及发展缺陷等。

二、网络视频广告

据艾瑞咨询的数据显示，2016 年中国网络视频广告收入市场规模为 271.7 亿元，增速达 43.1%，远高于网络广告的平均增速。网络视频产业的发展与网络视频广告的收入是相辅相成的，网络视频产业的健康发展会拉动广告收入，广告收入的增加也会为产业的进一步发展提供资金支持。

网络视频广告发展到现今，出现了多种类型。艾瑞咨询根据网络视频广告从是否依托于视频平台本身将其分为贴片视频广告和原生视频广告两种类型。原生视频广告（Out-stream video ads）是指本身为视频广告，通常时间较短，且并不依附于视频媒体平台出现，常见于社交媒体、新闻资讯类媒体。贴片视频广告（In-stream video ads）是视频平台本身的贴片广告，在网络视频、电视视频、直播视频播放前、播放暂停或者播放完后插播的图片、视频、FLASH 等广告①。有前置式广告、视频贴片广告、视频浮层广告、播放器背景广告和 UGA 视频植入式广告五种②。

我们采用艾瑞咨询的分类方式，将网络视频广告分成原生视频广告和贴片视频广告两大类。

（一）原生视频广告

原生视频广告是独立播放视频的广告，不依附于其他的视频节目，主要有两种类型。

1.微电影广告

微电影广告是新兴的广告传播形式，是为了宣传某个特定的产品或品牌而拍摄且有情节的，时长一般在 5~30 分钟的，以电影为表现手法的广告，简单来说是微电影+广告，但其本质还是广告。凯迪拉克的定制作品吴彦祖主演的《一触即发》和莫文蔚主演的《66 号公路》，是微电影广告的代表之作。

2.短视频原生信息流广告

信息流广告是出现在社交媒体用户好友动态中的广告，例如在使用微信朋友圈功

---

① 艾瑞咨询.2017 年原生视频广告市场洞察报告［R］.艾瑞网.
② 张莹.网络视频广告研究［J］.宁波大学学报：人文科学版，2010(4)：127.

能,查看好友动态时,与好友动态加载一起的广告,就像朋友发的动态信息。短视频原生信息流广告是以短视频形式发布的信息流广告。在微博和微信朋友圈都会出现这种广告。

(二)贴片视频广告

贴片视频广告是依附于其他视频节目的广告,一般不会脱离其他视频节目而单独播放。主要类型包括五种。

1.前置广告

前置广告指的是在视频播放之前出现的视频广告。

2.视频贴片广告(插播广告)

视频贴片广告是指在视频播放期间插播的广告,当广告内容出现时,用户正在观看的视频节目内容会停止。一般分为播放前插播、播放中插播和播放后插播三种形式。

3.覆盖广告

覆盖广告是指短时间出现在视频顶端或底部的文字或图像广告,类似于常见的电视字幕广告。当用户将鼠标指向或点击广告时,会弹出更大的广告幅面,或者打开新网站。

4.伴随广告

伴随广告是指与视频播放窗同时出现的静止的横幅广告,选择这类型广告的通常是赞助商,他们还会投放插播广告或覆盖广告等其他广告形式。

5.植入式广告

植入式广告是有计划地将产品及品牌、服务或理念的相关信息,植入电影、广播、电视节目、报纸杂志、小说等任何形式媒体内容中的广告形式①。网络视频的植入式广告是将产品或品牌植入视频节目中,成为视频节目内容的一部分。网络视频广告植入方式主要有台词表述、特写镜头、场景提供和扮演角色等。

【课后思考】

1.网络视频的定义与特点。

2.网络视频的发展历程。

3.网络视频的产业链和运营模式。

4.网络视频广告的类型。

【话题讨论】

1.你平时喜欢使用哪个网络视频平台? 为什么?

2.案例:6 月 27 日,人民日报社社长杨振武宣布:《习近平用典》政论微视频第一季正式上线播出,并在全网同步推送。《习近平用典》政论微视频以人民日报评论部编写的

---

① Russell, C. A. Investigating the effectiveness of product placements intelevision shows: The role of modality and plot connection congruence onbrand memory and attitude[J]. Journal of Consumer Research, 2002(3):306-318.

《习近平用典》一书为基础,通过新媒体、新技术进行再创造,以可视化形式生动呈现习近平总书记讲话和文章中的典故。微视频第一季共包括 10 集,每集围绕一则典故展开,包括原典、释义和解读 3 个部分,介绍古典名句的出处,阐释其蕴含的深邃寓意,解读习近平总书记用典的现实意义。

案例来源:佚名.《习近平用典》政论微视频上线播出,人民网,2016.6.27。

请讨论:观看《习近平用典》政论微视频,思考和讨论网络视频的功能。

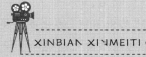

第七章　互动性电视

【本章作者】

柳庆勇,广告学博士,三峡大学文学与传媒学院教授,硕士生导师。主要研究方向为广播电视编导、数字媒体制作技术、广告传播。电子邮箱:453574149@qq.com。

数字化已是老少皆知的概念,然而,数字电视、互动电视、直播卫星、移动电视、IPTV等新业务如雨后春笋般冒出,让人眼花缭乱、头昏脑胀,如今有多少用户能分清这些业务呢?

笔者身边的朋友、同事以及家人,大多不能说出这几种业务有什么不同。不仅如此,随机电话采访的一些家庭用户表明,大部分家庭对于这些业务还处在模糊的认识状态,少部分人只知道这些业务模式能实现互动。网上调查亦如此,约有八成的用户不能分清其中的概念。

各个方面都显示,大部分用户被这些"层出不穷"的业务搞得晕头转向,不知所以然。并且有资料显示,现在越来越多的人坐在电视机前无所适从。全世界大力推动数字电视产业的人似乎都坚信同一条原则:人们在看电视的时候,应该以一种更复杂的方式与电视相处。在这种原则下,业务模式的增多,让大家对数字电视、互动电视、IPTV等数字化媒体的概念,听起来很耳熟,却不明白到底是怎么一回事。

电视媒体在数字化和网络化背景下,已经发生了巨大的改变,随之而来的就是各种新的概念和名称,以致让人难以分辨。因此,我们很有必要对一些基本概念进行梳理和辨析,以免陷入混乱。

第一节　互动性电视概述

"坐在沙发上的土豆"是20世纪的电视文化研究中经常用来描述电视观众的用语,意指受众的被动和无聊。然而,随着互联网的兴起,"互动"这个词也热起来,并与电视深深地关联在一起。理论上讲,当信息由传播者出发,单向地流往受传者时是没有形成"互动"的;只有当受传者在接收了传播者发出的信息后作出反应,并反馈(回传)给传播者时,这个信息的回路才得以完成。可见,"互动"产生的首要条件就是在传播者与受传者之间形成一个信息流动的回路。此外,传播者与受传者之间的"互动"关系,绝不仅仅是交流沟通的关系,而是一种更为即时的反馈,它尽可能多地让观众参与节目,并尽量多地使观众获得"内容主权"以便对电视节目产生影响作用①。

一、互动性电视的概念

互动电视或双向电视这种说法,总的来说不能算太确切,因为互动电视并非一种相对于模拟电视或数字电视独立存在的电视形式,而更多地表现为一种思维方式。因此,

---

① 廖亮.电视"互动"观念初探[J].现代传播,2002(6):53.

本书采用互动性电视的说法①，主要是强调和突出这种电视形态的互动性特征。当然，电视从互动可能性的探讨、实验性实践到互动电视的完全实现是一个长期的过程，在不同的阶段，电视的互动形式和互动程度是不同的。

总的来说，互动性电视是传统的电视媒体数字化或网络化的升级形态，目前主要包括数字电视、IPTV 和 OTT TV 三种。

具体而言，从技术上讲，互动性电视是将网络模块和应用软件与电视机芯融为一体通过电话线或宽带实现网上浏览，是集宽带或电话线上网、大屏幕电视显示和数码电视三位一体的家用高亮度、高清晰度显示器。从这个意义上说，互动电视就是"网络＋电视"的形态②。从应用上讲，互动性电视使观众在观赏电视节目时拥有更多的控制权，可以在某种程度上有选择地接收自己喜欢的内容，并向内容播出前端反馈自己的信息，还可以获得更广泛和更个性化的信息。

互动性电视有两种实现方式：一种是增强型的互动电视模式，利用单向传输的广电网络，以电视机为终端，传输方式和数字电视一样有三种：卫星、地面和有线。用户需要互动电视机顶盒将传输的数字信号转化为模拟视频信号输出到以电视为终端的显示设备上。另一种是全方位互动的视讯服务模式，这种模式选择的平台是拥有互联网接入的个人电脑。通过在个人电脑上装入相应的电视转换卡，将个人电脑的显示器作为电视信号的接收设备。其接入方式从最初的窄带调制解调器接入发展到目前的宽带，加上流媒体技术的应用，逐渐避免了这一平台在传输与显示视频节目上的劣势。这两种不同模式的互动电视，前者是从电视数字化方向出发，后者是从电视网络化方向出发，向我们指出了电视的最终发展方向。

二、互动性电视的变革

互动性电视的产生，带来了电视发展史上的重大变革，彻底改变了人们被动收看电视的习惯。它与传统的模拟电视相比，最大的特点在于变单向传播为双向互动传播，将收视的主控权真正交给了观众。

（一）变单向传播为双向互动传播

1.观众与节目之间的互动

相对于传统的电视而言，互动性电视在宽带网络的支持下，实现了电视产业与新媒体的深度融合，突破了"我播你看"的传统模式，能让观众直接参与到节目的各个环节中来，与节目实现双向互动。观众的角色也由此发生了改变，即从内容的接受者变成了内容的参与者。例如互动性电视观众可以跟新闻现场的记者进行互动，发表自己的意见，

---

① 互动电视这个概念经常和数字电视、IPTV、手机电视等具体形态的电视一起被并列使用，实际上它并非指代某种具体的电视形态。宫承波的《新媒体概论》和彭兰的《新媒体导论》分别使用了"互动性电视"和"数字化电视"的概念，前者认为互动性电视主要包括数字电视、IPTV 和 OTT TV，后者认为数字化电视包括 IPTV、有线数字电视、OTT TV、无线数字电视和数字卫星电视。本书采纳互动性电视这一概念。

② 李菁，刘惠芬.浅析互动电视的发展历史[J].现代电视技术，2004（1）：124.

提问想了解的情况或向记者提供自己所拍摄的现场素材。为了充分满足互动性电视用户的需求，一些电视剧的制作采取了"边制边播"的模式，即播出部分内容的同时，根据网络互动情况和用户意见征集进行快节奏的后续内容创制。这类电视剧的编剧在创作剧本的过程中会考虑到观众的意向而改变剧本或者人物的发展走向，还会针对多数观众的需要增加一些话题和人物情节，以此充分调动观众的热情去追随电视剧①。

2.跨媒体之间的内容互动

互动性电视是数字电视和宽带网络技术相互融合的产物，集宽带上网、大屏幕电视显示和数码电视技术三位一体。因此，它能实现跨媒体之间的互动链接，把不同媒体如广播、互联网、手机等的内容在电视机上同步播出，互相切换。链接的内容可以是音、视频与图文之间的，音、视频之间的，音、视频与游戏之间的。因此，在互动性电视屏幕上，我们不仅可以看到视频节目，还可以浏览图像及网站网页等文本内容。例如，我们在观看体育比赛时，想了解某一个球员的信息，只要输入这个球员的代号，就会跳出一个画面来介绍这个球员的背景。跨媒体之间的内容互动大大丰富了电视节目的内容，更加满足了互动性电视观众个性化的多元需求。

3.交互式业务服务

在新媒体时代，三种网络已融合为一个大的整体网络，彼此之间的业务互联互通、资源共享。而互动性电视打破了技术的限制，能实现跨媒体之间的互动链接，具有了上网功能，它除了进行跨媒体之间的内容互动外，还可以为观众提供交互式的业务服务。也就是人们在看电视的同时也能收发电子邮件，与朋友、同事在网上进行交流，查看股票信息或在网上浏览、购物等；还可以在电视上查询天气预报、航班列车时刻表、促销打折、商品介绍等生活资讯。现在还支持各类型的增值业务，如广告、游戏、电子商务、远程教育等。这样的交互式业务服务，给互动性电视用户带来了极大的生活便利，这已完全不同于以往的单纯收看电视。

（二）由"人等电视"变成了"电视等人"，让观众拥有了收视的自主权

传统电视是单向传递信息，观众只是被动地接收信息，没有自主权。观众的被动主要体现在收视时间的被动性上，即使观众可以在众多频道中自主选择节目，但是对于何时可以观看节目，完全由电视台决定，所以可以说观众在时间上是百分之百的被动。而互动性电视则将节目播出的主动权由电视台转移到了观众的手里。观众可以自由选择节目套餐，在理想的时间观看自己想看的节目②。因为互动性电视的"时移"技术和"点播"技术让观众可以在播放内容和时间上更加自主。观众可以在任何时间选择收看自己想看的节目，并且"想什么时候看，就什么时候看""想看几遍就看几遍"，而且不用受广告插播的骚扰。

1.时移回看

由于受技术条件的限制，电视台往往提前一周或一天预报各栏目要播出的内容和时

---

① 韩卫娟.媒介融合背景下电视传播的发展变化[J].中国电视，2016(5)：73.
② 吴霏，薛可.探索互动电视的盈利方式[J].新闻爱好者，2009(9)：58.

间,人们通过收看节目预告,按照电视台规定的播出时间,选择收看自己喜欢的电视节目,而不能按照自己的时间去收看电视台播出的各栏目内容,更不能选择收看电视台已播出的电视内容①。但互动性电视的时移功能能够做到这一点。

互动性电视的"时移"功能,就是在电视频道正常播放节目时,用遥控器控制电视,实现暂停、播放、快进、快退等像在家看 DVD 一样自由控制。因此,互动性电视用户再也不用担心会因不速之客的造访错过激动人心的精彩瞬间。互动性电视还能提供已播放电视节目的回看功能,如精彩赛事、刚落下的电视剧等,都可以去补看,还可以录下自己喜爱的节目②。

2.自由点播

因为在互动性电视运营平台上,有一个庞大的"电视节目"库房,观众如果想看一些经典的老片或者是热播的节目,只要通过遥控器启动点播功能,进入节目库,就可以自由点播电子菜单上自己喜欢的电视节目,而且"想看什么就看什么"。此外,相对于传统的电视,它可以在传输和接受多路视频信号和其他数字化信息的过程中,同时将信息数字化存贮,以便观众随时调用。

第二节　数字电视

2009 年 6 月 12 日,美国当地民众彻底告别了模拟电视信号,迎来了数字化电视时代。我国于 2015 年全面停止播出模拟信号电视节目,模拟电视被数字电视和网络电视所取代。

一、数字电视及其优势

数字电视(Digital Television)是数字电视系统(图 7.1)的简称,是指音频、视频和数据信号从信源编码、调制到接收和处理均采用数字技术的电视系统。国际上对于数字电视的精确定义是将活动图像、声音和数据,通过数字技术进行压缩、编码、传输、存储,实时发送、广播,供观众接收、播放的视听系统。

数字电视是从节目采集、编辑制作到信号的发送、传输和接收全部采用数字处理的全新电视系统。真正的数字电视必须使用下面三项关键技术:一是对电视图像及伴音进行压缩编码的技术。将模拟电视信号数字化后其数码率很高,因此必须想法去除图像信号中的多余信息。这可采用图像与伴音的压缩编码方法实现,国际组织已经制定了许多压缩编码的国际标准,有 JPEG(静态图像压缩编码标准)、MPEG-2(运动图像压缩编码标

① 王亚男.浅析互动电视的发展现状及节目制作特征[J].河北省社会主义学院学报,2011(7):95.
② 李燕凤.互动电视:一种点对点的媒体[J].中国经济和信息化,2006(15):39.

准）、AC-3等。二是纠错编码等信道编码技术，这是为了提高数字电视传输的可靠性。三是多进制数字调制技术，这是为了提高传输的频带利用率。

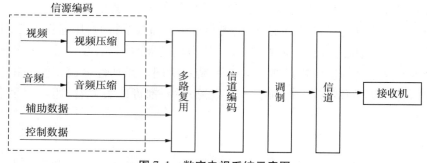

图7.1　数字电视系统示意图

与传统的模拟电视相比，数字电视主要具有四个优势（图7.2）。

图7.2　模拟电视机（左）和数字电视机（右）

第一，数字电视信号更加稳定，而且容易实现信号的加密、解密，便于电视节目的条件接收，如付费电视、专用数据业务传送等。原因是模拟电视的信号是随时间连续变化的电压或电流，图像的明暗变化或声音的大小都是以电压或电流的大小来表征，而数字电视传送的是不连续的"0""1"脉冲信号，传输时首先要把连续变化的模拟信号经取样、量化、压缩编码后，变为不连续的二进制脉冲信号。

第二，数字电视的成像效果和音效效果更好。传统模拟电视的光电信号抗干扰性能差，容易受空间、距离和天气等外部因素的影响。数字电视信号的噪波、失真与信号连续处理的次数无关，不会产生噪波、失真的累积；同时，数字电视信号很容易实现检错与纠错，图像、伴音信号传输质量很高。

第三，数字电视系统具有可扩展性、可分级性和可操作性，便于实现视频点播、互动操作等。由传统的"电视台播什么节目，我只能看什么节目"变为"我想看什么节目就可以看什么节目"，提高了电视节目收看的自主选择性。

第四，由于采用了先进的压缩编码技术，因而每套节目占用的频带窄，可以充分利用频率资源。例如，在地面广播时，原来的一个PAL制信道，可以用来广播四套常规清晰度数字电视，而在有线电视中，原来的一个模拟电视频道，可以用来传送8~12套数字电视节目。采用数字电视广播，目前550 MHz的有线电视网络，频道节目容量可以多达500套以上。

二、数字电视的分类

（一）按清晰度划分

按清晰度的不同,数字电视可分为标准清晰度电视（SDTV）和高清晰度电视（HDTV）。标准清晰度电视,图像水平清晰度为500～600线,最低为480线,分辨率为720像素×576像素,采用4∶3的幅型比,DVD的图像格式属于低清晰度数字电视（SDTV）水平;高清晰度电视,水平清晰度为1 000线以上,分辨率可分为1 280像素×720像素(非交错式,场频为24、30或60)、1 920像素×1 080像素(交错式,场频60)和1 920像素×1 080像素(非交错式,场频为24或30)三种显示模式,采用16∶9的幅型比。

（二）按传输方式划分

按信号传输方式的不同,数字电视可以分为地面数字电视（地面无线传输）、有线数字电视（有线传输）和卫星数字电视（卫星传输）（表7.1）。

表7.1　三种不同传输方式的数字电视比较

类型	传输方式	传输特点	较为适用的区域
有线数字电视	有线电视光线和同轴电缆	双向化,接收质量高,铺网费用高	城市
地面数字电视	无线电波	双向化,可实现移动接收,信号会受影响	城乡接合部,平原地区,交通干线区域
卫星数字电视	地球同步卫星	覆盖广,传接简单高效,易受建筑物、地形及天气限制,单向传输	农村等广阔、边远地区

（三）按产品类型划分

按产品类型的不同,数字电视可分为数字电视显示器、数字电视机顶盒和一体化数字电视接收机。

三、我国数字电视主要发展模式

1.苏州的"数字电视营销"模式

苏州是我国第一个把有线数字电视投入市场运营的城市。在中科院声学研究所、苏州有线电视台和天柏宽带网络科技有限公司三方合作的基础上,于2001年11月完成了苏州有线电视的数字化扩容改造。在苏州数字电视运营过程中,逐渐形成了"数字电视营销"的概念,涵盖了用户市场研究、市场推广宣传、机顶盒销售拓展、收费模式、客户服务等方面。对于收费电视来说,用户数量是其发展的生命线,因此,关注和研究用户市场是苏州有线数字电视运营过程中非常重要的环节。在苏州观众对数字电视还不了解的情况下,他们采用了电视广告、报纸、电台、邮递广告、宣传单页、热线电话等方式进行概念的普及,并对当地用户市场的消费情况进行了调查,按年龄、职业等对用户进行细分,对他们的消费需求和能力进行调查分析,在此基础上制定具体的推广策略和推广手段①。

2.深圳的"构建产业链"模式

深圳拥有康佳、创维、TCL三大电视制造企业的生产基地和科研基地,高新技术产业已经具有相当规模,形成了比较完整的数字电视产业链。深圳的数字电视发展的首要推动力量是政府对数字电视产业发展的重视,成立了数字电视研究开发及产业化领导小组,进行产业规划和产业发展指导,并对数字电视产业给予一定的相关扶持政策。

3.青岛的"整体平移"模式

"青岛模式"就是所谓的"整体平移",即在推行数字节目的同时关停模拟信号,外加免费赠送机顶盒,将大面积的付费很少的模拟电视用户"整体转化"为收费较高的数字电视用户。在该模式中,广电提供政策支持,将增收的月费打入指定的银行;银行负责给机顶盒厂商提供资金支持;机顶盒厂商负责生产单价控制在500元以内的机顶盒。五年内完成这个项目后,增收部分归属广电。

4.杭州的"广播式加交互式"模式

2004年3月,杭州数字电视有限公司试运营,着手尝试基于有线电视网络和杭州网通宽带网络的"广播式"和"交互式"数字电视服务。用户购买850元/台基本型交互式机顶盒,交纳一年收视费180元,可收看"广播"与"交互"两种方式的数字电视内容,其中广播式有56套节目,交互式有8万多小时的点播节目资源。

【推荐阅读】要想全面了解我国数字电视的发展概况,请阅读国务院发展研究中心"重点产业调整转型升级"课题组撰写的《我国数字电视产业发展现状、问题和政策建议》一文,见《发展研究》2009年第11期。

第三节　IPTV 和 OTT TV

IPTV是Internet Protocol Television的简称。不同行业、组织或知识背景的人,对IPTV的含意存在不同的理解。国际电联IPTV焦点组官方发布的解释是"融合了电信和广电的新型服务(或技术),为了安全、可靠地传输大量的多媒体内容,如视频、音频、数据及其应用,通过由包括有线和无线在内的宽带网际协议网络来操控服务质量的平台,用户可通过电视机、个人数字助理、手机、装有机顶盒的移动电视机或类似装置为终端进行接收。"这个解释基本说明了IPTV的运作特征。我们认为,IPTV是以家用电视机、PC或手机等电子设备为显示终端,通过包括有线和无线在内的宽带网际协议网络,向用户提

---

① 齐心.我国有线数字电视发展模式研究[D].开封:河南大学,2005:13.

供以视频为主的交互式服务的新技术和媒体形态。IPTV可以提供电视类、通信服务类和各种增值类业务。电视类服务是指与电视业务相关的服务,如视频点播、直播电视和时移电视等;通信类服务主要指基于IP网络的语音业务、即时通信服务等;增值业务则是指电视购物、互动广告、在线游戏等。

一、IPTV的特点

交互性和个性化是IPTV的主要特点,下面主要通过与有线数字电视的对比来看其特征(表7.2)。

表7.2　IPTV与数字电视的比较

比较点	传统电视(数字电视)	IPTV
网络介质	有线电视网络HFC	宽带互联网ADSL、LAN等
传播方式	广播式	互动式
终端普及	非常高	高
终端使用频率	逐步减少	逐步增多
终端拥有性质	多人共用为主	个人私用为主
终端便携性	低	高
频道数量	数量少	数量多
传输技术	频分复用,调制解调技术	TCP/IP技术和流媒体技术
节目内容落地区域	局限性大	局限性小
内容点播	不可以	可以
画面质量	高	一般
流畅度	高	一般

1.依托的网络介质不同

有线数字电视主要通过有线电视网络HFC,而IPTV主要基于宽带互联网ADSL、LAN等。

2.交互程度不一样

有线数字电视的网络介质大部分是单向HFC网,只有少部分为双向网,互动性不强。而IPTV的媒介是互联网,开放性和双向性是互联网的根本特征,因此,IPTV具有与生俱来的超强的互动性。

3.个性化功能不一样

有线数字电视由于受数字电视技术标准和广电网络结构等因素影响,目前大都以单向广播为主。而IPTV可以非常灵活地实现电子菜单、节目预约、快进、快退、节目编排等多种功能。比如使用点播业务,用户可根据兴趣点播自己喜好的电视节目,不受时间限制,可以通过拖曳等方式来观看节目内容。

4.观众分布范围不同

数字电视被局限在各个本地有线电视网内,而 IPTV 通过互联网向全国乃至全世界传播,观众遍布全球。

二、我国 IPTV 的发展模式

IPTV 业务在中国经历了局部试点、试商用、正式放号、大规模放号、全面扩大试点等过程,在这一过程中涌现出了一些比较成功的发展模式。

(一)杭州模式

杭州模式被称为"广电主导、双模发展"的模式。杭州模式起源于广电,严格来说属于数字电视和 IPTV 的共同产物,其用户具有有线电视用户和杭州网通用户的双重身份,使用双模机顶盒,所有机顶盒都连接有线电视网和互联网。具体来看,杭州采用有线电视加 IPTV 的方式,免费送机顶盒,基本收视费 14 元不变,付费电视和视频点播等增值服务由市场定价。

杭州 IPTV 由杭州网通进行市场推广,杭州数字有线公司是 IPTV 的运营主体,在二者基础上成立的华数传媒由广电控股,独立于电信和广电之外,是真正的市场化运作的企业。在这种模式下,新的市场实体同时具有电信业与广电业的背景,既拥有庞大的用户资源和网络资源、丰富的市场运营经验、准确的业务用户管理等,又不受内容运营的限制,可以在法律法规允许的条件下,开展所有电信业与广电业的业务,这些为 IPTV 业务的推广解决了内容和运营受制约的问题①。

(二)哈尔滨模式

在哈尔滨,哈尔滨网通和上海文广联合开展 IPTV 的运营,二者之间有明确的分工与合作,通过共享优质资源来实现优势互补。上海文广作为内容提供商和集成商负责运营牌照、内容集成、运营平台、内容频道、机顶盒设备等,同时负责协调和驻地广电、工商、公安等职能部门的关系;哈尔滨网通负责网络的建设和维护、收费渠道的管理、用户的管理等。双方共同开发新业务,并以收益分成、利益共享、风险共担的形式共同进行市场营销和拓展,形成了广电与电信共同合作的运营模式。

(三)河南模式

河南 IPTV 以中组部农村党员干部现代远程教育项目的系统平台为依托,整合了各部委其他面向社会主义新农村建设的行业应用资源。该模式绕开了电信与广电之间的牌照问题,由中央组织部直接下文,开创了一套农村 IPTV 业务发展的新模式。

基于现代远程教育项目构建的系统平台整合了多种业务资源,针对行业用户实现了多个业务系统,先后与国家的各个部委完成了全国农村党员干部现代远程教育项目、全国农村中小学现代远程教育项目、农村文化信息资源共享工程、阳光工程、农村医疗保障

---

① 朱荣.中国 IPTV 市场的五种商业模式[J].中国新通信,2007(48):81.

体系信息化工程等重大工程项目,最终构建了河南 IPTV 运营网络①。

(四)上海模式

总的来说,上海也是采用广电和电信共同合作的模式。上海电信负责系统测试、带宽改造、终端实施、系统运营、用户收费等,上海文广负责内容提供,双方共同出资购买相关系统设备和机顶盒。上海电信旗下的上海信息集团专门成立了产品运营部门,上海文广则专门成立了百视通公司,双方在项目配合、产品合作方面成立了联合工作团队,按照合作框架原则联合运作和推动 IPTV 业务在上海的发展。

(五)江苏模式

江苏电信 IPTV 解决方案是由中兴通讯自主研发,由内容运营与支撑、视讯综合业务管理、业务网络(VDN)、承载网络、家庭网络五部分构成。江苏电信运营商利用自己拥有的网络资源,向产业链前端延伸,从内容集成商、内容提供商处购买内容资源,然后将内容细化、个性化,将服务升级,提供 IPTV 服务。总的来说,江苏也属于以电信为主导的运营模式(表 7.3)。

表 7.3　我国 IPTV 发展模式

模式名称	业务名称	运营主体	设备商	职责分工
杭州模式	借助"数字电视"名义	杭州华数传媒、杭州网通	华为、思华	包括内容提供、内容集成、网络传送等所有工作均由华数传媒独立承担
哈尔滨模式	百视通	哈尔滨网通、上海文广	UT斯达康	上海文广负责运营牌照、内容集成、运营平台、机顶盒设备,同时负责协调和驻地广电、工商、公安等的关系;哈尔滨网通负责网络的建设和维护、收费渠道、用户的管理等;双方共同负责新业务开发、市场营销和拓展
河南模式	借助"农村党员干部现代远程教育"项目	河南网通、威科姆、河南广电	威科姆科技	河南网通负责网络资源、网络改造和系统设备提供,威科姆提供系统方案和机顶盒终端,威科姆与河南广电成立了合资公司负责提供内容
上海模式	百视通	上海电信、上海文广	西门子	上海文广全面负责 IPTV 业务内容集成、电子项目指南制作与设计、版权管理、用户管理等,使 IPTV 业务的内容及播控环节得到有效管理;上海电信主要负责 IPTV 内容的传播和后台管理系统
江苏模式	网络视讯	江苏电信、新华社、上海文广	中兴	图文音像资源等内容由新华社、上海文广提供,网络建设和维护、收费渠道、用户的管理等由江苏电信负责

---

① 黄楚新.论中国 IPTV 的发展模式[J].现代传播,2010(9):104.

三、OTT TV

OTT（Over The Top）一词来源于篮球等体育运动，是"过顶传球"之意。意即互联网公司越过电信运营商，利用电信运营商提供的宽带网络，直接为终端用户提供各种业务。OTT 最典型的特征是业务提供商无须拥有自己的传输网络。如手机上常用的微信、谷歌地图和手机游戏等应用都是 OTT 业务。

OTT 业务延伸到视频领域即 OTT TV，是指基于开放互联网的视频服务，终端可以是电视机、电脑、机顶盒、PAD、智能手机等。它旨在网络之上提供服务，强调服务与物理网络的无关性。这里特别强调 OTT，是因为以电视机为接收终端的服务原本是由广电运营商和电信运营商两大集团主导的业务：数字电视和 IPTV。OTT TV 从某种程度上弱化了这两大运营商对视频业务的影响，并且对数字电视和 IPTV 造成一定的冲击[①]。

（一）OTT TV 与 IPTV 的区别

1.内容提供商不同

运营 OTT TV 和 IPTV 均需要获得相关部门颁发的相关牌照。目前已取得 IPTV 的内容提供商牌照的包括上海文广、央视国际、南方传媒、国际广播电台等。OTT TV 的内容提供商为互联网集成平台牌照商，包括华数、百视通、南方传媒等共七家。

2.业务运营商不同

IPTV 的业务运营由电信运营商负责，OTT TV 业务的服务由七家互联网集成平台牌照商提供，用户在租用了运营商的宽带业务后，OTT 业务不会再为电信运营商带来其他的收益。

3.传输网络不同

IPTV 电视内容的传播基于电信运营商搭建的专用网络，前期投资较大，但是对于用户来说网络带宽和视频质量都有保证。OTT TV 的传播用普通的公共宽带互联网作为基础，通过自适应流媒体协议，动态监测终端用户带宽和设备性能以及利用 IP 网络尽力而为的性质来发送视频，用户端通过在较低或较高质量视频流之间切换来优化视频质量[②]。

（二）OTT TV 的发展模式

从世界范围来看，全球 OTT TV 有三种发展模式：第一种是欧洲的兼顾传统广播电视与 OTT 服务的 HBBTV 模式；第二种是完全以互联网架构为基础的美国开放式 OTT 模式；第三种则是中国所形成的可管可控模式。

HBBTV 模式是 Hybrid Broadcast/Broadband TV 的简称，作为一种混合广播技术，它是一种与 DVB 兼容的内容发布平台的应用功能，除最基本的广播之外，HBBTV 在联网服务方面则有 VOD、时移电视、互动广告、在线购物等应用。

美国开放式 OTT 模式，则以 GoogleTV、Hulu、Netflix 和 iTV 为代表。美国 OTT 模式是

---

① 原毅玲.中国互联网电视演进历程及发展趋势[J].广播与电视技术，2015（11）：32.
② 佚名.IPTV 与 OTT TV 的区别[J].邮电设计与技术，2016（11）：76.

一种以开放互联网服务为核心的观点,其核心目标是寻求将家庭设备也互联起来,视频服务不再成为广电运营商的专利,电信运营商、互联网企业、硬件设备商以及内容生产商等都将自身定位于视频产业的参与者并获取相应价值。在这一进程中,除 PC 终端外,OTT 视频服务逐渐向 iPhone、iPad 及互联网电视等多终端覆盖。

在我国,采取了牌照许可制方式来实现对 OTT 的可管可控,由相关部门许可的集成牌照方负责提供内容的集成播控,互联网电视机与牌照方客户端完全绑定,通过牌照方的集成播控平台对客户端实行控制和管理。当前我国互联网电视牌照有七张,分别是CNTV、百视通、华数、南方传媒、湖南广电、中央人民广播电台、中国国际广播电台。

【课后思考】

1.什么是互动性电视?

2.IPTV 与数字电视的比较。

3.OTT TV 与 IPTV 的比较。

【话题讨论】

1.IPTV 在国内的发展现状如何?

2.**案例**:和工业化时代不同,中国在互联网和新信息技术时代几乎和发达市场同步发展。无论是网络技术的应用,还是联网设备的市场渗透,在中国市场都已经相当成熟。目前超过 60% 的中国互联网用户通过各种设备在线观看视频,而发达国家的这一比例平均在 80% 以上,这说明中国 OTT TV 产业还有很大的发展空间。

但是,由于受政策、消费者习惯和互联网电视一体机终端激活率低等多方面因素的限制,目前中国互联网电视产业的商业模式还没有完全建立起来。整个产业链的收入来源主要依靠牌照厂商向电视机以及互联网机顶盒厂商收取的平台植入费,而面向企业客户的广告收费以及平台化下的其他业务与应用收费都没有建立起来。

案例来源:佚名.未来的电视:OTT-TV 在中国的前景,财富中文网,2016.8.15。

请讨论:OTT TV 的商业模式有哪些可能?

第八章 手 机

【本章作者】

刘淑华,传播学博士,厦门大学广告学博士后,美国俄亥俄大学斯克里普斯传播学院访问学者,泉州师范学院文学与传播学院讲师,主要研究方向为新媒体和媒介发展、新媒体与品牌传播。电子邮箱:122100269@qq.com。

2007年1月,苹果公司推出了一款在当时与众不同的手机,这款手机被命名为iPhone。与同时代的传统手机相比,iPhone最具创新的地方也许是对触控操作的运用,它再也用不着轨迹球或触控笔,用户可以通过手指的滑动、收缩以及滚动,加强使用体验,这一点彻底改变了用户与移动设备交互的方式。"尽管存在一些漏洞和功能缺失,但总的来说,iPhone是一款漂亮而且具有突破性的掌上电脑。"《华尔街日报》专栏作家沃尔特·莫斯伯格当时这样写道。此后,苹果公司每年都会更新iPhone。2017年秋季,苹果发布了iPhone8,无论在外形设计还是硬件设备上,与第一代相比,苹果已经发生了本质性的变化。

以苹果为代表的智能手机的出现,在手机发展史上可谓一次意义深远的创新。智能手机的出现改变了人们对传统手机的理解,更为重要的是,智能手机深刻地改变了人们的生活,它在很大程度上重塑了人与人、人与社会的关系。那么,智能手机究竟和传统手机有何区别? 手机只是一种通信工具吗? 为什么会出现"低头族"和手机依赖症? 手机在当代社会和日常生活中究竟扮演什么样的角色? 未来的手机又将如何发展?

第一节 手机媒体概述

加拿大媒介理论与批评学者麦克卢汉认为,任何一种媒介都是人及其感官的延伸。手机似乎最能说明这一观点。自其产生之日起发展至今,手机已经逐渐成为人手一部随身携带的必备工具,成为一种名副其实的"人的延伸"。

一、手机媒体的概念

手机,又称移动电话、无线电话,原本是一种通信工具,可以在较广范围内使用的便携式电话终端,最早由美国贝尔实验室在1940年制造的战地移动电话机发展而来。第一部传统意义上的手机Dyna TAC是在1973年4月3日由美国IT巨头摩托罗拉公司工程师马丁·库帕(Martin Cooper)及其团队发明的。马丁·库帕发明手机的目的是摆脱固定电话线带来的烦恼,使人们在移动中能够进行语音通信。Dyna TAC手机的诞生标志着一个新时代——无线通信时代的开始。经过10年实验改进,到1983年6月,人类历史上第一部商用手机——摩托罗拉Dyna TAC 8000X问世,此款手机仅有拨打和接听电话两种基本功能(图8.1)。

1978年,美国在移动电话系统和移动通信网络方面有所突破,成功开通了蜂窝状移动通信网,这标志着第一代(1G,G是英文单词Generation的首字母)手机通信网络的诞

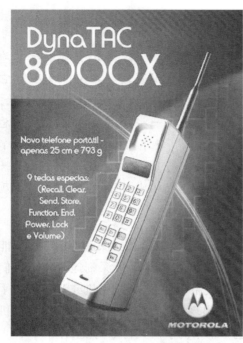

图 8.1　DynaTAC 8000X:摩托罗拉生产的
第一款手机,也是世界上最早的手机

生。此时的手机通信网络采用模拟信号,其代表是"大哥大",主要为用户提供语音通信服务。1987 年,"大哥大"首次进入我国,形状如砖头,并且很"笨重",但是代表了当时最先进的通信技术。它第一次使人们摆脱了固定电话的限制,并且在当时极其昂贵的使用成本,使其成为少数成功人士的象征。"大哥大"的通话质量不稳定,时断时续,充满电后最多也就能够打半个小时。

2001 年,第二代通信技术(2G)出现,通信网络制式发生了很大改变,主要包括 GSM 和 CDMA。第二代移动通信系统的核心业务仍然是语音业务,但可以承担低速数据业务,因此,2G 手机一个最大的新功能就是发送短信。此外,相较于 1G,2G 手机的通话质量和抗干扰能力都有了显著的提升,并且成本比"大哥大"低得多。只有到了 2G 时代,手机才真正开始走入普通人的生活。

2008 年,3G 诞生。第三代通信技术的典型系统包括由中国制定的 TD-SCDMA、欧洲制定的 WCDMA、美国制定的 CDMA 2000 三大标准。3G 最重要的特征是能够提供高速移动性多媒体数据通信服务,并具有更高的传输速率和更好的语音通信质量。3G 手机不同于 2G 手机的另一个显著区别是外观,全手势触摸式交互操作取代了按压式键盘操作,3G 手机已经具备了掌上电脑的雏形。3G 手机某种程度上是传统手机与电脑的结合体,只要有无线网络信号覆盖的地方,手机就可以像电脑一样浏览网页、观看视频、收发邮件、使用各种应用软件(图 8.2)。

图 8.2　智能手机的全手势触摸式交互操作

移动通信技术进入 4G 时代,4G 是各种先进通信技术的综合体,它的显著特点如下:一是网速更快,4G 手机网速比 3G 快 10 倍以上,它每秒下载速度最高可达 100 M。二是信息容量大,4G 是 3G 信息容量的 5~10 倍,传输质量比 3G 更高。三是覆盖范围广,在相同条件下，4G 覆盖范围比 3G 覆盖范围更大，同时具备不同速率间的自动切换能力，保证了良好的通信质量。四是实现了视频通话。

从1983年第一台商用手机以来，手机产品经历了 30 多年的历史变革，直到 4G 时代，智能手机不再是简单的电话，而演变成了移动式的微型电脑。目前手机媒体还是网络媒体的延伸，未来很有可能手机就是计算机，手机媒体就是网络媒体，手机媒体与网络媒体深度整合起来。

那么，何为手机媒体？匡文波教授将手机媒体定义为："以手机为视听终端、手机上网为平台的个性化信息传播载体，它是以分众为传播目标，以定向为传播效果，以互动为传播应用的大众传播媒介"[①]。手机媒体以分众化、定向化、互动化的传播特点全方位调动了人们的视觉、听觉、触觉等各种感官，创造了更为丰富的媒介体验。学者朱海松则从媒介变迁与演变的视角看待手机媒体的出现，提出手机媒体是继报纸、广播、电视、互联网之后的"第五媒体"，即"基于无线通信技术，通过以手机为代表的移动终端，展现信息资讯内容的媒介形式，应用形式主要包括移动互联门户网站、手机报和手机杂志、手机电视、手机社会网络、手机微博、电子阅读、二维码等"[②]。可见手机媒体的业务形态多种多样，不但涵盖传统媒体，如报纸、广播、电视等，更为重要的是开创了手机媒体独有的媒体类型，而像手机二维码、手机支付、手机金融等新型功能将媒体的边界拓展得更为广阔。

概括而言，手机媒体是借助于手机进行各类传播活动的工具，是一种利用移动通信网、无线互联网进行智能化的信息生产、传播的终端媒介。手机媒体将智能化的媒介硬件与各类多媒体应用软件融为一体，将大众传播、群体传播、组织传播、人际传播等多种传播形式聚于一身。手机媒体是一种融合的媒体形态，具有强大的媒体延展性和开放性。

二、手机媒体的特征

手机作为一种媒体，极大地影响和改变了人们的生活方式甚至社会关系，这当然与手机媒体的特征息息相关，具体而言，手机媒体主要具有以下几个重要特征。

1.移动性

保罗·莱文森认为，"边走边说"是人类的一种自然传播模式。在手机诞生之前，没有任何媒介可以复制和还原这种模式。手机媒体将人从电脑面前解放出来，让人类实现了在移动中交流，这可以说是一大变革。有人形容手机媒体是带着体温的媒体，这正好说明手机与人之间的亲密关系，它可以随身携带，这极大地便捷了人与人之间的沟通和信息的传播。手机媒体的移动性为其成为填补人们日常碎片时间的重要手段提供了可能，人们可以在候机、坐车的过程中享受手机媒体带来的丰富多彩的信息与服务。手机媒体的移动性不仅实现了信息的共时性接收，更实现了信息的共时性采编（图 8.3）。

① 匡文波.手机媒体——新媒体中的新革命[M].北京:华夏出版社,2010:1-3.
② 朱海松.第一媒体:手机媒体化的商业革命[M].广州:广东经济出版社,2011:5.

图 8.3　保罗·莱文森及其《手机:挡不住的呼唤》

2.交互性

手机媒体能够利用移动通信网和无线互联网进行数据信息的上行、下行实时传输,因而具有强大的互动性。手机媒体的互动性,在其发展初期,表现为通过手机短信等方式与信息发布者进行互动交流,随着移动通信技术的发展和 WLAN 的广泛普及,手机媒体的互动功能大大增强。一方面,手机媒体用户可以通过访问网络获取个性化的信息服务;另一方面,借助于 WAP 页面、手机 App 提供的打赏、评论、点赞、转发等功能,实现信息传播多主体之间的实时互动。以微博、微信为代表的社交媒体,大大提高了手机媒体互动的速度、深度和广度。

3.多媒体融合性

随着移动通信技术的不断创新和完善,带宽已不再是制约手机媒体数据传输与发展的因素,其为手机服务的多媒体化提供了重要的技术保障。手机媒体借助于文字、图片、声音、动画、视频等表现手段,提供了涵盖手机报、手机广播、手机电视、手机杂志等多种形态的多媒体、立体化服务。用户通过手机,不但能阅读个性化的电子报纸、书籍,根据个人喜好收听收看广播电视,还能享受个性化的音乐与视频点播与互动服务。随着社交软件与直播软件的出现,实时语音、视频通话、实时视频直播已经成为一种潮流与时尚[1]。

三、手机媒体发展中存在的问题[2]

(一)虚假、不良信息猖獗

手机媒体传播活动的门槛较低,每个手机持有者都可以作为传播者,随时随地发布信息。通过手机媒体容易传播各种谣言和色情、迷信、恶俗信息,各种"网络孤独""网络焦虑"等心理问题和社会负面信息的传播活动日益猖獗,严重影响手机媒体信息接收者的身心健康,腐蚀人们的精神世界,而现在对这类不良信息的传播活动又缺乏有力有效

---

① 杨驰原,匡文波,童文杰,等.手机媒体的定义、特点和研究现状[J].传媒,2016(12):12-13.
② 杨驰原,匡文波,童文杰,等.手机媒体发展中存在的问题[J].传媒,2016(12):24-26.

的约束。此外,各种非法、欺诈性商业活动缺乏监管,网络炒作手法新颖、层出不穷。从电视栏目"中奖"信息到银行汇款提示,从色情、暴力文字短信的传播到利用社交App进行图片、视频的传播……一轮又一轮的虚假、不良信息严重影响人们的正常生活。

(二)垃圾、噪声信息泛滥

商品经济的发展促进了城市与社会的繁荣,企业利用手机媒体这种新型传播媒介开展市场活动。推广商品与服务本无可厚非,但形形色色的垃圾广告短信泛滥成灾、无孔不入,严重侵犯了个人的私人生活空间。

随着微博、微信等手机社交应用App的快速普及,用户通过人际间或强或弱的信任感,不断关注各种社交平台的公众号,关注同事朋友、名人大V的微博、微信,加入各种强关系、弱关系圈子,进行情感交流、知识学习甚至工作沟通。随着时间的不断累积,信息量越来越大,话题范围越来越广,有用的信息也越来越少,大量信息对用户来说,逐渐沦为"噪声"一样的存在。

(三)信息安全遭受威胁

一些黑客利用手机芯片系统程序的缺陷、漏洞,开发病毒代码对用户手机、企业的服务器系统进行攻击,通过恶意代码盗取用户信息、篡改系统文件,对用户的信息安全构成严重威胁。部分黑客通过后门程序窃取用户的账户密码,严重危害用户的财产安全。除恶意攻击之外,App安装及应用过程中,通常会强制获取用户信息、地理位置,读取摄像头、存储卡的文件等,这也给用户信息安全带来了巨大的隐患。不同的App服务平台,其用户信息安全的保护意识和抵制外部恶意攻击的能力不尽相同,用户的信息安全难以得到有效保障。

(四)个人隐私受侵犯严重

手机媒体引发的对个人隐私侵犯的问题,主要表现为以下几个方面。

一是手机偷拍。手机偷拍是一种非常典型的侵犯他人隐私的社会现象,名人、明星遭偷拍的现象十分普遍,无论有意无意,无论是否有商业目的,其行为已严重影响到他人的隐私权。一些用户甚至在未经许可的情况下,通过手机上网功能随意公开传播他人的照片、视频,这会直接侵犯他人的肖像权、名誉权等。

二是信息泄露。任何形式下未经许可将他人手机号等个人家庭成员资料、行踪等信息泄露的行为都会侵犯他人隐私。这种情况不仅会发生在道德与隐私保护意识淡薄的个人身上,也常常发生在用户隐私保护意识淡薄的企业、社会组织上。由于意识的淡薄,无意或有意泄露用户信息尤其是隐私信息,必然导向对用户隐私权的侵犯。

三是病毒侵袭。手机病毒严重威胁着用户的信息安全。部分黑客利用钓鱼网站、木马、恶意App等手段窃取用户信息。有些手机病毒以破坏手机正常使用为目的,侵占手机内存,篡改系统设置,较少涉及侵犯隐私,而有些手机病毒则以窃取用户私人数据、信息为目的,涉及侵犯信息。

四是人肉搜索。从法律上讲,人肉搜索在一定程度上是违法行为。《最高人民法院关于审理利用信息网络侵害人身权益民事纠纷案件适用法律若干问题的规定》第十二条规定：网络用户或者网络服务提供者利用网络公开自然人基因信息、病历资料、健康检查资料、犯罪记录、家庭住址、私人活动等个人隐私和其他个人信息，造成他人受到损害，被侵权人请求其承担侵权责任的，人民法院应予支持。

此外，还存在盲目扩张同质严重、有力监管实施困难等问题。

以上种种问题都制约了手机媒体的市场化健康发展，十分不利于手机媒体产业化良性发展的整体生态环境建设。

【推荐阅读】关于手机对人类生活和社会产生的影响，参看：保罗·莱文森的《手机：挡不住的呼唤》，何道宽译，北京：中国人民大学出版社，2004 年。

第二节　手机媒体的营利模式

随着移动互联网的日益完善和成熟，手机媒体的发展也日新月异，如何构建有效的盈利模式，成为手机媒体不可回避的重要问题。

一、手机广告模式

手机广告，是基于手机媒体所提供的商业广告。手机媒体异军突起，凭借其可随时随地传信息的优势，以庞大的用户群作为支撑，迅速成为一种新兴的广告媒介。与电视、广播、报纸、杂志等媒体的广告相比，手机广告具有交互性与主动性、传播迅捷和传播范围广、形式多样、受众数量可准确统计等特点。

手机广告的亮点在于把移动电话和广告结合起来，形成客户、商家和运营商三方受益的局面。一方面，手机是一种新型媒体，广告公司和商家通过移动通信网络发布广告信息，等于把握了本地具有消费能力的客户，广告效果好、针对性强，信息的抵达率可达 100%，是一种行之有效的经营方式和促销手段；另一方面，对移动公司来说，移动广告业务使网络承载的业务量大为增加，在获得丰厚业务收入的同时还提高了网络利用率[1]。

二、增值服务模式

挖掘手机媒体新应用，开展增值服务，获取经济效益，是手机媒体实现盈利的重要途径，其中最为典型的莫过于手机游戏。所谓手机游戏，就是可以在手机上进行的游戏。韩国类微信产品 Ka kao Talk 和日本版的微信 Line 的游戏是商业化效果最显著的模式。

---

① 匡文波.论手机媒体的营利模式[J].国际新闻界,2007(6):63-64.

Ka kao Talk 注册用户在 7 000 万级别时推出内置游戏平台 Ka kao Talk Ga me,仅仅用了半年时间,就把单月营收做到了超过 5 000 万美元,Ka kao Talk 的践行证明了移动游戏相当可观的活跃用户规模,拥有不逊于 PC 游戏的吸金潜力。2013 年 8 月,微信 5.0 版本推出"飞机大战"和"天天爱消除"两款移动社交游戏,游戏中的一些道具需要用户付费购买,微信能通过用户付费获得收入。

三、内容变现模式

手机媒体还可通过付费阅读和内容出版获得收益实现盈利。2000 年初,日本的一些手机报就开启了付费阅读的做法。例如,有的手机用户需要每天通过手机阅读《日本经济新闻》,只要每月增交 200 日元的手机费就可以满足;若需要每天通过手机阅读《朝日新闻》,可以每月再缴纳 200 日元。手机用户阅读新闻全文所缴的费用由 NTT DOCOMO 公司与各报社分成。

韩国的微信产品 Ka kao Talk 开发了自己的数字内容制作及发售平台 Ka kao Talk Page,其目标是在 3 年之内获得 100 万个可以盈利的内容作者。微信 5.0 推出移动支付和公众账号付费订阅,使付费阅读成为现实,甚至可能引发一场自助出版的浪潮。

第三节　手机媒体的发展趋势[①]

手机媒体不再只是一种传播工具,它将成为人们与世界进行连接的最重要的媒介载体。未来,人们通过手机媒体与世界进行的连接,不仅仅是信息的传递,更是人类衣食住行等活动向社会的最大化延伸。

一、融合最新技术

未来,手机媒体将在现有通信、支付等功能技术上,融合更多最新的技术,在不断升级、完善硬件性能的同时,实现更高水平的应用服务品质。

首先,从外观展示、电池续航、快充技术、处理器及手机容量等方面进一步提升手机性能。未来的手机媒体硬件更加美观、便携,电池不再成为瓶颈,续航时长更久。语言文字输入不再是门槛,先进的语音识别技术,将打破语言输入法对部分人群产生的知识技能障碍。此外,随着多语音识别技术的成熟与完善,借助手机媒体的跨语言、跨文化传播将趋向便捷、容易。

其次,人工智能也将被纳入手机媒体的技术应用。融合智能化语音、图像识别技术、指纹、虹膜等生物技术,智能机器人与自然语言处理等新技术,手机媒体的智能化应用领

---

① 杨驰原,匡文波,童文杰,等.手机媒体未来发展趋势[J].传媒,2016(12):27-28.

域和应用水平将大大提升。伴随生物技术与信息技术的融合应用，未来手机媒体的安全性将更加可靠。

再次，VR、AR 已逐渐成为一种新的技术潮流，未来的手机媒体将融合虚拟现实技术，为用户提供包括 VR、AR 在内的新型视听感官服务。目前，已经有部分儿童玩具借助手机媒体，将动画与虚拟场景融为一体，呈现出非常逼真的立体动画效果。未来，这种收视体验更好的应用必然与手机媒体这一普遍标配媒介实现更完美的融合。

最后，借助于大数据、人工智能与物联网技术，手机物联网应用将成为现实。物联网是在互联网基础上，通过射频识别、红外感应器、全球定位系统、激光扫描器等信息传感设备，按约定的协议，将任何物品与互联网相连接，进行信息交换和通信，以实现智能化识别、定位、追踪、监控和管理的一种网络技术。未来，手机媒体将成为物联网的基础入口，或者说唯一的物联连接载体。或许这一载体的名称不一定为手机媒体，但一定是一种高度便携、兼容性强、功能多元的媒介，借助它，人们可以自由操控现实生活和虚拟生活的方方面面。

二、安全性能增强

2016 年中国新媒体蓝皮书之《个人信息安全与隐私保护研究报告》中的一项调查显示，近四成受访人群反对大数据应用，其主要原因是信息安全与用户隐私保护问题。手机媒体的安全性被提到了非常重要的位置。

未来手机媒体安全性的增强，驱动力主要来自两个方面：经济层面和政策层面。经济层面，一方面，依靠诸如生物唯一识别等先进的技术应用，实现信息的个性化、私密化的保护；另一方面，则依靠相关企业、全体用户的安全意识增强。只有提供服务的企业提高用户安全意识，才能从系统安全防护、用户信息保护等方面提高服务的水平。只有用户安全意识增强，才能在推动企业加强安全性防护的同时，避免因个人知识水平与素养缺失，给自身带来各种信息安全损失。

政策层面，随着互联网对全行业的颠覆，未来相关管理政策的制定与实施将更加符合互联网、移动互联网的发展特性，符合现代化、智能化、人性化的时代特征，相关监管政策将摆脱当前的时代滞后性，趋向于更加合理、科学、高效。

三、服务更加人性化

作为一种信息传播的媒介，在人类社会的任何一个发展阶段，传播媒介都是围绕"人"的活动来展开服务的，移动互联网时代，手机媒体也不例外。

手机媒体的服务对象是人，人性化服务，是手机媒体作为媒介应用的终极追求。人性化就是以人为本，在手机媒体应用服务的设计理念中，必须尊重人的生理、情感和心理诉求。这就是充分了解传播受众的真实需求，为用户提供优质的服务。移动互联网时代，用户的需求越来越多元，服务的人性化，更多地表现为个性化，即对不同个体不同需求的不同程度满足。"今日头条"的精准化信息服务能够取得今日的成功，正是因为其将应用服务回归用户之本心，依靠数据分析和精准推送，使服务更加人性化、个性化。未来手机媒体的服务更加人性化,还表现为对用户个人权益的尊重,对用户隐私权的合理有效保护。

【课后思考】

　　1.手机媒体的定义与特点。

　　2.手机媒体的发展趋势。

　　3.手机媒体的营利模式。

【话题讨论】

　　1.为什么说手机是未来移动媒体的主流?

　　2.手机媒体对人类的影响如何?

第九章　博客、微博与微信

【本章作者】

　　高超,传播学博士,湖北科技学院人文与传媒学院讲师,主要研究方向为新媒体和媒介发展。电子邮箱:93637616@ qq.com。

【案例导入】

2017 年春节,微信表情和视频通话功能成了网友表达新春祝福、分享新年喜悦最便捷的工具。数据显示,除夕和大年初一两天,微信用户视频通话时长达到了 21 亿分钟。除夕至初五,微信用户共发送了 160 亿次表情,其中 37% 的表情由"90 后"用户发出,成为微信表情的主力玩家。2 月 3 日,腾讯发布报告称,春节期间(除夕至初五),微信红包收发总量达到 460 亿个,同比(较上年同期)增长 43.3%。从年龄段流向来看,同龄人之间红包往来往往更活跃,"80 后""90 后"是红包主力军。有网友表示,网络红包的出现,改变了春节亲人之间的交流方式。

案例来源:比特网.2017 微信春节数据报告,比特网.2017.2.3。

你是否也是微博、微信等新媒介的使用者? 在你的生活中,微博、微信是否占有越来越重要的地位? 那么,博客、微博、微信等新媒介的传播方式是怎样的? 它们之间有哪些不同之处? 我们又该如何认识这些媒介形式呢?

第一节　博　客

博客的出现与兴起,在网络发展史上具有重要的意义,它是早期 Web 2.0 时代非常典型的媒体形态。尽管现在博客不再那么流行,但它仍然值得关注和研究。

一、博客的含义与传播特征

(一)博客的含义

博客一词源于英文"blog",美国的皮特·摩霍兹(Peter Merhol)被认为是该词的创始人,在 1999 年,他"将'blog'变成动词,后来更衍生出'blogging''blogger'或者'I blog''blogsphere'(博客世界)等的说法"[①]。在中国内地,"博客"一词由姜奇平、方兴东和王俊秀等人撰文翻译引入,并于 2002 年 8 月在他们主办的"博客中国"网站上加以应用和传播,方兴东对博客的简单定义为"一种表达个人思想和网络链接,内容按时间顺序排列,并且不断更新的出版方式"[②]。

(二)博客的传播特征

博客的出现,第一次将私人领域与公共领域融为一体,它打破了传统概念中传者与受者的界限,第一次强调了个体在大众传播中的重要地位。

---

① 方兴东,王俊秀.博客:E 时代的盗火者[M].北京:中国方正出版社,2003:36.
② 方兴东,胡泳.媒体变革的经济学与社会学:论博客与新媒体的逻辑[J].现代传播,2003(6):82.

1.博客的传播主体

博客的传播主体是博客信息的提供者,他将所见所闻所思所想与读者分享,只要通过网络注册了博客都可以公开地发表言论,可以说博客的出现大大降低了个体传播者的门槛,为个人表达提供了一个平台。

2.博客的传播客体

博客的传播客体是信息的选择和使用者。在传统媒体中,读者承担了被动接受的角色,被迫地接收传播者提供的信息;而博客的出现,则大大冲击和改变了这一单向度的传播状态。博客是一个交互性媒体,它利用互联网实现了传者和受者之间的双向交流,信息不再是生硬的灌输,而是着力打造一个更快捷、更自由的交互平台,客体在大量信息的选择中构成了与博客主体之间的互动关系,读者不仅成为信息的接受者,更成为信息的传播者。

3.博客的传播路径

(1)自我传播。博客的本质是网络日记,但它和传统日记有很大的区别,传统日记是私密的、独享的,是一种自我的原始的表达,而博客则是公开的、共享的。通过公开和共享的过程,自我的冲动、无组织、无方向的思想和表达会与他人建立起一种有序、和谐的关系,博客作者通过这一过程实现了对自我的反思和进一步认知,更好地调整了自我的思想和言行。

(2)人际传播。博客的交往超越了空间和时间的限制。人们可以在任何时间浏览到任何地点的博客,相对的,博客作者所面对的读者可能是任何时间任何地点的任何人。显而易见,这大大提高了人际交往的方便程度。

(3)大众传播。博客的大众传播主要体现在两个方面,一是博客凭借新鲜快捷的资讯正在越来越多地成为公众甚至是传统媒体的信息源;二是博客和传统媒体可以相互配合、相互作用,更好地挖掘报道的广度和深度。

二、博客的基本类型

今天的博客已经是一种成熟的媒体形态,按照不同标准可以对博客进行多种不同类型的划分。本章主要从博客的存在形式和博客的传播主体及其功能两方面对博客类型进行划分。

(一)存在形式

从它的存在形式来看,博客可以分为三类,即托管博客、自建独立网站的博客以及附属博客。

1.托管博客

这类博客无须自己注册域名、租用空间和编制网页,只要去免费注册申请即可拥有自己的博客空间,如"博客中国"(图9.1)。

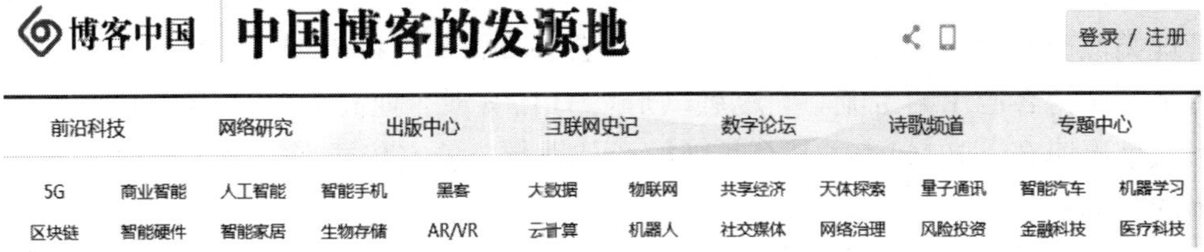

图 9.1　博客中国首页截图

2.自建独立网站的博客

这类博客有自己的域名、空间和页面风格,需要一定的物质和技术条件支撑,当然拥有自己域名的博客更自由,也有最高限度的管理权限。

3.附属博客

博主将自己的博客作为某一个网站的一部分(如一个栏目、一个频道或者一个地址),如新浪网专门开设的博客频道。

这三类博客可以兼得,一个人可以拥有多种博客网站。

(二)传播主体及其功能

从博客的传播主体及其功能来看,博客可以分为草根博客、名人博客以及公关博客。

1.草根博客

草根博客相对于名人博客而言,属于出身草根的网民的博客。草根性质是草根博客的根本特性,这种特性决定了其博客内容不可能是万众瞩目的明星事件,也不会是广受关注的评论,而更多地倾向于普通人的思想、行为、喜好、逸事。随着博客的成熟和普及,大量的草根博客不断涌现,表现形式也不再局限于文字表达,图片、照片、视频、音频等都成为草根表达自我的形式。很多草根博客满足了民众沟通的需求和共鸣,获得网民的热捧。可以说,草根博客的兴起代表着自媒体时代的到来。

2.名人博客

自从 2005 年新浪网高调推出"名人博客"以来,名人博客一直就是互联网上的热门话题,而随着其他商业网站相继邀请名人开通博客,"名人博客热"至今久烧不退。各大商业网站的博客频道中点击率最高的博客往往都是名人博客,如新浪博客中的徐静蕾。2006 年,徐静蕾在新浪上的博客仅仅开通 112 天,点击量就突破1 000万大关;630 天时,则一举突破一亿次点击量,徐静蕾因此被称为"博客女王"。

作为一种媒介,中国博客的媒介功能较多地体现在了名人博客上。一方面,名人利用自身的优势将博客当作他们除电视报纸等传统媒体以外的新的更为便利的宣传阵地;另一方面,草根通过博客近距离地了解到明星的日常生活,明星的神秘光环消失了,博客成为明星与公众沟通的精神空间,可以说名人博客使明星和博客实现了共赢。

3.公关博客

公关博客指代表政治或经济集团而开设的博客,通过博客的传播形成与社会公众的互动。公关博客一般分为企业博客和政府博客。

企业博客是为集团经济利益服务的博客，它可以是广告型的博客，对这种类型博客的管理类似于通常网站的 Web 广告管理，以公关和营销传播为核心的博客应用已经被证明将是商业博客应用的主流。它也可以是 CEO 博客或企业高管博客，还可以以企业产品的形式推出博客，即专门为了某个品牌的产品进行公关宣传或者以为客户服务为目的所推出的"博客"。

政府博客是为社会政治服务的博客，国外政治官员开设博客较为普遍，如美国前总统布什、英国前首相布莱尔等。官员博客基本上有都有较强的政治色彩，以表达政治观点为博客的主要内容，通过设立博客，树立起较为亲民的政治形象，这有益于在政府和民众之间建立起良好的信任关系。

三、博客的发展历程与现状

博客最正宗的源头是 Pyra，这是一家小小的软件公司，三个创始人为了开发一个复杂的"群件"产品而编写了一个小软件，以博客方式保持彼此的沟通与协同。后来，他们觉得这个简单的小工具对别人也很有用处，于是，1999 年 8 月，就在网上免费发布了 Blogger 软件。结果，博客队伍开始迅速繁衍开来。Pyra 也因为这个小软件而名声大振。

2002 年，博客开始引入中国，使用数量不足 1 万人。2002 年 7 月，blog 的中文名称——"博客"由方兴东、王俊秀正式命名。次月，两人开通了博客中国（blogchina）网站。2003 年 3 月，南开大学百合 blog 系统开通，中国科技大学 blog 进入测试阶段，博客在高校开始迅速发展。同年 6 月 19 日起，中国博客网（blogcn.com）用户"木子美"发表的网络日记给中文 blog 网站带来巨大访问量。2003 年是中国博客发展年，用户达到了 20 万。2004 年博客开始走向商业化，博客开始成为互联网上的一种普遍现象。2005 年是博客大众化元年，博客开始从精英向平民普及，使用者占到中国互联网网民总数的 10% 左右。

经历了成长期、高峰期后，在新的社交网站和微博的夹击下，博客进入了蛰伏期。2008 年 7 月 3 日蚂蚁网的创始人麦田就在自己的新浪博客发表了一篇博文，题目为《博客已经过时了》，并同时表明要正式考虑关闭博客。我们无法断然认为博客将会消亡，但是博客撰写者的疲惫，以及博客商业动力的衰退，博客僵尸问题扩大化，都似乎预示着博客在走向过时。

第二节 微 博

在某种程度上，微博可以看作博客的升级与演进，这是一种与现代人的生活形态非常吻合的媒介，因此从诞生到现在还广受欢迎。有人说微博"撬动"了现实，这是对这种媒介影响力的极大肯定。它是自媒体时代的利器,也是谣言诞生的温床,所以,要全面辩证地来理解这种媒介。

一、微博的含义与传播特征

(一)微博的含义

微博,源于"微博客"的简称,是一个基于用户关系的信息分享、传播、获取平台,"用户可以通过手机、IM(如 QQ、MSN、Gtalk 等)、E-mail、Web 等方式向个人微博客发布短消息"[①]。最早提出微博客理念的人是埃文·威廉姆斯,他创办的微博客 Twitter 网是世界上最早提供微博客服务的网站。随时随地、无处不在的沟通是 Twitter 网站的理念。用户可以把自己的所见所闻、所思所想以只言片语的形式发送到个人微博客上。三言两语的表达,或是情绪的宣泄,或是灵感突现的记录,抑或自娱自乐,不一而足。

(二)微博的传播特征

1.快速便捷性

首先,微博发布的内容一般较短,只需要由简单的只言片语组成,在语言的编排组织上要求没有那么高,它也可以发布图片、分享视频等。其次,微博开通的多种 API 使得大量的用户可以通过 QQ、MSN 和手机等方式直接书写,在有网络的地方可以即时更新自己的微博内容。例如一些大的突发事件,如果有微博客在场,利用各种手段将事件在微博上发表出来,其实时性、现场感以及快捷性均超过其他媒体。

2.信息碎片化

微博的信息体现出较为明显的碎片化特点。一是用户使用时间的碎片化,书写终端的多样性和移动性使得用户可以随时利用空余时间来完成信息的传递和接收。二是微博内容的碎片化,微博的写作不具备系统表达的优势,用户在微博中只能通过一两句话来传递零散和不完整的信息,信息内容较为随意,而这种碎片化的信息恰好迎合了现代社会人们快节奏的生活方式。

3.草根性

作为自媒介,微博客把话语权进一步下放,保证让人人有话说,同时也进一步削弱了博客中精英的话语权,凸显了草根性与平民化。任何人都可以在微博客中表达、呈现自己,而且整个过程的实现较为简单。

二、微博与博客的比较

从共性上讲,微博、博客都存在较强的草根性和角色化特征;从差异性上讲,可以从传播内容、传播渠道和传播效果三个方面对微博与博客进行比较。

---

① 孙卫华,张庆永.微博客传播形态解析[J].传媒观察,2008(10):51.

(一)传播内容的比较

博客是一种典型的"自媒体",博主承担了传统媒体中记者和编辑的双重职责,由自己进行信息的搜集、加工以及传递。由于篇幅较大,博客所传播的内容一般都比较复杂,写出一篇好的博文需要博主利用创造性思维将材料加以整合,并遣词造句、谋篇布局。微博的传播在博客的基础上更加强调信息的"原生态"。微博所传递的信息,往往都是微博用户的见闻或一时情绪和想法的表达,微博用户不需要对信息进行深层次"加工",只要把第一手的材料搜集好就可以直接将信息传递出去。

(二)传播渠道的比较

传统博客主要以电脑为最终传播终端,即用户通过 Web 页面访问博客;同时,使用移动通信设备通过 WAP 浏览手机页面也是传统博客的主要浏览方式之一。除了 Web 页面之外,微博在传统博客的基础上放大了手机用户的使用潜力,此外,用户还可以通过绑定 IM 及时通信软件收发信息。

(三)传播效果的比较

传统博客是 Web 2.0 时代具有开创意义的多媒体日志,它的出现,使得个人和群体摆脱了纸张束缚,其表达欲望可以通过文字、图片、音频、视频等多种方式得到满足;同时,观者全方位感知作者也成为可能,信息传播体现出相当的深度。因为自身定位和要面对所针对的载体,微博客主要支持文字、图片和视频发布,信息传播更为快捷、广泛,体现出相对广度。

三、微博的发展阶段

微博起源于美国,它的开山鼻祖是博客技术的先驱埃文·威廉姆斯,他在 2006 年推出 Twitter 服务。在发展的最初阶段,这项服务仅限于用户向好友的手机发送文本信息。2006 年年底,Twitter 服务升级,用户无须输入自己的手机号码,就可以通过即时信息服务和个性化的 Twitter 网站接收和发送信息。

就在 Twitter 在国外发展得如火如荼的时候,国内的微博也悄然兴起。我国微博的发展最早可追溯到 2007 年的饭否网,但早期的微博并没有被网民所认可。直至 2009 年新浪网推出新浪微博,微博在中国才开始发力,让国内网民真正开始关注并使用微博。结合我国微博运营商和微博用户数的发展状况,微博在中国的发展可以分为引入期、成长期以及发展创新期三个阶段。

第一阶段引入期(2007 年 5 月—2009 年 7 月),在这一阶段,我国微博处于刚刚起步的阶段,基本是以独立微博网站为主体。2007 年 5 月,王兴建立了饭否网,这是中国内地第一个提供微型博客服务的网站,开启了中国的微博时代。随后不久,做啥网、忙否网、大围脖等中文微博网站相继上线,2007 年 8 月 13 日腾讯也推出了腾讯滔滔。这一阶段的微博处于发展初期,模式完全照搬 Twitter,各运营商大同小异,微博用户规模较小。

第二阶段成长期(2009 年 8 月—2010 年 4 月),在此阶段,门户网站纷纷涉足微博市场。2009 年 8 月 14 日,新浪微博上线,并迅速成为我国用户数最多、最引人关注的微博产品。2009年12月14日,搜狐微博上线。2010年1月20日,网易微博上线,它确立了以普通用户为第一的草根路线,希望微博的焦点不再是某些明星,而是来自活跃的大众。而腾讯把微博与QQ无缝对接,实现了微博的快速发展。随着新浪、网易、腾讯、搜狐四大门户网站纷纷推出微博服务,我国微博的发展进入成长期。

第三阶段发展创新期(2010年5月至今),在这一阶段中,微博用户不断增加,微博的社会影响力也不断增大。随着我国微博的发展和成熟,微博服务商结合自身资源条件对微博网站进行了专业细分,如和讯网推出的财经微博,搜房网推出的房地产专业微博等,此外,微博已经成为门户网站吸引用户、增加用户黏性的重要手段,这些都是我国微博成熟的特征与标志。未来我国微博将向着工具化、细分化、开放化等方向进一步发展。

第三节 微 信

作为腾讯的一款杀手级产品,微信在很多方面带来了变革与颠覆,财经作家吴晓波在《腾讯传》里评价微信拿到了"移动互联网时代的'站台票'",可见微信对腾讯的意义与价值。微信发展到现在,一直在挑战不同的领域,其平台化扩张的战略引人深思。

一、微信的概念与传播机制

(一)微信的概念

微信是腾讯公司于2011年年初推出旳,通过网络快速发送语音短信、视频、图片和文字,支持多人群聊的手机聊天软件。微信可以说是介于手机、QQ和微博之间的第三种社交媒体,正在改变着人们的社交生活方式。在累计经过几十个版本升级后,微信自身形成了一个三维沟通矩阵[①]:X坐标是语音、文字、图片、视频;Y坐标是手机通信录、智能手机客户端、QQ、微博、邮箱;Z坐标是LBS定位、漂流瓶、摇一摇、二维码识别。纵横交错立体化的社交链,覆盖了工作、生活的多层次需求面,并且在这个三维空间里,各沟通链条完全交叉、各平台互通共享,这是其他任何即时通信工具都无法比拟的。

微信类移动通信软件是指类似于腾讯微信的,能够跨平台提供语音短信、视频、图片等多样化服务的移动通信软件。目前国外用户规模较大的包括WhatsApp、TalkBox、LINE、Kik、KakaoTalk等,国内则有腾讯公司的微信、小米公司的米聊以及三大电信运营商推出的"飞聊""翼聊"和"沃友"等[②]。

(二)微信的传播机制

从传播学角度来看,微信传播以"点对点"的人际传播为主(图9.2)。微信传播的内

---

① 王梁.微信和微博的差异以及微信发展策略[J].现代视听,2013(7):55.
② 方兴东,石现升,张笑容,等.微信传播机制与治理问题研究[J].现代传播,2013(6):122.

容具有个人私密性和准实名制的特征,大众传播能力薄弱。传播范围主要在自己的微信朋友之间,传播的内容只有好友能看见、陌生人看不见。微信在增加相应插件的前提下,可以接受腾讯新闻、公众账号信息广播、腾讯微博和朋友圈推送的信息①。

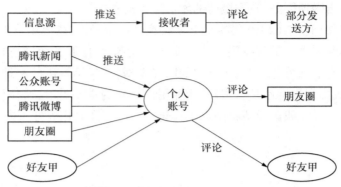

图9.2 微信信息传播路径(资料来源:互联网实验室,2013.1)

微信的传播方式大致可以分为三种:好友之间传播、朋友圈传播以及信息接收(信息源包括系统广播、公众账号和微博动态)。

微信虽然有三种传播方式,用户获取信息的途径较为多元化,但各种传播方式在传播频率、传播渠道、传播范围上存在一定限制,导致了微信对大规模群体交互有先天局限性(表9.1)。

表9.1 微信各传播方式的范围与频率限制(资料来源:互联网实验室,2013.1)

传播方式	传播途径	用　途	传播范围	传播频率
好友传播	微信	短信聊天,语音聊天,视频聊天	一对一	不限
朋友圈传播	朋友圈插件	可在手机上接收到朋友圈好友动态,也可通过手机拍照发送到朋友圈	好友之间	不限
信息接收	腾讯新闻插件	通过安装插件,发送新闻	所有中文用户	2条/天
	公众账号	信息可被粉丝转发给好友,认证账号每天发3条,未认证账号发1条	粉丝数	3条/天;1条/天
	腾讯微博插件	接收自己的微博动态	微博粉丝	很低

在微信封闭的圈中,除了人际传播之外,还有一种形式是大众传播(图9.3)。微信的大众传播,在某种程度上只能算是弱大众传播。说是弱大众传播,一方面,微信不能像传统的电视、报纸、电台一样,对受众进行大规模的信息生产和传播,甚至也不能像微博等新媒体一样形成公众平台,营造舆论热点,让新闻持续发酵;另一方面,微信的大众传播是通过公众平台和朋友圈来实现的,但是公众平台受到订阅人数以及朋友圈半封闭的传

---

① 方兴东,石现升,张笑容,等.微信传播机制与治理问题研究[J].现代传播,2013(6):123.

播形态的影响,让通过这两个途径传播出来的信息没有大规模传播的条件①。

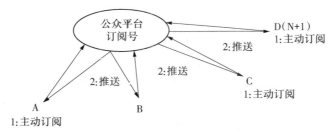

图9.3　微信公众平台订阅号的传播方式

二、微信与微博的比较

(一)新闻传播:选择性与海量性

微信新闻发布以门户网站推送为主,这种由专门的或是统一的新闻网站推送的消息,都是经过一定的筛选和把关的,从一定程度上来说,甚至是对用户有相当大的吸引力和会产生较大的影响力的新闻消息,这就能够有效地杜绝虚假信息。

在微博里,人人均可参与信息内容的生产和传递,大部分微博博主并不是经过有素训练的专业媒体从业者,而是普通用户。他们所发布的新闻信息很大程度上受到来自各方面因素的影响,不一定是客观的新闻报道,其新闻生产没有经过严格的把关。因此,微博在传播内容生产方面虽有信息海量、覆盖面广、影响力宽等优势,但同时它也常常是谣言、虚假新闻的发源地和集散地。

(二)平台属性:社会化关系网与社会化信息网

微信是一个私人网络,在功能的设置上更加偏向社交关系的完善,用户关系是构建网络的纽带,用户之间唯有相互确认才能成为好友。微博则是互联网上一个信息的集散地,它通过其他同类软件无可比拟的裂变式、碎片化传播的特性,可将信息迅速传至各个角落。微信与微博的品牌定位不同,因此微信成为一种以较强人际关系为主的即时通信工具,它更侧重于关系网络;而微博更倾向于是一种信息网络。

(三)受众群体:针对性与普遍性

微博的完全开放平台使得内容发布和接收的相关信息无法预知,且不具有可控性,因此微博的受众具有普遍性。而微信的信息流通则具备一定的私密性和可控性,信息仅在"好友"之间流通,在内容传递方式上,微信拥有微博所不具有的语音、视频等形式。所以微信"一对一"的模式比微博"一对多"或"多对多"的模式更具有针对性。

(四)用户关系:对等双向与多向错落

微信普通用户之间需要双方互相关注,才能成为好友,他们之间是对话的关系,也是对等的关系。微信除了主动"发送"之外,还可随时得到回复和反馈。而微博用户之间则是一种非对等的多向度的错落关系。在好友关注上,普通微博用户可根据自己的喜好,不

---

① 李阳.微信的传播机制研究[D].重庆:西南大学,2014:15-16.

需要得到对方同意或认证即可添加好友,还可以查看和分享该好友的一切公开信息,双方之间的关系是非对等的,多向错落的。

(五)传播方式:点对点流动与发散性流动

微信侧重信息的点对点流动,微博则偏重信息的发散状流动。微信是一个强社交平台,用户发布的内容虽然不用经过审查,没有限制,但它只能影响到你的熟人圈,即使观点或信息特别出众,非相互关注的其他人是无法浏览到的。且由于微信不支持转发,无法形成有效的二次传播,通常造成信息传播的非主观终止,即微信传播范围和速度不及微博,但在信息的真实性上比微博更可信,更容易被接受。

而微博信息发布后,可以形成一个迅速传播的空间流动。在信息产生的最初,当微博的转发量还没达到一定的数值时,它的传播过程相对较慢,而一旦突破了用户转发累积的某个点的时候,则会出现一个极速增长的态势,尤其是通过一些明星大V、意见领袖的参与与号召,可以快速完成广泛而深入的传播。

【推荐阅读】想了解微信与微博在网络舆论中的传播能力如何,可进一步阅读方兴东等人的《基于网络舆论场的微信与微博传播力评价对比研究》一文,见《新闻界》2014年第15期。该文将微信融入网络舆论场的理论进行研究,探讨了微信功能和用户关系对网络舆论传播力的影响。

三、微信的社会影响与发展现状

微信涵盖的内容包罗万象,很多人文、美学和生活方式等理念都融入其中。人们只需网络和手机便可以通过微信跨地域进行文字、语音或视频通话,只需打开一个微信应用便可以浏览各种新闻头条并直接连入邮箱,人们扫一扫二维码就能了解商家和商品信息,还可以在"朋友圈"里分享生活心得和旅行照片。通过微信可以随时随地和熟人联络感情,还可以与"附近的人"寻找共同点,甚至直接搭讪神秘的陌生人……微信正以其便捷优质的强大功能引领人们进入一个移动互联网背景之下的"即时"时代,以前所未有的方式改变着人们的传播行为和沟通模式。

从2011年1月微信推出至今,微信能在极短的时间内迅速占领智能手机即时通信工具的制高点,与我国移动互联网发展的大背景分不开,与其本身人性化的特性更是分不开。《纽约时报》曾撰文指出,微信在如今全球最大的智能手机市场占有了统治地位。"微信之父"张小龙被《华尔街日报》中文版授予2012年"中国创新人物奖"科技类奖项。随着《华尔街日报》中文版入驻微信公众平台,可以看出微信的影响力已经从中国走向全球。截至2016年第二季度,微信已经覆盖中国94%以上的智能手机,月活跃用户达到8.06亿,用户覆盖200多个国家、超过20种语言。此外,各品牌的微信公众账号总数已经超过800万个,移动应用对接数量超过85 000个,广告收入增至36.79亿元人民币,微信支付用户则达到了4亿左右。

但是,微信对社会负面影响是阻碍它进一步发展的绊脚石,微信导致的一些犯罪行为更是会让用户产生反感。要保证微信健康有序地发展，必须制定相关的政策，为微信发展提供良好的环境。我们也应把握好自身，遵守道德底线和社会准则，最大限度地应用新技术的正面作用而规避其负面作用，在给自己的生活和工作带来便利的同时也为社会的稳定和谐贡献力量。

【课后思考】

  1.微博的定义与传播特征。

  2.微信的概念与传播机制。

  3.微信与微博有何异同。

【话题讨论】

  1.微博、微信给我们的日常生活带来了哪些变化？

  2.案例：2017年5月17日，微信迎来重大更新！新增"微信实验室"功能，增加了"搜一搜"和"看一看"的新功能！据微信官方微信号"微信派"介绍，通过"搜一搜"的全新搜索入口，你可以主动搜索关键词，获得相关文章、公众号、小程序等信息。进入"看一看"，你可以浏览热点资讯、好友关注的资讯以及自己感兴趣的文章，一键获取全新的阅读体验。此次微信更新，除了增加了"实验室"功能外，还新增了发朋友圈可以调整照片顺序、显示"最近三天朋友圈"状态等功能。

案例来源:佚名.微信重大更新，一夜"变脸"！"搜一搜""看一看"来了，搜狐网，2017.5.18。

  请讨论:如何看待微信的此次更新？此次更新表明了腾讯的什么意图？

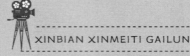

第十章　媒介融合

【本章作者】

田园子,传播学博士,中南民族大学文学与新闻传播学院讲师,主要研究方向为媒介融合、媒介发展研究。电子邮箱:401640278@ qq.com。

【案例导入】

2000 年,媒介综合集团投资 4 000 万美元在佛罗里达州坦帕市建造了一座传媒大厦——"坦帕新闻中心"。这个新闻心囊括了集团属下的《坦帕论坛报》及其网站 Tampa Bay Online、电视台 WFLA-TV 以及集团网站 TMO.com 的编辑部门。根据同年 7 月的市场调查数据显示,WFLA-TV 的收视率比前一年同期上升了 3%,《坦帕论坛报》的发行量较前年同期增长了 5 000 多份,网站 7 月份的页面点击率较 5 月份上升了 3.5%。媒介综合集团进行的这场"媒介融合"获得了举世瞩目的成功①。

案例来源:蔡雯.媒体融合与融合新闻,北京:人民出版社,2012。

随着人类社会持续不断地向前推进,传媒技术正在悄无声息地改变着我们的世界。各种新的媒介形态不断涌现且在发展进程中相互融合。2014 年,"推动传统媒体和新兴媒体融合发展"已提升为国家重要举措,媒介融合已经成为媒体发展不容忽视的重要趋势。

第一节 媒介融合的概念与类型

媒介融合是一个相对比较宽泛的概念,不同的学者从不同的研究角度提出了各自的概念界定。媒介融合是一个不断发展的过程,因此应该按照媒介融合的演变进程、发展趋势以及聚合程度进行分类。其融合形式主要包括内容融合、网络融合和终端融合。

一、媒介融合的概念溯源

"媒介融合"一词由尼葛洛庞帝率先提出。1978 年,他用三个重叠的圆圈来描述计算机、印刷和广播三者之间的技术边界(图 10.1)。三个圆圈的交叉、重叠之处将会成为发展最为迅速的领域。"媒介融合"这样一个崭新的概念随之诞生。此后,学者们开始从不同的研究角度来认知媒介融合,并提出各自的观点。

尼葛洛庞帝认为媒介融合是在计算机技术和网络技术的基础上,用一种终端和网络来进行数字形态信息的传输,并带来不同媒介之间的互换与互通。这种理论提出了媒介融合将是传播领域未来发展的必然趋势。1996 年,美国学者凯文·曼尼在其著作《大媒体》一书中提出了"大媒体"(mega-media)的概念。他认为在未来,传统的媒体行业、电信行业、网络行业等都会聚合到"大媒体"之下,"大媒体"的聚合意味着未来将会出现更多

---

① 蔡雯.媒体融合与融合新闻[M].北京:人民出版社,2012:14.

的行业竞争①。

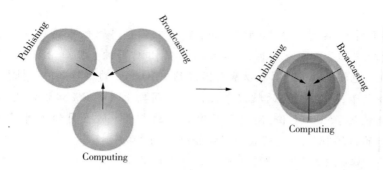

图 10.1　尼葛洛庞帝用三个重叠的圆圈来描述计算机、印刷和广播三者之间的技术边界

　　基于对媒介融合的不同理解,在学界,并没有对"媒介融合"提出一个公认的概念界定。最早提出"媒介融合"这一概念的是美国麻省理工学院的教授伊契尔·索勒·普尔,他在其著作《自由的科技》一书中首次提出了"Media Convergence"这一概念。他的理解是过去由不同媒体所提供的服务,如今可以由一个媒体来完成;过去由一种媒体提供的服务,如今也可以由不同的媒体来完成。伊契尔·索勒·普尔认为各种不同的媒介之间呈现出一种多功能一体化的趋势,尤其是传统的媒介之间,例如电视、报纸等,将会融合在一起。另一个比较有代表性的概念界定来自美国新闻学会媒介研究中心主任——安德鲁·纳其逊。他将"媒介融合"定义为"印刷的、音频的、视频的、互动性数字媒体组织之间的战略的、操作的、文化的联盟"②。他认为在"媒介融合"的过程中,最重要的并不是集中了多种媒介的操作平台,而是不同媒介之间的合作与联盟。

　　国内也有学者提出,"媒介融合"的概念应该包括广义和狭义两种。广义的"媒介融合"是指由于媒介的聚合所产生的一种媒介及其相关要素由低级阶段向高级阶段的演变过程;狭义的"媒介融合"是指不同的媒介形态融合在一起,发生了质的变化,形成全新的媒介形态③。喻国明教授在《传媒经济学》中认为,媒介融合是指报刊、广播电视、互联网所依赖的技术越来越趋同,以信息技术为中介,以卫星、电缆、计算机技术等为传输手段,数字技术改变了获得数据、图像和语言三种基本信息的时间、空间及成本,各种信息在同一个平台上得到了整合,不同形式的媒介彼此之间的互换性与互联性得到了加强,媒介一体化的趋势日趋明显。

　　综上所述,"媒介融合"是由新媒体及其他相关因素所促成的媒介间在诸多方面的相交融的状态。"媒介融合"可以理解为三个层面上的融合:第一,物质层面的融合,即工具层面的融合。由于新媒体技术的发展,媒介的功能被打通,"我中有你,你中有我"。第二,操作层面的融合,即业务层面的融合,包括传播业务和经营业务层面的融合。第三,理念层面的融合,即意识层面的融合④。因此,我们可以这样理解,媒介融合是缘于数字

①　王菲.媒介大融合[M].广州:南方日报出版社,2007:17.
②　宫承波,庄捷,翁立伟.媒介融合概论[M].北京:中国广播影视出版社,2011:17.
③　宫承波,庄捷,翁立伟.媒介融合概论[M].北京:中国广播影视出版社,2011:19.
④　丁柏铨.媒介融合:概念、动因及利弊[J].南京社会科学,2011(11):93-94.

化、网络化技术的推动而导致的不同媒介之间的边界模糊甚至消失的现象和过程①。

二、媒介融合的演变进程

媒介融合经历了不同层次的连续的演变进程:从媒介竞合到媒介整合,再到媒介大融合。

(一)媒介融合演变的第一阶段是媒介竞合

随着传播技术的飞速发展,数字排版、数字印刷、数字编辑等技术都极大地改变和丰富了信息传播的形态。传统媒介之间,无论在形式还是运营方式上都有着清晰的界限,新的传播技术的不断革新成功打破了传统媒介之间的壁垒。报纸、广播、电视三者之间的界限开始逐渐"消失",逐渐形成了不断渗透、相互融合的态势。除此之外,由于传播技术领域的不断突破,媒介在相互交融的过程中衍生出许多新兴的传媒产品,如大家所熟悉的手机报、手机广播、网络电视等。但需要强调的是,媒介竞合只是媒介融合的初级阶段,虽然媒介之间的界限开始逐渐模糊,但无论从业务层面还是战略层面,各种媒介之间还是"各自为营"。

(二)媒介融合演变的第二阶段是媒介整合

计算机和互联网的诞生带领受众进入了数字化、网络化和信息化的新时代。网络媒介是一种颠覆性的媒介形态,具有及时性、开放性、互动性和兼容性等特点。在网络媒介发展的过程中,有几个现象非常突出:第一,许多网络媒介是从传统媒介中衍生出来的,并逐渐发展成为支柱产业。第二,传统媒介在获取信息、采编整合等环节中,已经逐渐开始从单一介质转向网络化和多媒体化。第三,新旧媒介在信号传输、接收终端等处理模式上的界限日益模糊。第四,网络媒介的兴起颠覆了对传统媒介的定义,大众传播媒介不再是一个传播信息的专业化机构和载体。这就是媒介整合的阶段,其与媒介竞合阶段的不同之处在于,新旧媒介在所有权、组织结构等层面开始融为一体;在信息采集等业务层面开始相互渗透;在传播终端等技术层面上逐渐走向共享②。

(三)媒介融合演变的第三阶段是媒介大融合

所谓媒介大融合主要体现在以下几点更深层次的变化:第一,传统媒介和新兴媒介之间的差异进一步模糊并消失,媒介的内容生产成为核心。第二,大力推进"三网融合",实现媒介融合的全能型终端。第三,受众的信息获取自由度大幅度提高。第四,媒介所有权、组织结构、新闻生产以及信息表达等层面实现全面融合。虽然媒介大融合是媒介融合发展演变的第三阶段,但它并不是媒介融合的终点。媒介融合最终的发展趋势并不是将所有传播技术指向同一个介质,而是任一媒介可以包含多种传播技术。通过媒介融合,促使不同类型的介质发挥各自的优势,打造具有核心竞争力的媒介产品,实现资源增值,提升传媒影响力和舆论引导力③。目前,媒介融合已经进入了"大媒体时代",出现了纸质媒体边缘化、电视娱乐化、传播渠道多终端化等现象。以手机为代表的移动互联网在"大媒体"格局中占据了主导地位,已然成为主流媒介(图10.2)。

---

① 刘颖悟.媒介融合的概念界定与内涵解析[J].中国广播.2012(5):79.
②③ 田园子.媒介融合对报纸编辑部组织结构的影响[J].新闻前哨,2015(3):82.

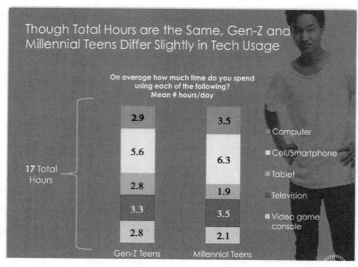

图 10.2　手机成为千禧一代和"00 后"最常接触的媒介

三、媒介融合的类型

学者在关于媒介融合类型的划分中,比较有代表性的是来自美国鲍尔州立大学的戴默等几位教授的划分方式,以及来自美国西北大学教授戈登的划分方式。

(一)戴默的划分方式

戴默教授将媒介融合划分为五种类型:交互推广、克隆、竞合、内容分享以及融合。交互推广是指合作媒介之间相互利用对方的平台推广自己的内容,这种媒介融合的方式在拓展自身信息量的同时也对其合作的另一方进行了推广,是一种双赢的融合模式;克隆是合作媒介之间不进行任何改动,原封不动地刊登对方的内容产品;竞合透过字面理解就是合作媒介之间既有竞争也并存合作;内容分享是合作媒介会定期或不定期地相互交换新闻信息或线索,并在某些业务层面进行合作。比如分享信源、共同策划报道等,然后再各自独立完成自己的内容产品;融合是媒介之间利用各自的优势进行优化组合来完成新闻的报道采写,并生成适合各自介质传播特点的新闻产品,以此进行最有效的传播。

(二)戈登的划分方式

媒介融合类型的另一种划分方式是美国西北大学教授戈登在 2003 年提出的五种类型:所有权融合、策略融合、结构融合、信息采集融合以及新闻表达融合。前三者是从"媒介组织行为"来划分的,后面二者则是以从业人员的角度进行划分的。所有权融合指不同媒介在融合、兼并过程中实现的所有权的集中,并在此基础上组建相对较大型的传媒集团,从而达到整合优化资源、降低运营成本、提高传播效益、打造品牌影响力和核心竞争力的目的[①]。策略融合指所有权不同的媒介之间在内容上共享。例如,分属不同媒介

---

① 刘颖悟.媒介融合的概念界定与内涵解析[J].中国传播,2012(5):79.

集团的报社与电视台之间进行合作,相互推介内容与共享一些新闻资源①。结构融合与新闻采集和分配方式有关。例如,一家纸质媒体会专门雇佣一个团队来生产新闻产品,并且将产品卖给电视台。电视台又可以邀请纸质媒体的记者、编辑做客电视台,制作新的新闻产品。信息采集融合是指技术的革新与融合,对信息获取的渠道和方式提出了新的要求。对于新闻从业者而言,要提高自身的职业技能,以多媒体融合的方式完成新闻信息的采集。因此,会诞生越来越多的"背包记者""超级记者"(图10.3)。新闻表达融合也是从业务技能融合这一角度提出的。业务形态的融合要求传媒从业者朝着全方位的方向发展,真正实现"一专多能"。实现业务技能的融合,是媒介融合对媒体从业者提出的更高的职业素养要求。因此,信息采集融合和新闻表达融合都属于媒介业务融合的范畴,是传媒从业者业务技能上的一种融合。

图10.3　一名记者正在用"钢铁侠多信道直播云台"进行"两会"直播

第二节　媒介融合的动因

　　媒介融合产生的动因主要包括技术动因、经济动因以及受众动因。传媒技术的提高和更新,新兴媒介形态不断出现,都成为媒介融合的技术动因;媒介融合的经济动因来自社会经济发展的需求和市场竞争的压力;多样化、个性化、便捷化的信息需求则是媒介融合发展的另一个重要动因。

一、信息网络与技术动因

　　媒介融合的技术动因主要理解为以数字化技术为基础、以互联网为代表的传播高科

①　宫承波,庄捷,翁立伟.媒介融合概论[M].北京:中国广播影视出版社,2011:20.

技,成为媒介融合发展的重要动因之一①。回顾人类历史,每一次传播技术的创新都会把媒介推进到一个新的发展阶段。人们先后经历了五次重大的信息革命:从语言的诞生到文字的出现,再从印刷术的发明到电子通信在全球范围内的普及,一直到我们正在亲身经历的以互联网技术为主导的信息技术革命。在媒介融合持续推进的过程中,信息处理技术、信息传输技术以及网络技术是不可否认的几项关键性的创新技术②。

信息处理技术就是通过计算机技术来处理信息,因为计算机运行速度极高,且能自动处理大量的信息,并具有很高的精确度。经过以计算机系统为主体的信息处理技术之后的信息,都将以数字化的形式存储并传播。因此,无论是文字、声音,甚至是图像,经过处理后都会实现融合。信息传输技术主要得益于通信技术的飞跃式发展,目前运用最为广泛的三种信息传输技术分别是光纤通信技术、卫星通信技术和无线移动通信技术。现代通信技术的运用,使新兴媒体可以通过网络及时地向全世界的受众进行信息传输,媒介的传播渠道实现了融合。网络技术是计算机技术和通信技术的结合,具有跨媒体、跨平台、超链接、交互性以及多终端的特点③。

新兴的媒介形态不断崛起,正是因为传播技术的提高和数字网络的持续推进,因为电子出版、卫星电视、网络广播、IPTV 等技术正广泛地应用于我们的日常生活。正是这些技术革新,才会对人类的传播方式带来翻天覆地的变化,新兴的媒介才会对传统媒介产生巨大的冲击和影响。

二、社会需求与经济动因

如果说传播技术的变革是媒介融合的直接动因,那么来自市场竞争的压力以及对经济效益的追求无疑也是推动媒介融合向前发展的又一个动因。经济因素对媒介融合的影响主要来自商业利益的驱动力、媒介市场的竞争力以及受众的消费需求等。

在巨大的市场竞争压力下,媒体作为经营主体,其经营的好坏直接决定其未来的生存与发展。因此,媒体只有不断推进媒介融合,才能够在日趋激烈的市场竞争中立足,这种驱动作用来自媒体本身,尤其对传统媒体而言,受到新兴媒体的冲击之后已经陷入了发展的瓶颈。只有大力推进媒介融合,传统媒体才能和新兴媒介进行合作,通过优势互补,打造更具市场竞争力的传媒产品,进一步扩大媒体影响力。此外,受众的消费需求在相当程度上也影响着媒体的生存现状,无论媒体如何发展,满足受众的日益增长的消费需求是传媒产品实现价值的重要体现。和过去相比,受众在接收信息和传递信息的过程中已经发生了显著的变化。受众对信息传播、媒介产品等都提出了更高的要求,要能够突破时间、空间的限制,方便、快捷地接收信息和传递信息④。这也是推动媒介融合快速、稳定发展的又一个非常重要的因素。

各个媒体在面对行业内部的激烈竞争以及新媒体的不断冲击时,如何稳定自己的

① 丁柏铨.媒介融合:概念、动因及利弊[J].南京社会科学,2011(11):93-94.
② 宫承波,庄捷,翁立伟.媒介融合概论[M].北京:中国广播影视出版社,2011:68.
③ 宫承波,庄捷,翁立伟.媒介融合概论[M].北京:中国广播影视出版社,2011:69.
④ 丁柏铨.媒介融合:概念、动因及利弊[J].南京社会科学,2011(11):94.

"江湖地位"、如何打造更加多元化的满足不同受众需求的产品、如何更好地建立品牌形象、如何提升和扩大自身的影响力等严峻的问题不容小觑。在媒介融合的推动下,化解压力的途径主要有二:第一,媒体规模化生产促进内部整合,降低运营成本。形成规模化的传媒集团在信息的采集、制作及传播等方面能够最大限度地实现新闻产品的标准化。由于传媒集团内部的资源可以完全共享,可以减少不必要的人力、物力和财力,最大限度地降低经营成本①。最具代表性的案例就是来自美国佛罗里达州的坦帕新闻中心。著名的坦帕新闻中心是由《坦帕论坛报》、坦帕电视频道和新闻网站 WWW.TBO.COM 三家媒体共同组成。它们均属于同一个公司——Media General 公司。在这个新闻中心里,设置了"多媒体新闻总编室",便于统一管理三家不同媒介的新闻报道。在新闻中心内部,来自三家媒体的工作人员共享资源,有着各自独立的办公区域和运作机制,最重要的是,他们会将同一条新闻信息结合自身媒介的特点和优势,打造成适合在不同媒介平台上传播的新闻产品。坦帕新闻中心的成功在于它最大限度地整合了内部资源,形成了新闻采编、制作、传播的联动。第二,走专业化发展的道路,提高信息产品的质量。越是传播技术飞速发展的时代,媒体要想自己的受众不流失,除了运用先进的信息传播技术外,新闻产品内容的生产建设不容忽视。走专业化发展的道路,就要符合特定专业化媒体的功能定位,符合特定受众群体的需求。专业之外不应报以专注,对符合媒体定位、受众欢迎的选题要进行真实客观、全面翔实的报道,打造新闻产品的深度和广度,树立权威性。另外,走专业化发展的道路,必须建立便捷的传播渠道,便于同受众进行及时的互动。充分利用网络,搭建能敏锐映射受众需求的平台。一方面,方便受众快速有效地获取信息;另一方面,也便于传播者与受众及时地进行沟通②。

三、文化需求与受众动因

受众本位一直是传播学分析的重要观角,也是媒介融合持续发展的一个重要推手。面对传播技术的"轮番轰炸",如今的受众已经不再满足于过去单一的信息表现形式。受众的需求在媒介融合发展的过程中,主要有以下几个方面的变化:信息更加密集化、分众化、多样化以及便捷化。要满足受众信息密集化的需求,传媒集团必须进行大规模的生产,不断输送密集化的信息,能够吸引大量受众的注意力;要满足受众分众化的需求,也就是对传媒产品个性化的追求,要能够为受众定制和提供更多有特色的信息服务;信息多样化的需求,旨在为受众提供更加全面的全媒体信息服务,要告别过去单一的信息传播形式,将新闻产品赋予更多的趣味性,不但有文字内容,还有声音或者视频;在信息高速运转的时代,能够突破时间、空间的限制,及时、便捷地获取信息和服务是受众需求的更高诉求。总之,媒介融合的发展要求媒体能够将受众放在平等、互动的位置上,通过各种传播渠道和终端实现与受众之间的信息分享和思想交流,实现选择权、参与权和媒介

---

① 宫承波,庄捷,翁立伟.媒介融合概论[M].北京:中国广播影视出版社,2011:72.
② 刘要停,夏秀.电子媒体时代专业化媒体的发展策略[J].青年记者,2014(1):82.

接近权的进一步共享①。

除了受众需求的转变之外,文化需求也是媒介融合的动因之一。第二次世界大战之后,现代社会已经步入了后现代时期。单纯从学术文化的角度来看,后现代文化是建立在高度发达的经济生活基础之上,生长于信息社会环境下,以高度商品化为标志,以大众闲暇为消费条件,以满足大众消费欲望来赢利的一种新兴文化,并且呈现出多民族、无中心、反权威、叙述化、零散化、无中心的特征。这种文化的不断渗透,让新兴媒体和受众也具备了碎片化、无中心的特点,从而构建了更加适合媒介融合发展的媒介生态和媒介文化环境②。

综上所述,媒介融合发展的动因主要有三:技术动因、经济动因以及受众动因。其中技术动因是来自媒介融合的内部原因,是导致媒介融合发展的最直接、最根本的原因,也是媒介融合的基础和先决条件;经济动因和受众动因则是来自媒介融合的外部原因,二者是媒介融合的驱动力。

第三节　媒介融合的实践模式

不同的国家和地区,由于政治、经济、文化等因素的差异,媒体发展的基础、进程、融合的程度等都有所不同。因此,不同国家和地区的媒介融合的模式也各有特色。

一、国外主要模式

(一)美国模式

媒介融合在全世界范围内的大致发展路径基本相似,但由于各个国家、地区的政治环境、经济水平、媒体发展的基础、传媒行业规制等层面的情况都存在巨大的差异,媒介融合在操作和实践上的具体模式也就各不相同。

美国是媒介融合开展最早的国家之一。20世纪90年代末,美国传媒业的媒介融合还处在初级阶段,即"媒介整合"阶段。在这里不得不提到的是《1996年电信法案》的颁布,使美国传媒业具备了进一步深度融合的政策条件,网络媒体、手机媒体的异军突起使媒介融合进入了崭新的阶段。由于美国的传媒业在其媒介集团内部往往包括了多种媒体形态,这些形态之间借助集团化的平台实现资源共享、优化配置。因此,美国传媒行业媒介融合的进程始终在全世界位于前列③,也因此创造了许多不可复制的经典案例和成功模式。

① 梁岩.从技术、管制与受众角度看媒介融合的发展趋势[J].新闻与写作,2009(11):42.
② 宫承波,庄捷,翁立伟.媒介融合概论[M].北京:中国广播影视出版社,2011:74.
③ 宫承波,庄捷,翁立伟.媒介融合概论[M].北京:中国广播影视出版社,2011:78.

1.《纽约时报》

《纽约时报》在进行媒介融合探索和实践的过程中,始终贯穿一个核心的理念:深入数字转型,实现全产业布局。

首先,《纽约时报》(图 10.4)完善了数字媒体业务。2016 年,《纽约时报》对移动端首页进行了大刀阔斧式的改版。改版后的移动端首页兼顾传统纸媒的严肃性与移动媒体的休闲性。此外,《纽约时报》还用定制化推送的手段赢得了更多的受众,借此走出了非突发新闻推送的第一步,也迈出了推送"定制化"的第一步。

图 10.4　《纽约时报》部分 APP

其次,《纽约时报》大胆地加入了时下最热门的直播潮流。2016 年 4 月,《纽约时报》专门设立了一支视频直播团队,负责在 Facebook Live Video 平台上制作并发布视频直播。

最后,《纽约时报》将眼光放得更长远,一心打造全产业链的模式。除了新闻业务之外,《纽约时报》还与其他数字产业制定了战略性的发展道路。甚至 2016 年推出了一项配送服务,就是为一些喜欢 New York Times Cooking 烹饪网站的用户在 48 小时以内配送食材。

2.CNN

另一家在媒介融合的实践中取得显著成效的要数美国有线电视新闻网——CNN。CNN 将"移动先行,数字第一"作为自己转型发展的重大战略部署。

第一,要向全媒体新闻机构转型。目前,CNN 新媒体主要划分为三个部门:数字新闻采集节目部、数字新闻编辑部和数字产品部。在大力发展新媒体的过程中,CNN 有"两个转变"值得注意:一是电视记者逐渐转为全媒体记者;二是电视新闻机构逐渐转为全媒体新闻机构。

第二,要全力打造移动视频产品。2016 年,CNN 推出了视频故事应用——Great Big Story(简称 GBS)。GBS 主要搜集世界上各种奇闻轶事,受众以年轻人为主。在未来,CNN 还会在网络视频领域开辟更多的"战场",全力打造精品型的移动视频产品。

第三,借力社交媒体平台。CNN 是 Facebook Messenger 聊天机器人的首批体验者之一。聊天机器人对全球 CNN 用户开放,由 CNN 数字国际团队直接负责。同年,CNN 还进驻了日本的 Line,目前 CNN 在 Line 上已经拥有 40 万以上的用户。

（二）英国模式

除了美国以外,英国是西方世界进行媒介融合实验较早、发展态势较好的国家之一。2009 年,英国政府推出"数字英国"战略,计划将英国打造成世界的"数字之都",其提出的改善基础设施、推广数字技术应用等五大发展目标,为英国的媒介融合实践提供了纲领性的指导和战略保障。英国的主流媒体在推进媒介融合的过程中,有许多宝贵的经验值得学习。

第一，进行编辑部的改造与平台的整合，在内容生产和传播方式上进行变革，顺应新的媒介生态环境。其中，《每日电讯报》开创的全流程媒介融合模式最为经典。2006年，该报首先从空间上打破原有的格局，将采编平台合并为蜘蛛网状的环形空间，且在编辑部整合的策略上更加注重网络平台等新媒体终端的打造。这样的"中央厨房"式编辑部模式不仅整合了采编资源、降低了运营成本，最重要的是提升了新闻产品的质量。

第二，始终坚持内容为王和用户至上。英国老牌财经杂志《经济学人》，在变革的浪潮中坚持做"一本高质量的纸质新闻周刊"。自创刊以来，《经济学人》在内容生产上不刻意迎合读者的口味，致力于为读者揭示热点事件背后的深层逻辑、提供独立而有建设性的观点和思考方向。作为英国"三大报"之一的《卫报》，在媒介融合的变革中，被视为英国主流媒体中最开放、最彻底的案例。2009年，《卫报》提出了"开放数据理念"；2011年，又提出了"开放式新闻"的理念，将编辑过程对读者完全开放，编辑部会根据读者的反馈确定选题及制作思路。

第三，各种媒介之间要打通壁垒，合作共赢。首先，"共赢"存在于媒体行业内部，应打破报纸、广播、电视、网络等介质之间原有的壁垒。其次，"共赢"还存在于传媒业和其他行业之中，如传媒业和通信业进行横向的扩张与融合实践，通过取长补短的方式实现双方共赢①。

二、国内主要模式

2014年，由于中央全面深化改革领导小组（现中央全面深化改革委员会）通过了《关于推动传统媒体和新兴媒体融合发展的指导意见》，这一年被称为我国的"媒介融合年"，开启了我国全面探索媒体融合发展的改革之路。

我国在媒介融合道路上的最初探索，就是"报网互动"模式。历经了近十余年的"报网互动"之路主要有以下三个重要阶段：

第一，2000—2005年，报业与新媒体的互动呈现出不平衡的"依附性"互动关系。在这一时期，报业开始借力于大型门户网站的平台，门户网站又以较低的价格获得报业内容的转载权。此外，"报网互动"停留在简单的电子版的内容复制上，网站是依附于报业的一种弱势存在。

第二，2006—2009年，"报网互动"模式更加多样化，呈现一种"主体性"的互动协作关系。报业新闻网站在此阶段进入了快速发展期，人民网、新华网和中青网等数十家新闻网站成为国家重点新闻网站，还大力建设了一批地方重点新闻网站，改变了传媒内部结构和竞争格局。在这一阶段，媒体内部的生产协作模式占据了主导地位，在内容制作和传播渠道上打造了全新的合作模式。

第三，2010年至今，报网由"互动"进入了"合一"，形成了"融合性"的互动模式。在媒介融合的实践中，《人民日报》和人民网、《南方都市报》和奥一网等原有的报网关系，

---

① 王晓培,常江.英国传统媒体的媒介融合：开放、坚守与共赢[J].对外传播,2016(11)：17-18.

开始走向深层协作的模式。在"上海世博会""广州亚运会"这两个重大事件的报道中，报业第一次纷纷采取了全媒体报道的形式。在近十几年的"报网互动"中，"报网互动"的模式逐渐从技术应用向着结构融合的层面转变，从各取所需的联动到整体融合的协作生产，最终形成报业在新兴媒体融合之路上不同的发展模式①。

继"报网互动"之后，国内大多数报业都希望从这种单一的报网关系进一步走向全媒体化的模式。在对"全媒体"概念的充分理解下，结合自身的融合战略，我国报业主要呈现出以下几种全媒体布局的模式。

①以《人民日报》社为代表的"报网双核"模式（图 10.5）。《人民日报》和人民网逐渐形成"你中有我，我中有你"的状态，通过报网融合，传统媒体和新媒体相辅相成，形成更强大的市场竞争力。

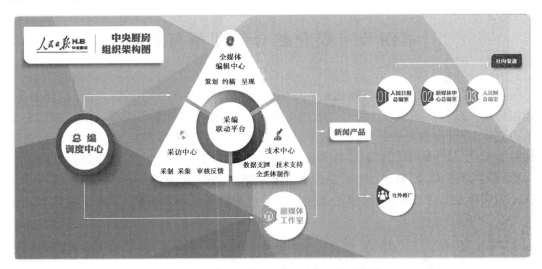

图 10.5　人民日报"中央厨房"组织架构图

②以《解放日报》报业集团为代表的"终端"模式。《解放日报》报业集团的这种新媒体战略，不是以报网为核心，也没有在组织结构上进行变革，而是着力于下游的产品再生产与传播渠道的多元化。

③以南都报业全媒体集群为代表的"全线"模式。南都全媒体集群战略的提出是基于南都自身的实际情况以及南方报业传媒集团的整体发展规划之上。"全线"模式旨在实现全媒体生产、全介质传播、全方位运营，从"内容提供商"转变成"全媒体信息服务商"。南都全媒体集群战略，涉及传媒机制、生产机制以及组织结构变革，因此它已成为国内都市传媒转型的一个典型的成功案例，为其他的探索者提供借鉴的思路②。

④以《烟台日报》为代表的"小型通讯社"模式。《烟台日报》传媒集团在国内是全媒体战略的先行者，早在 2008 年就已经成立了"全媒体新闻中心"。"小型通讯社"的全媒

①　麦尚文.全媒体融合模式研究——中国报业转型的理论逻辑与现实选择［M］.北京:中国人民大学出版社,2012:
　　100-102.
②　麦尚文.全媒体融合模式研究——中国报业转型的理论逻辑与现实选择［M］.北京:中国人民大学出版社,2012:
　　145.

体布局模式,主要致力于生产链的重构、媒体形态的延伸和媒体之间关系的变化,以形成个性鲜明的全媒体品牌效应。

⑤以《宁波日报》报业集团为代表的"网络门户"模式。《宁波日报》报业集团的全媒体布局中,宁波网扮演了重要的角色。它既是该集团全媒体的传播介质之一,也是全媒体内容生产的平台,还肩负着全媒体采编流程中央枢纽的重要使命①。

【推荐阅读】关于国内外全媒体融合的实践模式的深入探讨,可进一步通过麦尚文《全媒体融合模式研究》一书进行了解和学习。

第四节　媒介融合的变革与影响

首先,媒介融合对新闻传播的业务和实践产生了强大的影响,"融合新闻"应运而生。新闻传播实践从传播渠道、传播流程、内容生产以及组织结构等层面都发生了强烈的变革。其次,媒介融合促使传统媒介转型升级,信息传播主体变得多元且复杂,导致信源结构发生变化,且迅速增长的信息量又促进了媒介融合的推进。最后,媒介融合推动了传媒产业的"产业融合"升级。媒介融合推动传媒产业相互并购,实现产业集群;进一步优化了传媒产业的经营模式;延伸并重构了传媒产业价值链和产业链,带来了传媒产业层面的重要变革。

一、新闻传播模式的变革

随着媒介融合的深入发展,从传播渠道到传播流程,从内容生产到组织管理,新闻传播的模式都发生了一系列的变革。第一,新的传播技术的应用和传播渠道的汇流,使新闻报道的主体变得更加多元化。新闻报道的内容创新以提升新闻产品的质量和满足个性化的受众需求为主要突破点。第二,新闻报道由过去单一媒体独立运行逐渐转向了多种媒体融合传播。在新闻报道的管理层面上主要体现在跨媒体联动、多媒体新闻团队的组建、一体化新闻生产平台的打造等②。

在新闻传播模式的变革中,"融合新闻"正是媒介融合理念内化于新闻传播实践的产物。数字技术、网络技术的发展普及,受众日益增强的信息互动要求和海量的媒介信息资源等,都是催生"融合新闻"诞生的重要原因。当"融合新闻"是一种具有融合理念的新闻产品时,它可以被理解为一种状态;"融合新闻"还可以被理解为在媒介融合的背景下,从选题、采访、编辑、制作再到传播的一个完整的过程。"融合新闻"又被称作多样化

---

① 麦尚文.全媒体融合模式研究——中国报业转型的理论逻辑与现实选择[M].北京:中国人民大学出版社,2012:163.
② 蔡雯,陈卓.媒介融合进程中新闻报道的突破与创新[J].国际新闻界,2009(2):62-63.

新闻,是指在媒介融合的环境下,媒体从业者利用多媒体的手段进行新闻传播的活动。不同介质的媒体都在同一个平台上进行操作,相互协调、取长补短,再根据自身的特点和受众的需求进行信息分类和内容生产,最终将产品传播给特定的受众。"融合新闻"的真正的精髓在于"新闻报道要突破传统的载体樊篱,将传统新闻报道范式进行整合重构,制作适合不同对象的多媒体新闻产品"①。

"融合新闻"作为媒介融合作用于新闻传播模式变革的实践产物,其传播特点也体现在以下三个方面:第一,多元化的信源结构。媒介融合导致社会信息量骤增,信息的来源开始变得多元化。建立在媒介融合以及新兴传播技术基础上的"融合新闻",其信源固然也会变得更加多元化。第二,高素养的传播主体。融合新闻对传播主体的职业素养提出了更高的要求,对编辑记者而言,在新的环境下,必须成为掌握多种媒介技能的"全能型编辑记者"。除此以外,融合新闻对媒介集团的管理层也提出了更高的要求,管理者应该熟知各种媒介特点以及运营的规律,站在传媒集团全局发展的视角来统筹集团内部的资源整合与融合互动。第三,整合协同的业务流程。融合新闻的采编、制作与发布流程突破了过去单一媒介的边界限制,多种媒介融合在一起,实现资源共享、协同合作。因此,融合新闻建立了符合媒介融合时代下的新的多媒体整合协同创新的业务流程②。

二、传统媒体的转型

以传统媒体中的电视为例,传播技术的不断更新和电视新闻传播平台的改变,是媒介融合给电视这个传统媒体带来的最实质性的影响。

以电视新闻节目来说,电视新闻节目的内容不再仅仅是以单一的视频的形式向受众展现了,而是被其他的传统媒体,或者其他的新兴媒体进行再加工,转换成文字、图片的形式进行二次传播甚至多次传播。这种变革对传统媒体而言,有着非常重要的意义:传统媒体的传播渠道不再单一化、新闻产品的形式不再单一化。传统媒体之间可以相互融合、取长补短。在整合资源之后,根据自身的媒介性质来进行新闻产品的制作,将自身的优势最大限度地发挥出来。然后,再根据特定受众的需求,进行更为有效的传播。传统媒体还可以和新兴媒体相互协同合作,达到共赢的目的。例如,对一个热点事件可以进行追踪报道,在连续报道的过程中,传统媒体和新兴媒体进行优势互补,将一个新闻事件通过多视角、多介质传播出来。让受众能够通过不同的媒介形式了解和还原事件的真相。这样不但提升了品牌的影响力,还进一步树立了自身的权威性。

新媒体的出现和媒介融合的发展,还动摇了传统媒体的垄断地位。由于受众的需求逐渐个性化、多元化,受众可以根据自己的特点或喜好,自由地选择获取新闻信息的媒介。因此,报纸、电视等传统媒体需要对受众进行细致深入的调查,进一步进行受众细分,为受众打造更具个性化、更高质量的新闻产品,并为受众提供更为方便快捷的信息服

① 冯艳丹.媒介融合背景下的融合新闻[J].科技信息,2009(19):609.
② 宫承波,庄捷,翁立伟.媒介融合概论[M].北京:中国广播影视出版社,2011:103-104.

务。与此同时,传统媒体还需要拓展自身的业务范围,突破现有的媒介格局和结构上的壁垒,积极向互联网平台扩展,实现自身新闻信息的传播范围和受众数量的协同扩张①。

三、传媒产业结构的升级和演化

2010 年是我国推动传统媒体转型发展,转变为媒介融合推动产业融合发展的传媒转型之年,传媒产业领域发生了巨大的变化:我国进一步深化文化体制改革,促进传媒事业单位向企业性质转变,激发传媒的企业活力;传媒企业积极寻求社会融资,纷纷上市;传媒市场出现日趋增多的并购行为,促进市场结构调整和资源的重新配置②。

媒介融合不断地向前推进,传媒产业的价值链和产业链等环节也受到了巨大的影响,传媒产业结构不断升级和演化。

首先,媒介融合在产业层面给传媒业带来最为显著的变化就是传媒产业集群,也就是传媒并购。产业集群的发展的最直接影响就是带来了规模经济和范围经济。

其次,媒介融合改变了传媒产业的经营模式。合理的产业结构和产业运行模式可以为企业内部提高生产经营效率,只有不断重构传媒的产业结构、优化传媒产业模式,才能实现规模经济和范围经济的最大化。

最后,媒介融合进一步促进了产业融合。传媒产业的融合主要包括四个阶段:技术融合、网络融合、内容融合以及产业链融合。第一,技术融合是传媒产业融合的先行条件,以新媒体产业为例,新媒体产业正是建立在技术融合的基础之上的。第二,内容和服务的融合是传媒产业融合的核心,在技术层面融合发展的传媒产业所提供的内容和服务也应该是高度整合的。传媒产业既需要整合媒介融合的技术与渠道,更需要整合多层次、全方位、个性化的用户需求。第三,网络融合是传媒产业融合的外部表现,我们经常提到的"三网融合"就是电信网、广电网和互联网的相互融合。网络融合最直接的影响就是可以为新媒体产业融合提供硬件保障和网络架构,实现"三网"资源的优化配置,推动传媒产业的发展。第四,传媒产业融合的最终归宿就是产业链的融合。我国应整合传媒产业的各个产业链,寻求最合理的产业链的融合模式,使融合之后的产业链形成优势互补、合作共赢的局面③。

【课后思考】

1.请简述不同研究领域或范畴对"媒介融合"的理解。

2.请简要阐述媒介融合的动因。

3.试述我国媒介融合发展的历程和基本模式。

4.请简述媒介融合与融合新闻的关系。

---

① 刘婵.媒介融合的现状及对传媒业的影响[J].新闻战线,2016(4):4-5.

② 秦宗财.媒介转型与产业融合:2010—2015 我国传媒产业研究综述[J].福建论坛:人文社会科学版,2016(6):174.

③ 宫承波,庄捷,翁立伟.媒介融合概论[M].北京:中国广播影视出版社,2011:95-98.

【话题讨论】

1.面对媒介融合浪潮中的传统媒介转型,你认为未来哪些工作职位会被逐渐淘汰,哪些职位将会兴起,我们应如何应对?

2.未来传媒领域的核心能力是什么,高校新闻传播专业应该如何培养新型的新闻人才?

第十一章　网络舆情

【本章作者】

　　盘石军,传播学博士,湖南文理学院讲师,主要研究方向为网络社会学、网络舆论和风险传播。电子邮箱:453435428@ qq.com。

【案例导入】

"周局财势盖江南,'九五之尊'抽不完。凯迪拉克车中卧,'江诗丹顿'显富豪……"这首打油诗源自焦点房地产网,诗的主角'周局',就是南京市江宁区房产管理局局长周久耕。他因一番言论而一夜之间蹿红媒体和网络,当了一次"网红",代价却是进了监狱。

2008 年 12 月 10 日,南京市江宁区房产局局长周久耕接受媒体采访时抛出"对于开发商低于成本价销售楼盘,下一步将和物价部门一起进行查处"的言论。此番言论经媒体报道后,质疑之声铺天盖地而来。周久耕一夜蹿红媒体和网络。

2008 年 12 月 11 日上午 8 时许,网友"小花半里"在"焦点房地产网"上发出《八问江宁房产局周局长》的帖子,对其言论进行质疑。

随后,一篇《遍撒英雄帖,追查南京市江宁区房产局局长周久耕》的帖子出现在"凯迪社区"网站上,网友对周久耕的"人肉搜索"由此展开。

2008 年 12 月 14 日下午 3 时许,网友"西方不亮东方亮"发帖《腐败不腐败,看照片——南京房产局长抽1 500元的烟》,文字配照片,表明周久耕抽的是1 500元一条的南京"九五之尊"香烟。

2008 年 12 月 15 日凌晨,署名"cheyou_07"的网友在《周久耕局长抽名烟、戴名表》的帖子里指认周久耕所戴手表是"江诗丹顿",价值约 10 万元。

2008 年 12 月 17 日,网友发帖称周久耕弟弟是房地产开发商,周久耕儿子是建材商。周家都被推到风口浪尖上。

2008 年 12 月 29 日,周久耕被免职。

2009 年 2 月 13 日,南京市江宁区纪委对周久耕立案调查。3 月 23 日,溧水县(现溧水区)检察院对周久耕立案侦查。

2009 年 8 月 5 日,南京市检察院以受贿罪对周久耕提起公诉。

2009 年 9 月 4 日,周久耕受贿案在南京市中级人民法院开庭。

2009 年 10 月 10 日,周久耕被南京市中级人民法院一审以受贿罪判处有期徒刑 11 年。

案例来源:佚名.从一包烟说到网络反腐:盘点周久耕案前前后后,人民网,2009.10.23。

从这起事件中可以看到,相比大众传媒时代的社会舆情,互联网时代的网络舆情有其独特之处:从产生到结束的整个过程时间短而影响力大;传统媒体与网络媒体议题互动使信息传播广泛;网民的积极参与推动舆情发展;政府对事件的回应也更为迅速。这些新的特点使得网络舆情每一次都来势凶猛,对社会产生了重大影响。

第一节　网络舆情概述

1979 年,美国麻省理工学院气象学家洛伦兹教授在一次演讲中提道:"一只在南美洲亚马孙河流域热带雨林中的蝴蝶扇动翅膀有可能会在美国的得克萨斯引起一场龙卷风。"当前我国的网络舆情的出现就印证了洛伦兹教授的"蝴蝶效应",往往一句话、一张照片、一段视频都能在网络上掀起舆论风暴。这不得不让我们思考什么是网络舆情,网络舆情是怎么产生的。

一、网络舆情的概念

(一)舆情

我国对于"舆情"这个词的使用由来已久,最早可以追溯到公元897年唐昭宗的一份诏书,据《旧唐书》卷一百七十七记载,其中写道:"朕采于群议,询彼舆情,有冀小康,遂登大用。"自此,"舆情"作为一个固定词组见诸各种文书之中。关于我国古代"舆情"的具体内涵,张文英认为主要内涵为民众的意愿、态度,其次是民间疾苦,最后是指民众[1]。冯希莹认为古代"舆情"的主要内涵是指老百姓的意见、态度,其次是指民众的情绪、情感,最后指老百姓的疾苦[2]。因此,从古代开始,"舆情"就主要指民众的态度、情绪或意见。从这一点看,当今关于"舆情"的用法是与古代一脉相承的。

在当前的研究中,关于舆情的定义具有代表性的有以下几种:

王来华认为,舆情是指在一定的社会空间内,围绕中介性社会事项的发生、发展和变化,作为主体的民众对作为客体的国家管理者产生和持有的社会政治态度[3]。

刘毅认为,舆情是由个人以及各种社会群体构成的公众,在一定的社会空间内,对自己关心或与自身利益紧密相关的各种公共事务所持有的多种情绪、态度和意见交错的总和[4]。

曾润喜将舆情定义为由于各种事件的刺激而产生的通过某一载体传播的人们对于该事件的所有认知、态度、情感和行为倾向的集合[5]。

丁柏铨认为舆情即民意情况,涉及公众对社会生活中各个方面的问题尤其是热点问题的公开意见(外露的部分)或情绪反应(既可能外露又可能不外露的部分)。它是社会脉动和公众情绪自然而然的流露和体现[6]。

周蔚华等认为舆情就是指公众的情绪,究其本质是指公众的社会心理在可见形式下寻求的表达[7]。

从上述几个定义来看,民众或公众作为舆情的主体,即意见、态度和情绪的表达者是毋庸置疑的,但在以下三个方面存在不同的说法:一是引发舆情的事件,从广义来看是社会生活中各个方面的问题或各种事件,从狭义来看是各种公共事务;二是舆情本身,从狭

---

① 张文英.康熙时期对"舆情"的使用及其研究[J].理论界,2010(9):120.
② 冯希莹.舆情概念辨析[J].社会工作,2011(10):84.
③ 王来华."舆情"问题研究论略[J].天津社会科学,2004(2):78.
④ 刘毅.略论网络舆情的概念、特点、表达与传播[J].理论界,2007(1):11.
⑤ 曾润喜.网络舆情信息资源共享研究[J].情报杂志,2009(8):188.
⑥ 丁柏铨.论网络舆情[J].新闻记者,2010(3):4.
⑦ 周蔚华,徐发波.网络舆情概论[M].北京:中国人民大学出版社,2016:6.

义来看是社会政治态度，从广义来看是情绪、态度和意见的总和；三是舆情表达的公开性，从广义来看，既包括公开表达的意见，也包括没有外露的情绪，从狭义来看，是可见形式下的表达。

综合考虑多种定义的异同，我们将舆情定义为：公众对各种社会事件、社会问题和社会现象产生的情绪、态度和意见的集合。该定义强调公众是舆情的主体，引发舆情的是公众所关注到各种社会事件、社会问题和社会现象。就舆情本身来说，情绪和态度是没有公开表达的，意见则是公开表达的。

（二）网络舆情

网络舆情是舆情的一种独特形式，是指在网络空间产生的舆情。在传统媒体时代，舆情主要是公众通过人际传播、群体传播、组织传播和大众传播产生的，而互联网兴起之后，公众可以在虚拟的网络空间表达态度和发表意见，因而就产生了存在于虚拟空间之中的形式特异的网络舆情。

网络舆情是舆情的一种形式，因此，在定义网络舆情的时候，一般将其看作在网络上表达的舆情。丁柏铨就认为，网络舆情就是网络环境中形成或体现的舆情，即民意情况[1]。徐晓日认为，网络舆情就是社会舆情的一种表现形式，是公众在互联网上公开表达的对某种社会现象或社会问题具有一定影响力和倾向性的共同意见[2]。曾润喜认为，网络舆情是由于各种事件的刺激而产生的通过互联网传播的人们对于该事件的所有认知、态度、情感和行为倾向的集合[3]。周蔚华等认为，网络舆情是指以互联网为载体所表达的公众情绪，究其本质是社会情绪在互联网这个可见载体上的公共表达[4]。从这些定义看，网络舆情还是公众针对某一事件产生的情绪和意见，不同的是这些情绪和意见都是通过网络表达的。

根据上述定义，结合前文对舆情的定义，我们认为网络舆情是公众在网络平台上对各种社会事件、社会问题和社会现象发表的多种意见的集合。

二、网络舆情的基本要素

网络舆情的要素分析可以借鉴更为成熟的舆论学中关于舆论要素的分析。陈力丹认为，舆论一般包含八个要素："舆论的主体、舆论的客体、舆论自身、舆论的数量、舆论的强烈程度、舆论的持续性、舆论的功能表现、舆论的质量。"[5]王晓群认为舆论系统的构成要素有四种，即"舆论主体、舆论客体、舆论本体和舆论载体"[6]。其中主体是公众，客体是社会事件，本体是意见，载体是意见表达的渠道，这四者相互关联、相互影响。参照这种分法，李弼程和邬江兴认为，网络舆情的构成要素包括：作为网络舆情主体的网民，作为

① 丁柏铨.论网络舆情[J].新闻记者,2010(3):4.
② 徐晓日.网络舆情事件的应急处理研究[J].华北电力大学学报:社会科学版,2007(1):89.
③ 曾润喜.网络舆情信息资源共享研究[J].情报杂志,2009(8):188.
④ 周蔚华,徐发波.网络舆情概论[M].北京:中国人民大学出版社,2016:9.
⑤ 陈力丹.舆论学——舆论导向研究[M].北京:中国广播电视出版社,1999:11-23.
⑥ 王晓群.舆论系统小议[J].中国广播电视学刊,2007(12):51.

网络舆情客体的国家管理者,作为舆情刺激源的中介性社会事项以及作为舆情本体的民众社会政治态度[①]。这里着重指出网络舆情的三个基本要素:主体、客体和本体。我们认为无论是舆论还是舆情,主体、客体和本体都构成其基本要素,而网络舆情在三个要素之外还要考虑其载体。因此,网络舆情的基本要素包括四个方面。

(一)网络舆情的本体——公开表达的各种意见的集合

在前文舆情的定义中曾指出舆情既包括公开表达的意见,又包括没有外露的情绪或态度,但在网络舆情中只包括公开表达的意见。这是因为人们在网络上是通过图片、文字、视频、表情符号、漫画以及点赞等各种手段来表达自己看法的,没有外露的情绪和态度只存在人的头脑里,并没有上传到网络,因此不能算作网络舆情。当"一种态度用语言表达时,通常称为意见"[②];同样,人们在网络上通过图片、文字、视频、表情符号、漫画以及点赞等各种手段来表达态度或情绪时,也就成为意见。因此,网络舆情的本体是在网络上公开表达的各种意见。

(二)网络舆情的客体——社会事件、社会问题和社会现象

网络舆情的客体是人们的意见所指向的社会事件、社会问题和社会现象。并不是所有的事件、问题和现象都能被当作网络舆情的客体,只有那些为人们所关注并刺激人们发表意见的社会事件才能被看作网络舆情的客体。事件为人所关注是事件成为客体的充分条件,只有先被人关注才能引发人们发表意见;人们对事件发表意见是事件成为客体的必要条件,只要有人对其发表意见,而不管人数的多少都可成为网络舆情的客体。

(三)网络舆论的主体——公众

公众是在网络上围绕社会事件发表意见的人群。公众是由作为网络舆情客体的社会事件所引发、针对这些事件而产生的一种社会角色。从产生的顺序来看,先有社会事件,后有公众,只有针对社会事件发表意见的人才能称为公众。

例如,在2017年的"红黄蓝"幼儿园虐童事件的网络舆情中,没有关注到这一社会事件或者只关注而没有在网络上发表意见的人算不上是这起网络舆情的公众。因此,在谈及公众的身份时是相对应于某一具体的网络舆情而言的,且这一网络舆情中的公众不一定是另外一起网络舆情中的公众。

(四)网络舆情的载体——网络媒体

网络媒体是公众发表意见和进行互动的载体,是网络舆情产生的物理基础。网络媒体的交互性和虚拟性使其成为一个虚拟空间,在这个空间里人们可以自我表达和与他人交往,这就产生了与现实社会不同的虚拟社会,人们在这个虚拟社会中针对社会事件发表意见而产生网络舆情。

在网络舆情中,客体、主体、本体三个要素是互相影响的,作为客体的社会事件引发

---

① 李弼程,邬江兴,戴锋,等.网络舆情分析——理论、技术与应对策略[M].北京:国防工业出版社,2015:43.
② 刘建明.社会舆论原理[M].北京:华夏出版社,2002:14.

人们对其发表意见而产生公众;同时,公众又推动社会事件的发展,而意见是公众与社会事件相联系的"桥梁",人们只有发表了意见,才能成为主体公众,只有被发表了意见,社会事件才能成为客体。

三、网络舆情的特征

网络舆情是一种复杂的社会现象,由于参与的人数众多,话题多样且多变,意见多元化以及意见表达形式的多样化,使得网络舆情呈现出多样化的形态,因此想要把握网络舆情的本质特征是件难事。根据前文所列举的网络舆情的四个基本要素,我们分别从各个要素出发来把握网络舆情的特征。

(一)从网络舆情的主体公众来看,网络舆情具有众多性、自发性、匿名性的特征

众多性是指参与网络舆情的公众人数众多,据中国互联网络信息中心(CNNIC)发布的《第41次中国互联网络发展状况统计报告》的数据显示,截至2017年12月,中国网民规模达7.72亿。这样庞大的网民数量,为参与网络舆情的公众人数提供了一个巨大的基数。

自发性是指公众在网络上针对社会事件发表意见基本上是自由的,而不是被人有意组织或者是被迫的。自媒体的发展,使得在网络上人人都有麦克风,可以按照自己的意愿发表意见,反映自己真实的情绪和看法。数量庞大的公众是难以被人有意地组织起来发表意见的。

匿名性是指公众基本上匿名发表意见,除了部分实名认证的微博、微信等自媒体用户之外,大部分的网民都是没有进行实名认证,基本以网络虚拟身份发表意见。

(二)从网络舆情的客体社会事件、问题和现象来看,网络舆情具有广泛性、时效性

广泛性是指各种社会事件、社会问题和社会现象都可以成为网络舆情的话题来源,而不会仅限于几种事件。虽然不同类型的事件成为网络舆情话题的概率不一样,比如食品安全的事件比公司破产的事件会有更大的概率成为网络舆情的话题,但是食品安全事件和公司破产事件都可以有机会成为话题,而不会被排除在外。

时效性是指网络舆情的话题是变动的,社会事件结束,与此相关的舆情也会结束,取而代之的另外一件社会事件也会产生新的网络舆情。

(三)从网络舆情的本体意见来看,网络舆情具有指向性和倾向性

指向性是指公众发表的意见都是有所指的,是针对具体的社会事件、社会问题和社会现象的,而不会无的放矢。因此,任何网络舆情都是和某一具体事件相对应的,具有很强的指向性。

倾向性是指公众表达的意见包含一定的价值判断,即对社会事件或支持或反对,或赞同或批评,明确表达自己的立场。意见不是客观陈述,而是包含人的主观判断,不同的人对同一事件会有不同的看法,因此,在网络舆情中经常会出现不同的意见,这也造成意见的多元化,以及不同意见之间的矛盾冲突。同时也因为这种倾向性,也会造成群体极化,即持相同意见的人会越来越强化自己的观点,这样不利于不同观点之间的交流和沟通。

（四）从网络舆情的载体网络媒体看，网络舆情具有开放性、迅捷性和互动性

开放性是指网络媒体对公众是开放的，网络媒体不会对网民的使用加以限制。因此，只要具备使用互联网的基本技能，每个网民都有相同的机会在网上发表意见。

迅捷性是指网络媒体的信息传播和意见传播的快捷，由于网络媒体具备人际传播、群体传播、组织传播和大众传播等多种传播方式，可以使信息和意见快速地传播出去，在短时间内让更多的人接触到信息和意见。因此，在网络舆情中，对舆情的回应更加及时。

互动性是指网络媒体可以使公众之间可以互相交流，不仅可以互相传递信息，也可以互相交换意见。尤其是意见交换，会使多元意见可以进行交锋，从而有可能达成一致性意见，只有凝聚共识，才能使舆情事件得到圆满解决。

第二节　网络舆情的形成与演变过程

从一件社会事件演化为网络舆情需要一个过程，这个产生过程中有多重因素在起作用，其具体的过程也是多变的。本节将从阶段分析的角度来审视网络舆情形成与演变的过程。

一、网络舆情形成的原因

网络舆情作为一个复杂的社会现象，其产生也有着复杂的原因。总体来看，包括社会根源、技术基础和公众素质三个方面。

（一）社会根源

当前我国处于"双重转型"阶段，即体制转型与发展转型。社会转型产生的各种社会问题和社会现象客观上为网络舆情的产生提供了话题。

（二）技术基础

网络舆情产生的技术基础就是网络技术的发展带来的各种网络媒体。以信息交往活动为基础的网络媒体已成为公众获取信息、传播信息和讨论的主要阵地。据中国互联网络信息中心（CNNIC）《第41次中国互联网络发展状况统计报告》的数据显示，截至2017年12月，我国互联网的普及率为55.8%，在网民使用的各类网络应用中与信息传播互动有关的应用就包括即时通信、搜索引擎、网络新闻、博客/个人空间、微博、电子邮件、社交网站和网络论坛。其中，即时通信、搜索引擎和网络新闻在使用率上位列前三名。庞大的用户基数和多样化的传播方式，为网络舆情的产生提供了技术可能。

（三）公众素质

社会转型为公众发表意见提供话题，网络媒体为公众发表意见提供平台，除了这两个因素,更关键的是公众需要具备在网络媒体上发表意见的能力以及发表意见的意愿。首先,是公众的新媒介素养大大提高。1992 年 12 月,Aspen 学院的通信与社会项目计划为促进美国媒介素养项目的发展,召开了一次全国领导层会议,将媒介素养定义为:接近、分析、评价和传播各种形式的信息的能力。当前我国的大多数网民都具备使用新媒介接触信息(接近),理解新媒介上的信息(分析和评价),利用新媒介传播信息(传播)的基本能力。其次,公众的参与意愿和表达意愿增强。与传统媒体相比,网络媒体的使用者更加低龄化和年轻化,据中国互联网络信息中心(CNNIC)《第 41 次中国互联网络发展状况统计报告》的数据显示,截至 2017 年 12 月,网民以 10~39 岁群体为主,占整体的73.0%;其中 20~29 岁年龄段的网民占比最高,达 30.0%。年轻化的网民更加具有参与意识和表达意愿,更有可能对一些社会事件发表自己的看法和意见。

二、网络舆情演变的过程分析

网络舆情从产生到消退是一个复杂的过程,为了更加清楚地了解网络舆情这一发展变化过程,学者一般将这个过程划分为几个阶段。曾润喜、王晨曦和陈强通过文献研究发现主要存在网络舆情传播的三阶段、四阶段、五阶段、六阶段模型等说法[1],具体如表11.1 所示。

表 11.1　各阶段网络舆情传播模型分析比较

阶段模型	阶段划分				
三阶段模型	发生		变化		结束
	产生		传播		整合
	潜伏期		扩散期		消退期
四阶段模型	涨落阶段	序变阶段		冲突阶段	衰退阶段
	聚集	散播		热议	流行
	潜伏阶段	突发阶段		蔓延阶段	终结阶段
	形成阶段	爆发阶段		缓解阶段	平复阶段
五阶段模型	散播阶段	聚集阶段	升华阶段	延续阶段	终结阶段
	早期传播阶段	社会性知情阶段	社会性表达阶段	社会行动阶段	媒体纪念阶段
六阶段模型	潜伏期　成长期	蔓延期	爆发期	衰退期	死亡期
	潜伏期　爆发期	蔓延期	反复期	缓解期	长尾期

从表 11.1 可以看出,无论是几个阶段,网络舆情都有一个从发生到消退的过程,我们按照社会事件产生—社会事件传播—公众发表意见—社会事件解决—舆情消退的逻

---

① 曾润喜,王晨曦,陈强.网络舆情传播阶段与模型比较研究[J].情报杂志,2014(5):120.

辑顺序来分析网络舆情演变的过程,如图 11.1 所示。

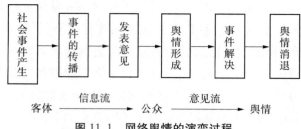

图 11.1　网络舆情的演变过程

按照上述的逻辑分析,我们认为网络舆情的演变包括四个阶段。

（一）酝酿阶段

网络舆情的酝酿阶段是指社会事件产生、传播和被公众关注到的这一时期。在这一阶段,社会事件,比如说一起食品安全事件发生,这个事件通过传统媒体、网络媒体和自媒体的传播,为公众所注意到,当公众关注到这起事件时会产生一定的情绪和态度,而这些情绪和态度还没有在网络媒体进行公开表达,所以是处于意见的酝酿阶段。这一阶段主要是社会事件的信息传播以及公众的意见酝酿。

（二）形成阶段

形成阶段主要是指从公众开始在网络上发表意见到大部分人参与意见发表的这段时期。大部分人到底是多少人,在舆论学上,关于判断舆论形成的人数有两种看法。刘建明认为,"一定范围内有四分之一的人议论某一事物或持有一种意见,标志着舆论已经形成"[①]。而陈力丹认为,"舆论的数量起点,在于一定范围内持某种意见的人数需要达到总体的约三分之一"[②]。参照这两种说法,在网络舆情中,有四分之一到三分之一的网民参与发表意见就已经足够说明舆情已经形成。这一阶段的主要特征是越来越多的公众参与讨论,也是不同意见和声音不断出现的阶段。

（三）成熟阶段

成熟阶段是指网络舆情形成到网络舆情开始消退这一时期,当网络舆情形成时,参与人数基本达到最高点,因此在成熟期,人数不会有增加。这一阶段主要表现为各种不同意见开始稳定化,一般会出现几种比较强势的意见,这些意见之间会进行交锋和争辩,最终有可能会产生一致性意见,也可能几种意见并存。

（四）消退阶段

当社会事件解决或停止发展,不能带来新的话题时公众对事件的关注度会降低,发表意见的人数越来越少,这时候网络舆情就迈入消退期。进入消退阶段的网络舆情会被新的舆情所替代,也有可能在一段时间以后再被提起,又成为新的舆情。

---

①　刘建明.社会舆论原理[M].北京:华夏出版社,2002:50.

②　陈力丹.舆论学——舆论导向研究[M].北京:中国广播电视出版社,1999:18.

第三节　网络舆情的演变模式

网络舆情的过程分析是将舆情分解成几个部分来分析,但也可以从整个发展过程来考察网络舆情的发展变化,这可以用网络舆情的演变模式来展示。

李弼程和邬江兴等人在《网络舆情分析》一书中根据舆情发展的整体态势总结了舆情演化的五种主要模式:消退模式、逆转模式、波动模式、聚集模式和衍生模式[①]。参照这种分法,我们将网络舆情的演变模式分为基本模式、波动模式、反转模式、集中模式和裂变模式五种。

一、基本模式

基本模式表示的是网络舆情从产生到消退的正常过程,如图 11.2 所示,纵轴是意见量,用来表示网络舆情的数量,可以通过论坛帖子、新闻跟帖、微博数量和点赞数等多个指标来衡量,横轴是时间,表示网络舆情在不同时间段的变化。在基本模式中可以看到网络舆情会随着时间依次经历酝酿阶段、形成阶段、成熟阶段和消退阶段四个阶段。基本是网络舆情正常情况下的演变模式,一般来说,网络舆情的演变过程或多或少与此有些差异,会出现后面几种模式表示的情况。

图 11.2　网络舆情演变的基本模式

二、波动模式

波动模式是指网络舆情发展过程会出现多次的起伏,如图 11.3 所示,整个舆情的发展过程呈现出波浪式的运动状态。波峰为舆情上涨的顶点,波谷为舆情下降的谷底,可以看见,顶点和谷底交替出现。这种现象的出现主要是因为引发网络舆情的社会事件一波三折,在老话题消退的时候,不断出现新的话题来带动舆情的持续发展。

[①]　李弼程,邬江兴,戴锋,等.网络舆情分析——理论、技术与应对策略[M].北京:国防工业出版社,2015:59-62.

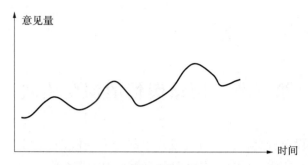

图 11.3　网络舆情演变的波动模式

例如,首艘国产航母下水引发的网络舆情就呈现出这种波动模式。2017 年 4 月 26 日上午,我国第二艘航空母舰下水仪式在中国船舶重工集团公司大连造船厂举行。这也是我国第一艘自主研制的航空母舰。至此,广受关注的首艘国产航母消息终于尘埃落定! 一时间,刷屏无数,国人振奋。

自 2013 年 11 月正式动工以来,大连造船厂建造的 001A 型航母由于拥有"首艘国产航母"的历史性标签,一直受到国内外舆论的高度关注。2017 年一开始,有关"首艘国产航母即将下水"的传言就在互联网上普遍传播。至 4 月份,舆论对"国产航母下水"的关注度激增。《人民日报》中央厨房的金台点兵工作室将 2017 年 3 月 24 日至 4 月 23 日的有关"首艘国产航母即将下水"的舆情进行了汇总(图 11.4),所呈现的舆情发展形状就是波动模式的形状。

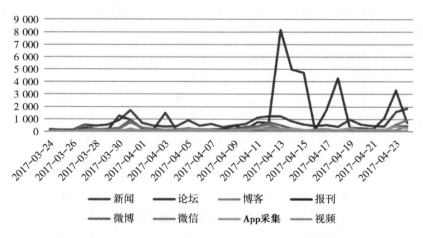

图 11.4　"首艘国产航母即将下水"的网络舆情发展过程

(数据来源:《人民日报》中央厨房·金台点兵工作室)

在本案例中,网络舆情的波动是随着首艘国产航母的建造进展以及何时下水的话题展开的。官方披露航母建造进展(图 11.5)引发了 2017 年 3 月 26 日至 2017 年 4 月 5 日的第一波网络舆情。

图 11.5 官方披露航母建造进展

（数据来源：《人民日报》中央厨房·金台点兵工作室）

在国防部首次公开证实国产航母即将下水后，有关首艘国产航母何时下水便成为谈论的重点，围绕国产航母是否在 2017 年 4 月 23 日海军节下水的话题，媒体报道量井喷式爆发（图 11.6），引发了第二波的网络舆情。

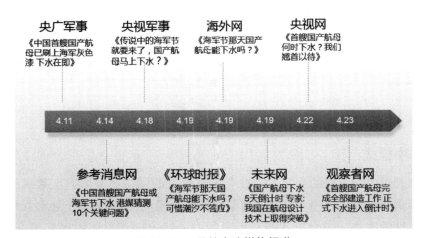

图 11.6 4 月份主流媒体报道

（数据来源：《人民日报》中央厨房·金台点兵工作室）

三、反转模式

反转模式是指在网络舆情发展到某一个时间段，公众的意见出现反转，即由之前的赞成或支持变成了批评或反对，前后出现了相互矛盾的意见。出现这种状况主要缘于新闻事实出现了反转，由新闻反转带动了舆情反转，这在网络传播中比较容易发生（图 11.7）。

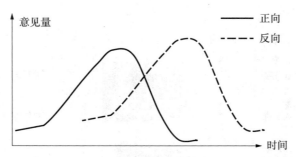

图 11.7　网络舆情演变的反转模式

图 11.8　"上海女孩"
上传的饭菜照片

如 2016 年 2 月 6 日,一位女网友自称是上海女孩,春节期间陪江西男友回农村老家过年,但见到男友家第一顿饭后她就后悔了,当即决定和男友分手。女孩晒出饭菜照片,并说"这个饭菜让我想吐","比我想象的要差一百倍"(图 11.8)。

瞬间,这篇帖子挑起"凤凰男""门当户对""地域差异"等热门话题,刷爆朋友圈。就连《人民日报》也发表评论称:农村,说声爱你太沉重。

就在大家纷纷吐槽城乡差距时,事件反转了,这是条假新闻,内容从头至尾均为虚构。发帖者并非上海人,而是上海周边某省的一位有夫之妇,春节前夕她与丈夫吵架,不愿去丈夫老家过年而独自留守家中,于是发帖宣泄情绪。

【推荐阅读】关于更多网络舆情反转模式的案例,请参看网易新闻《2016 年这些新闻都反转了,你被打脸了吗?》。

四、集中模式

集中模式指由一开始的几起不同社会事件引发的网络舆情最后汇聚成一种网络舆情。这种模式的出现是因为先前的几起事件具有共同点,使得舆情发展到最后指向了这个共同点。这种模式一般会出现在一段时期内连续出现相类似的多起事件的情况下。例如,2016 年出现的有关"校园贷"的网络舆情,它是由多个与"校园贷"相关的事件引发的,舆情发展最终指向"校园贷"问题(图 11.9)。

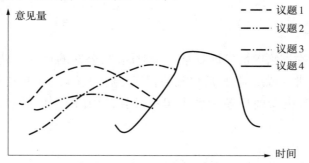

图 11.9　网络舆情演变的集中模式

据相关报道,2016 年以来,"校园贷"风险逐渐显现,有关"校园贷"导致学生跳楼、过度消费、冒名借贷、暴力催收等事件频发,引发各种舆论。

2016 年 3 月,河南某高校的一名在校大学生郑某,用自己的身份以及冒用 28 名同学的身份,从不同的校园金融平台获得无抵押信用贷款高达 58.95 万元,后因经济压力无力偿还,选择跳楼自杀。此后,校园信贷问题逐渐被曝光,引发社会关注,并将"校园贷"推上了舆论的风口浪尖。

2016 年 6 月,"校园贷"曝出"裸条"借贷,女大学生通过网络借贷平台借贷宝贷款,被要求"裸持"(以手持身份证的裸照为抵押)进行借款,逾期无法还款则被威胁公布裸照给家人朋友,且借款周利息高达 30%。

2016 年 10 月,湖南某高校学生黄某利用 18 名同学的个人信息贷款 50 余万元,事发后,因黄某存在债务纠纷,学校已决定让其休学。随后,黄某便去外地打工来偿还债务。

据名校贷发布的《校园贷诈骗数据报告》的数据显示,2016 年 4 月至 2017 年 6 月,见诸报端的"校园贷"诈骗案达到 41 起,涉及全国 22 个省市,平均每月曝光 2~3 起。据不完全统计,2017 年 3 月 16 日至 4 月 9 日期间,有 4 则"校园贷"相关的悲剧被媒体报道。

这一系列事件在网络上引发了各种讨论,而网络舆情最终指向这些事件的共同点——"校园贷",网络舆情的发展也促使国家出台了各种政策规定来规范"校园贷"问题。2016 年 4 月,教育部与银监会(现银保监会)联合发布《关于加强校园不良网络借贷风险防范和教育引导工作的通知》,明确要求各高校建立校园不良网络借贷日常监测机制和实时预警机制;同时,建立校园不良网络借贷应对处置机制。2016 年 8 月,银监会在《网络借贷信息中介机构业务活动管理暂行办法》新闻发布会上,明确提出"停、移、整、教、引"五字方针,推动整改"校园贷"问题。2017 年 5 月 27 日,教育部再一次联合银监会、人社部发布《关于进一步加强校园贷规范管理工作的通知》。6 月 28 日,中国银监会、教育部、人力资源和社会保障部联合发布通知,要求现阶段一律暂停网贷机构向在校大学生开展网贷业务,并根据自身存量业务情况,明确退出时间表,同时鼓励银行等合格放贷主体进入"校园贷",明确互联网平台可以提供助贷等服务。

五、裂变模式

裂变模式是指由一开始的单个网络舆情裂变出多个分支的网络舆情。这是因为随着社会事件的发展产生出了新的事件,也就是由一个议题衍生出了多个议题,甚至出现公众的关注点由当前的议题转移到新的议题上,例如河北雄安新区设立引起的网络舆情就是这种模式(图 11.10)。

2017 年 4 月 1 日,中共中央、国务院决定设立雄安国家级新区。雄安新区位属河北省,地处北京、天津、保定腹地,规划范围涵盖河北省雄县、容城、安新 3 县及其周边部分区域。作为千年大计、国家大事,设立雄安新区的消息一出便迅速占领各大媒体、自媒体,引爆了网络舆论场。凤凰网政务根据微舆情数据,总结了雄安新区设立一个月以来的舆情指数(图 11.11)。

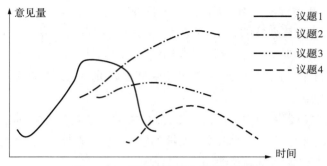

图 11.10　网络舆情演变的裂变模式

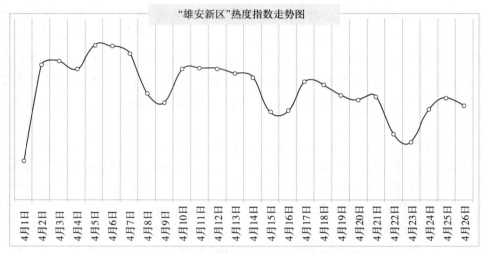

图 11.11　雄安新区设立一个月的舆情热度指数

　　根据微舆情大数据平台统计,在 4 月 1 日 0 时至 4 月 26 日 24 时期间,全网关于雄安新区的相关信息量共达 250.6 万条。从热度指数走势图来看,设立河北雄安新区的消息发布后,热度指数就开始迅速攀升,到 4 月 2 日达到第一个舆论高峰;此后,炒房客涌入雄安、当地紧急冻结房产交易、雄安概念股走热、企业商会涌入雄安等事件影响叠加,共同推动整体事件舆论飙升,在 4 月 5 日达到监测时段内的舆论最高峰,热度指数高达 78.64。4 月 11 日,多家媒体报道 32 家央企率先发声支持雄安新区建设,与此同时雄安概念股领跑沪深两市,这些事件让网友持续关注雄安新区,使舆论再次达到一个小高峰。

　　从整个网络舆情的发展来看,由雄安新区设立的议题裂变出四个主要的子议题:

(一)雄安楼市短暂炒作和政府及时管控的议题

　　4 月 1 日,被称为"千年大计、国家大事"的河北雄安新区设立,让雄县、安新、容城 3 个原本名不见经传的县城,在瞬时间受到全国的关注。4 月 2 日在雄安地区出现诸多的"炒房客",引发关于楼市的舆情。据微舆情大数据平台统计,在 4 月 1 日至 4 月 26 日期间,关于"雄安楼市"的全网信息量高达 68.2 万,占"雄安"相关信息量的 27%(图 11.12)。

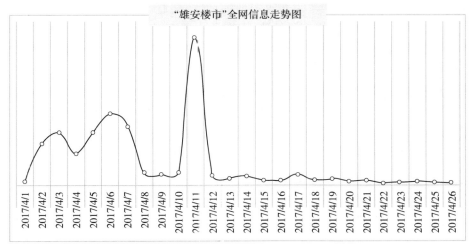

图 11.12　"雄安楼市"全网信息走势图

与此同时,政府进行及时的管控。4 月 2 日,雄安三县分别召开会议,布置管控房价相关事宜。三县均冻结全部房产过户,无论本地人、外地人均不能买卖。商品房一律停售,二手房中介全部关停。在建的房子一律停工,当地农民也不允许自建房。雄安房价的疯长态势在 48 小时之内被及时遏制,当地楼市逐渐进入观望状态。

4 月 15 日凌晨,雄安新区临时党委、筹委会发布打击炒房炒地政策,坚决严厉打击土地、房地产领域的违法犯罪行为,对炒房炒地、圈地囤地等行为,持续保持严管、严打高压态势。雄安楼市的相关信息量在管控政策出台后逐渐减少。

通过"'雄安楼市'全网信息走势图"可以看出,在 4 月 13 日后,该话题的信息量开始明显下降,并逐渐走低,这从侧面说明网友对于雄安楼市的关注热情在逐渐降低,进入"速冻"模式。

(二)关于雄安概念股的议题

4 月 1 日,设立河北雄安新区的消息一经公布,资本市场随即风起云涌。有关雄安概念股的网络舆情,随着股市涨跌而起伏(图 11.13)。4 月 3 日,在港股最先出现了雄安概

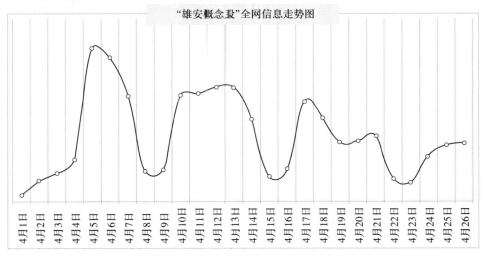

图 11.13　"雄安概念股"全网信息走势图

念股领涨的情况。这些股票涉及京津冀等地的环保、交通、建筑等多个产业。4月5日，沪深两市双双高开，其中雄安概念股领涨，助推了A股开盘的雄起。环球网、中国新闻网等媒体纷纷报道，推动该事件网络传播到达顶峰。4月8日、9日，股市休市，相关雄安概念股信息量急剧下滑。4月10日开市后，信息量又开始暴涨，到4月11日，在A股持续上涨的雄安概念股再次迎来引爆点，达到第二个舆论高峰，并持续火爆直至周六休市。4月12日晚间，共有14只概念股上市公司发布公告，宣布自4月13日开市起开始停牌，开展自查工作。4月17日，临停的雄安概念股复牌后，多只股票出现跌停。4月20日，前期遭到炒作的雄安概念股集体下跌。

(三)46家央企发声支持雄安建设的议题

据经济观察网整理的名单，截至4月25日，共有46家央企、金融机构公开表态支持雄安新区建设，其中金融类9家、能源类14家、通信类4家、基建类10家、制造类9家。微舆情对这46家央企支持雄安建设相关事件的网络传播热度指数进行分析，发现网友对"中国联通支持雄安建设"最为关注，该事件的热度指数达到4.86。其次是中国国电、中国移动，这两家央企的热度指数紧随其后。

主流媒体的官方微博对"央企支持雄安建设"进行积极传播，《新京报》"石化实说""财经网"等均成为微博核心传播媒体。其中《新京报》发布的题为《国资委：已有至少31家央企表态支持雄安新区建设》的文章转发量为755次，相对较为突出。

在相关事件的微博传播中，机构和企业自媒体权威发声，及时公布央企参与雄安建设的进展情况，对舆论引导起到积极作用。国务院国资委新闻中心官方微博"国资小新"，4月8日发布题为"目前至少24家央企表态以行动支持雄安新区建设"，获得744次的转发。一些企业自媒体和大V积极参与该微博的评论。例如，大唐国际发电股份有限公司官方微博"大唐国际"表示："全力参与雄安新区开发建设，致力提供绿色清洁能源服务！"

(四)有关治理谣言的议题

设立雄安新区的消息引发了社会的广泛关注，伴随着一些热点话题，各种各样的谣言也随之传播开来。在谣言产生之后，相关部门第一时间进行了辟谣(表11.2)。

除了政府相关部门通过官方微博、官方微信公众号、媒体发声辟谣，主流媒体也快速反应，第一时间通过相关报道抨击不实传言，同时解读相关政策。比如，《新京报》官方微信公众号"新京报评论"发布《设立雄安新区，是为了迁都？》，以及《人民日报》评论部官方微信公众号"人民日报评论"发表《别让炒房矮化了雄安新区的千年大计》，分别对把设立雄安新区想象为"迁都"的言论进行了驳斥。

从上述案例看，雄安新区的设立作为一件国家大事，自然而然地会受到人们的关注。由于新区设立会产生各方面的影响，引发了各种议题，反映在网络舆情上，就出现了在一个大的舆情下存在多种子议题的情况，这是典型的裂变模式。

表11.2　雄安新区设立之后的谣言与辟谣

谣言产生时间	谣言内容	辟谣时间	辟谣者
4月5日	首都第三机场将选址在保定徐水区	4月5日	保定市公安局网络安全保卫支队官方微博@保定网警巡查执法

谣言产生时间	谣言内容	辟谣时间	辟谣者
4月2日	清华大学是第一个迁雄安样板单位	4月13日	清华大学党委宣传部新闻中心
4月3日	男子因误卖雄安房产跳楼	4月5日	保定市公安局网络安全保卫支队官方微博@保定网警巡查执法
4月3日	87家央企将迁往雄安新区	4月8日	国家发改委副主任兼国家统计局局长宁吉喆
4月4日	尹庄村搬迁补偿明白纸	4月4日	中共安新县委宣传部官方微信公众号"安新发布"
4月2日	雄安新区:一场声东击西的迁都运动	4月3日	《人民日报》评论部官方微信公众号"人民日报评论"
4月6日	保定6月起实行购车摇号	4月6日	保定市公安局网络安全保卫支队官方微博@保定网警巡查执法

【推荐阅读】关于雄安新区设立的网络舆情的详细分析,参见凤凰网政务发布的《雄安新区满月 大数据回看纷纷扰扰的舆论爆点》舆情报告,本案例的分析数据主要来源于这篇舆情报告。

【课后思考】

1.网络舆情的定义与特点。

2.网络舆情的形成过程。

3.结合案例比较网络舆情演变的不同模式。

【话题讨论】

1.网络舆情有什么积极功能?

2.案例:9年前,一场8级地震的突袭让汶川成为一片废墟。从汶川到九寨沟,9年之后,灾难再次降临阿坝州,曾经被认为是"人间天堂"的九寨沟一时间却狼藉一片。72小时"黄金救援"时间对于地震灾难无疑是重要的时间节点。从特殊时间节点对热词事件走势、报道数据、重点关联词、热点微博、关注网民人群画像等方面对此次事件进行分析,将清晰构建出九寨沟地震事件的脉络及传播矩阵。震后48小时,是舆论关注地震最高的阶段,这一时期相关话题新闻2 019 827篇,其中,新闻85 419篇、纸媒2 506篇、App新闻39 140篇、微信72 300篇、微博1 790 962条。此外,境外媒体也对此次地震灾害进行了相关报道,境外相关媒体报道共3 852篇。

案例来源:佚名.大数据解析九寨沟地震72小时舆论场,中青在线,2017.8.15.

请讨论:大数据对网络舆情的影响。

第十二章　新媒体广告

【本章作者】

　　谭辉煌,广告学博士,湖北科技学院人文与传媒学院副教授,主要研究方向为新媒体和新媒体广告,主持教育部人文社科青年项目1项。电子邮箱:646345796@ qq.com。

【案例导入】

日本广告公司电通推出一款手机应用——虚拟蝴蝶(iButterfly)，凡是具备摄像头和GPS(全球定位系统)的智能手机，下载并打开该应用，手机的相机启动，屏幕中镜头对准的现实场景里，就会有虚拟的蝴蝶在翩翩起舞。在手机相机取景器上的现实场景中，虚拟的各色蝴蝶徘徊飞舞，以手机当作扑蝶网，摄像头是网口，对准蝴蝶，挥舞手机，轻扑下去，虚拟蝴蝶就会停留在屏幕上，点击保存，虚拟蝴蝶就如标本一样插进应用的蝴蝶集里。

不同的蝴蝶，拥有不同的属性，有的蝴蝶还可以当作商铺优惠券。这些蝴蝶可能是你所在位置附近的商铺放出的优惠券蝴蝶，也可能是连锁商店或品牌商品放出的通用优惠券蝴蝶，甚至还可能是线上消费的折扣券蝴蝶。"捉"到优惠券虚拟蝴蝶之后，只需在店铺消费时，打开应用，出示蝴蝶图标，即可享受优惠。玩家还能通过蓝牙跟其他人交换蝴蝶。

案例来源: 佚名.日本公司投放500种虚拟蝴蝶 可用手机捕捉广告,中国网络电视台,2011.9.9。

尽管这则鲜活生动的广告早在 2011 年就被日本电通公司推出，但放到现在来讲仍不过时，它身上体现出新媒体广告的多重属性与价值，比如 LBS、虚拟现实等前沿技术的运用、互动性的彰显乃至消费场景的营造，都预示着新媒体广告时代的来临。那么，到底什么是新媒体广告？ 新媒体广告与传统广告又有何不同？ 我们又如何去认识新媒体广告带来的变革呢？

第一节　新媒体广告概述

在新的媒介技术与营销传播环境之下，广告正在发生并将继续发生深刻的变革。较之传统媒体时代的广告，新媒体广告无论在基本内涵、主要特点，还是传播模式乃至发展前景上，都与之迥然相异。这意味着我们必须以一种全新的眼光来审视新媒体广告。

一、新媒体广告定义

广告是一个动态发展的概念。从最初的"引起注意"的基本内涵，到 1890 年以前西方公认"广告是有关商品或服务的新闻"，再到 19 世纪末 20 世纪初约翰·肯尼迪最早提出"广告是印在纸上的推销术"，乃至 1963 年经美国营销协会多次修改提出了最有影响力的广告定义"广告是由可确认的广告主，以任何方式付款，对其观念、商品或服务所作的非人员性的陈述和推广"，可以说，广告的定义总体上处于一个不断变化调整的状态。

很显然,新媒体环境下广告的定义远非以上总结所能概括。而对新媒体广告定义的不懈探究也成为国内外学者的重要学术使命。2014年10月至2015年6月,昆士兰科技大学的 Gayle Kerr 和密歇根州立大学的 Jef Richards 两位教授在针对全球18位学者和业界专家做了一份题为 *Delphi Study on the Definition of Advertising* 的德尔斐研究的基础上,提出了一项新的广告定义:"广告是由一个可确定的品牌,利用付费媒体、自有媒体或者可拥有的媒体,意图劝服消费者在现在或者将来形成认知、情感或者行为上的改变的传播。"国内学者针对这一定义提出了不同观点,认为"广告是由一个可确定的来源,通过生产和发布有沟通力的内容,与生活者进行交流互动,意图使生活者发生认知、情感和行为改变的传播活动"[①],该定义重点强调了数字时代广告互动沟通的特性。

其实,早在21世纪之初,著名广告学专家张金海教授就提出过一个网络广告的定义,他认为"凡在网上发布的有关生产与消费、供应与需求的所有商务信息都是广告"[②],无独有偶,也有学者从法律概念的角度对网络广告做了如下定义:"在互联网上向公众直接或间接介绍产品或服务的商业信息宣传活动"[③],以上定义都突出了网络广告信息传播和服务的本质。

结合以上研究,我们认为,新媒体广告是在以互联网和移动互联网为典型代表的新媒体平台上发布有关生产与消费、供应与需求的商务信息,并与网络用户进行沟通互动,意图使网络用户发生认知、情感和行为改变的传播活动。

这个定义有如下三个特点:

第一,突出了新媒体广告的媒体平台特征。指出新媒体广告主要是在以互联网和移动互联网为代表的新媒体平台上进行的传播活动。

第二,并不刻意强调信息发布的主体。因为我们认为新媒体广告信息的发布既不一定是可确定的品牌,也不一定意味着有可确定的来源。

第三,强调了新媒体广告的互动特性。这是新媒体广告与传统媒体广告的本质性差异。

二、新媒体广告的基本特点

(一)高度抽象化

新媒体广告是依靠计算机采用二进制数字"0"和"1"进行运算、加工、存储、传送和还原的,所有的信息都要转化为二进制数字进行编码、压缩和解码,其抽象程度被保罗·莱文森誉为"空前绝后的最抽象的传播方式",它与电子时代广播电视的模拟信号最大的不同就是前者是人为抽象出来的,而后者则是分布于自然界的各处。广告的数字形态以"比特"也就是字节为基本生存单位,无论是以文本、声音,还是以图像、视频等方式单独或者综合呈现,都必须以此为最基本的计量单位进行转换。

① 陈刚,潘洪亮.重新定义广告——数字传播时代的广告定义研究[J].新闻与写作,2016(4):29.
② 张金海.20世纪广告传播理论研究[M].武汉:武汉大学出版社,2002:177.
③ 李明伟.网络广告的法律概念与认定[J].新闻与传播研究,2011(5):68.

（二）多元融合性

新媒体广告的多元融合性至少包含以下两个方面的内涵：其一是多元形式的融合。我们说电视广告具备了融合语言、文字、声音、图像的特性，在这一点上，以互联网为代表的新媒体广告与电视广告没有实质性的区别，但其融合和表现的能力更加突出，因为网络可以融合人类现有的任何一种传播手段，这是电视等传统媒体所不能媲美的。其二是多种功能的融合。随着技术的发展，以网络为代表的数字新媒体，可以兼容电话、报纸、广播、电视、数据和通信业务，从而形成一个综合性的信息平台。同理，手机和数字电视等新媒体，也具备这样融合的功能。在这一背景下，广告可以在多种不同媒介之中自由、灵活地"穿梭"。

（三）无限延展性

新媒体广告的延展性主要是针对以下两个方面而言：第一是从量的角度上来看，广告信息具有海量的存储和传输的特质。以互联网为代表的新媒体，由于采用了先进的数字技术，信息量的衡量超越了频率和版面的限制，不再局限为某种实体的依附，其存储的容量极大地超越了传统媒体。网络广告可以通过超链接的方式，全面、具体、完整地展现广告信息。第二是从时空的角度上来看，新媒体广告可以在时间上做到全时性，在空间上可以做到泛在化。所谓全时性，是指传播过程的全时性，即可以全天候发布，打破了传统媒体出版周期、播出时段等因素的限制；广告信息接收的全时性，即可以克服传统媒体信息转瞬即逝的不足，用户既可以在广告信息发布之后较长一段时间去获得，对于过往信息，还可以通过搜索引擎或网站的数据库进行检索。所谓泛在化，即是无时无处不在。受众不仅可以通过互联网，也可以通过移动设备、可穿戴设备等各种数字媒体随时随地获取广告信息。更重要的一点是，由于互联网互联互通的特性，广告信息可以从根本上突破时空的限制，在全球范围内广泛地传播。

三、新媒体广告的营销传播变迁

毫无疑问，新媒体广告较之传统媒体广告，在营销传播领域产生了深刻的变迁，总的来说，主要表现在以下四个方面：

（一）营销传播模式由 AIDMA 向 AISAS 转变

常常用以说明传统媒体时代消费者购买行为模型的是美国广告学家 E.S.刘易斯在1898 年提出的 AIDMA 法则。该法则指出，消费者从接触营销信息到发生购买行为之间，大致要经历引起注意（Attention）、产生兴趣（Interest）、培养欲望（Desire）、形成记忆（Memory）和购买行动（Action）五个心理过程。这是一种完全由卖方主导的营销，企业主利用大众媒体，以重复的传播节奏影响受众的心理情绪，从引起消费者的注意，使其产生兴趣和欲望，直到让消费者记住产品，最终形成购买。

2005 年，日本电通广告集团意识到新媒体给营销传播带来的冲击，率先修改了传统的 AIDMA 模型，提出了 AISAS 模型，即 Attention（注意）、Interest（兴趣）、Search（搜集）、

Action(行动)和 Share(分享)。该模型强调了 Web 2.0 时代消费者的主动性,认为网络用户不仅可以利用搜索引擎进行信息搜寻,而且在购买行为发生之后还会主动利用社交平台进行传播分享。各位数字时代的原住民对比一下你们祖辈那个时代的购物过程和自己在淘宝、京东等各大电商平台上的购买体验,不能不说简直是沧桑巨变。

当然,AISAS 模型还不是终结。有人在此基础上做了进一步修正,提出了移动互联网时代的 ISMAS 法则,即 Interest(兴趣)、Search(搜索)、Mouth(口碑)、Action(行动)和 Share(分享)[①]。其中,特别注意到了用户在购买前对口碑评价的关注,强调了口碑对消费者购买行为的参考与引导作用(图 12.1)。

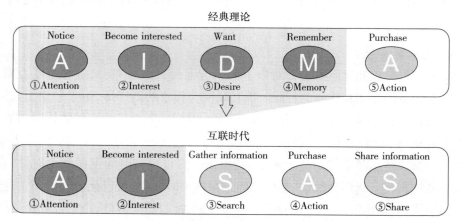

图 12.1 经典模型 AIDMA 转向新法则 AISAS

(二)营销传播平台由单一媒体向多元媒体转变

传统媒体广告主要通过报纸、杂志、广播、电视这些大众媒体平台进行营销传播,尽管从外在形式上说,平台并不单一,但从性质上讲,它们都是大规模的自上而下的传播模式。而新媒体广告则不然,从形式上说,它既可以使用互联网平台,也可以使用移动互联网平台;从媒体性质上说,它既可以通过互联网这种大众传播媒体,也可以选择官网、官微(微博、微信)、QQ 等自媒体;更为重要的是,还可以通过各种平台及时快速地获得网络用户的反馈并进行沟通。

(三)营销传播对象由大众向窄众转变

受媒介自身的限制,传统媒体广告只能将本来复杂的、异质化的大众视为同一无差别的大规模群体,无法做到因受众的不同而采取灵活多变的营销传播策略。新媒体广告极大地突破了这种局限性,不仅可以做到根据小部分具有共同特征和属性的窄众群体运用特定的传播方式来传播特定的内容,如以"果粉"(苹果用户)和"米粉"(小米用户)为代表的粉丝营销(图 12.2);甚至可以把营销传播对象锁定到个人,进行个性化定制化的营销传播服务,如网上试衣间(图 12.3)。

---

① 刘德寰,陈斯洛.广告传播新法则:从 AIDMA、AISAS 到 ISMAS[J].广告大观:综合版,2013(4).

米粉吧　百度贴吧

因为米粉，所以小米。
关注用户：8457人
累计发帖：5万
米粉吧资讯　米粉吧晒机　米粉吧讨论　米粉吧刷机　米粉吧技巧

图 12.2　小米贴吧　　　　　　　　图 12.3　网上试衣间

（四）营销传播效果由模糊化向科学化转变

众所周知，美国商人约翰·华纳梅克的困惑："我知道我的广告费有一半是浪费的，但是我不知道浪费的是哪一半"，被誉为广告界的"哥德巴赫猜想"。其实，这不只是他个人的困惑，更是传统媒体时代广告的一个普遍症结：广告运作成本和效果测量的模糊化。受广告反馈渠道的短缺和广告效果测量手段与方法的局限性等多种因素的影响，传统媒体广告无法做到营销传播效果的精确测量和计算。新媒体时代，由于媒体自身的可反馈性和可寻址性等优势，再加上按点击率、按效果等付费方法的改进以及当前最前沿的大数据技术，使得营销传播效果的测量和计算走向科学化。

第二节　新媒体广告的生存与传播

新的技术催生新的媒介，新的媒介必然带来新的广告形态。这是广告形态演进的一个基本逻辑。因此，形态的考察和研究成为新媒体广告不可回避的基本问题。广告的生存形态是指广告的生存形式或者说表现形式，侧重外部特征；广告的传播形态是指广告信息流动方式的总体情况，侧重信息流动特征。广告的生存形态和传播形态紧密关联，因此，本节将两者放在一起探讨。

一、新媒体广告的生存形态

新媒体广告发展至今，其生存形态已经发生了深刻的变迁，这与传统广告存在极大差异，"在数字技术与网络传播的背景下，广告生存形态的变化绝不仅止于传统广告形式

的延续与创新,还必然产生新的生存方式和新的生存形态"①,具体而言,表现如下:

(一)泛形态化

广告的泛形态化是广告形态融合的结果。一般而言,广告的生存形态是一个具体的概念,它意味着广告总是以某种可感知、可说明的形式存在于时空之中,"而在数字传播背景下,媒介融合导致媒介形态边界模糊,新媒介广告形态并非通过媒介载体就能作出明确区分,呈现出多种形态混一或是完全崭新的形态样式"②。

首先,从广告的形态生产上来说,在传统媒体时代,语言、声音、文字、图像等内容形态分属不同的信号系统,无法做到统一和兼容。在数字时代,由于所有的信息形式都实现了数字化,将千差万别的模拟信号进行了统一处理,都以比特流的形式生存。这从根本上打破了不同内容形态的区隔,为不同形态的广告之间的融合与"汇流"创造了条件。融合意味着相互之间的横向差异性消融,"汇流"强调的是纵向上的集成与整合。

其次,在广告形态的传输上,以互联网、电信网和广播电视网为代表的数字网络扮演着传输通道的角色。横向上说,它们之间是渠道的互联互通,这意味着汇流之后的广告可以在它们之间畅行无阻;纵向上说,它们则是更高层次的平台意义上的融合,广告的生存与运作形态由此产生急剧的变化。

最后,从广告形态的终端呈现上说,数字技术在媒介终端的融合上带来了两个显著的变化,一是终端对内容形式的兼容,"数字传播技术使以往千差万别的模拟信号被数字信号取代,终端对于媒介内容理解的问题简化为对各种不同的双状态逻辑脉冲信号的解读问题"③,数字终端伴随着多媒体硬件和软件技术的发展与成熟,对信息的理解能力和展现能力不断提高。这样,数字终端对传输通道上广告信息的接收与展现就不再存在问题,受众也可以通过融合终端自由地接收广告信息。二是终端与渠道分离,即可以不必考虑与各种传统渠道之间的绑定关系,能够无障碍地与融合渠道对接。这两个变化,一方面使得广告形态在终端上的呈现并不是以某种固定的形式,既可以是糅合了多种内容形态的综合呈现,也可能让人觉察不到是广告;另一方面,由于终端具备了接入多种网络的能力,广告形态的呈现将泛化于网络,可以真正满足消费者"即时、即地、获取所需"(图12.4)。

【推荐阅读】关于新媒体技术融合以及新媒体广告泛形态化变迁的深入探讨,可通过中国知网搜索鲍立泉的博士学位论文《数字传播技术发展与媒介融合演进》和谭辉煌的博士学位论文《广告形态演进的逻辑与轨迹》进行了解。

---

① 张金海,王润珏.数字技术与网络传播背景下的广告生存形态[J].武汉大学学报:人文科学版,2009(4):495.
② 姜帆.数字传播背景下广告的生存与发展研究[D].武汉:武汉大学,2010:66.
③ 鲍立泉,吴廷俊.论媒介融合的传播技术路径[J].现代传播,2010(3):152.

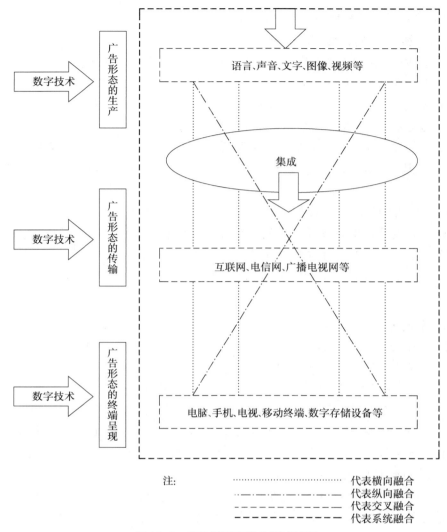

图 12.4　广告泛形态化的形成过程

（二）移动化

总体上说，广告形态的移动化生存经历了以下三个发展阶段：

1. 基于广告主身体移动的发展阶段

这个阶段以口头叫卖广告为典型代表，尤其是伴随着行商和坐贾的分化，这种形态的广告更为常见和流行。在此基础之上发展起来的某些声响广告，如通过运用乐器和各种行业化的声响工具进行生存的广告形态都是属于此类。这是移动的广告。

2. 基于广告载体移动的发展阶段

这个阶段以车载电视广告、车载广播广告等为代表，主要依靠的是公交车、汽车、火车甚至飞机等交通工具为载体，其本质是静态的电视广告以及广播广告的动态移植和流动，因此，这类广告形态属于广告的移动。

3.基于网络用户移动的发展阶段

这个阶段的核心特征是移动的重心由广告主、广告媒介转向了网络用户。发生这一转变的关键因素是移动终端的出现和普及。以手机、便携笔记本、PDA和平板电脑等为代表的移动终端具有随身携带的特点,尤其是手机,被誉为"带着体温的媒介",这类媒介具有鲜明的私人属性。因此,人的流动也往往意味着这些媒介的移动。由于以上特性,使之与车载电视广告和车载广播广告形成巨大的差异:前者是以网络用户为中心,终端的移动往往意味着网络用户的移动,后者以载体为中心,载体的移动并不意味着受众的移动;前者是基于移动终端自身特点开发的数字广告,而后者是电视广告或者广播广告的移植。

新媒体广告的移动化生存如今已成为一种常态,可以说已经渗透到日常生活的方方面面,"中国互联网的移动化带来的不仅仅是手机上网用户的迅速增长,更对中国经济模式产生了巨大影响。移动化让手机迅速成为填充消费者碎片时间的工具,上网、视频、游戏、通信、购物等都可以通过移动端解决,中国网民呈现了'永远都在线'的特征"①。

(三)资讯化

资讯是用户因为及时地获得它并利用它而且能够在相对短的时间内给自己带来价值的信息。资讯具有及时性、便捷性和有用性。进入新媒体广告时代,广告信息流化身为虚拟的比特流获得网络化生存,这使得广告形态走向资讯化。

所谓及时性和快捷性即是指广告信息在用户和消费者有需求的时候就能出现或者通过查询、咨询和搜索等方式可以方便快捷地获得。其主要方式如下:一是精准化推送。所谓精准化推送即是企业根据网络用户的相关使用数据,通过网络后台分析技术有针对性甚至是适时地向目标受众推送广告信息。建立在受众数据库基础上的精准信息推送,有利于克服传统广告信息流的盲目性,在很大程度上保证广告信息是消费者所需,从而提高传播效率。二是移动化服务。手机网民可以通过各种App获取个性化的信息需求和服务,尤其是LBS应用、手机二维码和移动支付的流行,更是让信息的获取唾手可得,甚至迅速地转化为实际消费都不是稀奇之事。三是智能化匹配。所谓智能化匹配,即搜索引擎能够真正做到个性化呈现搜索结果,满足搜索需求。总之,广告信息流在网络时代通过精准化推送、移动化服务和智能化匹配等方式带来信息的及时性和便捷性,这是传统的广告信息流所不能比拟的。

广告信息流的网络化生存带来广告信息的有用性。广告信息的有用性是指广告信息可以被消费者用来消除对商品或服务的不确定性。首先,以网络为代表的数字媒体在媒介自身的限制上获得了突破,可以进行海量信息的传输与永久存储,这对广告信息的有用性无疑是大有裨益的。其次,网络交互性信息平台使得商品和服务信息处于开放和分享的状态,网络用户不仅可以通过搜索引擎、即时通信工具、论坛等各种方式去主动查找、询问和对比商品或服务信息,还可以使用微博、微信等各种社交媒体来分享商品或服

---

① 刘胜义.移动化带来经济模式变革[N].经济日报,2013-06-21.

务的使用体验,这使得广告主的商品或服务很快就可以暴露于开放性的网络之中,如果广告主故意隐瞒相关信息被消费者发现一被披露于网络,其结果必定是得不偿失的。因此,网络对制约广告主的故意隐瞒也有作用。综上可知,广告信息流的网络化生存,无论是从克服广告媒介的局限性,还是从削约广告主故意隐瞒广告信息上,较之传统媒体时代,都是巨大的进步,这使得广告信息的有用性更有保障①。

二、新媒体广告的传播形态

新媒体广告的传播形态呈现出前所未有的特征,其中最典型的并且被学界和业界公认的莫过于交互式传播。

传统媒体时代的广告传播形态是单向性被动型的,新媒体的技术赋权改变了传统广告的这种传播模式,使得交互式传播成为现实。所谓交互式传播,指的是传播过程是由网络传播的双方互动来控制的,尤其是在反馈的环节上,网络传播的接收方可以做到即时平等地处理信息。在很大程度上说,交互式传播是新媒体广告和传统广告的一个本质性区别。

新媒体广告的交互式传播,按照交互的程度,基本上可以表现为三种类型。

(一)参与型

所谓参与型,是指网络用户参与到广告主制作和设置的广告场景或者广告情境中。比如,汉堡王创作的"听话的小鸡"视频互动游戏,在一个视频窗口站立着一个人形小鸡,下面设置了输入栏,供参与者输入英文单词。当输入单词时,视频窗口里的小鸡会按照单词的意思做出相对应的动作;而当输入的单词小鸡无法用肢体语言表达时,小鸡就会做出表示不解的动作;如果长时间没有输入单词,小鸡就会做出擦汗的动作以示抗议。意想不到的是,网址启动后一周内达到了1 500万~2 000万次的点击,平均每次访问逗留时间长达6分钟。

(二)分享型

所谓分享型,是指网络用户主动将广告信息传播到社交平台上,表示认可和推荐。网络用户乐意分享的条件是产品或服务真正打动了他们,而网民的大量分享会产生二次传播效应,"企业和广告商也发现带有趣味性、互动性的广告活动更容易赢得消费者的注意、喜欢和再传播,且优秀的广告活动还能在品牌形象塑造、美誉度与和谐度提升等方面产生良好的效果"②。

(三)生产型

所谓生产型,是指网络用户对品牌或服务进行评价甚至二度创作,一般带有较为明显的情感倾向,这是新媒体技术赋权的一个最好体现。网络用户一改传统广告背景下受众对各种广告信息只能听之任之的窘境,利用各种网络平台对产品或者服务进行大胆评

---

① 谭辉煌.数字传播背景下广告生存形态的资讯化发展及其路径[J].电视研究,2014(3):71.
② 陈丽娟.新媒体环境下的广告传播路径研究[J].编辑之友,2015(7):16.

价,对其他网络用户产生引导作用,从而"超越了单一的信息接收者的客体身份,成为网络信息的生产创造者、聚合排序者与互动传播者"①。一个典型的案例就是大众点评网。作为一个第三方消费点评网站,大众点评网里面汇聚了消费者体验之后自我生产的海量消费评价信息,充分体现了网络用户的自主性和能动性(图 12.5)。

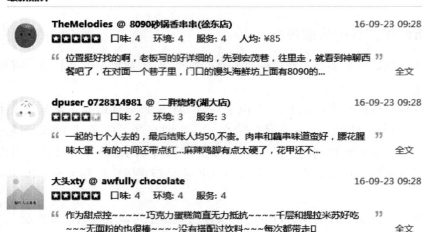

图 12.5　大众点评网网友点评

当然,以上三种类型并不是孤立割裂的,而是可以转换甚至同时兼备的。

第三节　新媒体广告的运作与产业

　　运作形态是一个操作色彩和功能特征比较明显的概念,广告的运作形态考察的是广告作为一种营销传播行为,在市场中是如何操作和运行的。产业形态属于中观经济学的范畴,广告的产业形态考察的是广告作为企业的集合,其关系、结构、功能等问题。新媒体广告的运作形态和产业形态都值得深入研究。

一、平台化和数据化运作

(一)平台化
　　平台是一个来自计算机操作系统的术语,如今早已成为一个时髦的用词,平台的基本内涵和功能内核是"通过一定的'通用介质'(标准、技术、载体、空间等),使双边(或多边)主体实现互融互通"②。例如,淘宝就搭建了一个巨大的电商平台,既有大量的商家

---

①　陈丽娟,舒咏平.受众中心的网络广告呈现[J].新闻大学,2013(4):78.
②　黄升民,谷虹.数字媒体时代的平台建构与竞争[J].现代传播,2009(5):20.

入驻开店铺,也吸引了无数的消费者前去网购,甚至由此衍生了网络支付平台——支付宝。

就传媒和信息产业来说,平台化包含三个方面的内涵:第一,"通用介质"层面,具体指文字、声音、图片、视频等信息都是经过"0"和"1"的数字化编码,统一形成比特流在网络上无障碍传播;第二,"接入与互融互通",具体指网络用户可以通过多种终端作为接口,获取来自各种媒体的信息;第三,内容产品、信息应用服务以及用户之间存在双边(或多边)的相互依存关系。

大量不同类型的数字新媒体平台的形成,是新媒体广告平台化运作的前提和基础,从门户网站、搜索引擎、论坛社区到博客、微博和微信,无不成为企业、品牌乃至个人进行广告运作的新型平台,这些平台"不仅能配合其他媒体扩大传播活动的广度和深度,还能自成体系实现从广告传播到销售行为的达成"①。更有学者指出,未来媒介发展的主流模式是"平台型媒体"(指既拥有媒体的专业编辑权威性,又拥有面向用户平台所特有开放性的数字内容实体)②,这更意味着广告运作的平台化趋势不容低估。

新媒体广告的平台化运作具有以下三个特征:

1.融合性

融合性即信息传播平台与营销传播平台的有效对接与融合。从宏观层面上讲,互联网"大平台嵌套小平台的模式正在成为主流",这就是说平台化运作并非只是某个平台的单独作战,而是多个平台的交融与共生。就广告而言,一方面要在平台上进行信息传播,同时也要积极通过销售平台的建构与运营实现销售。关于这一点,有很多企业的自媒体网站不仅是品牌信息的介绍与传播,同时也有在线销售平台服务消费者的即时购买与售后反馈功能,这就是这一特性的很好体现。

2.延展性

由于网络的外部性特征,广告信息通过网络平台可以实现大规模传播的滚雪球效应。我们经常说的口碑传播、病毒式营销之所以成为现实,原因就在于此。网络上火起来的广告,从表面上看,是大量网络用户参与品牌信息的讨论、分享与转发所带来的结果;而从本质上看,则得益于网络信息在平台上传播的指数级增长所带来的规模效应。

3.开发性

开发性即允许和鼓励网络用户在平台上积极生产与传播内容。对企业和品牌主来说,无论是哪种类型的广告平台,一般都设置有供网络用户交流讨论、反馈沟通的板块甚至社区,这对于双方而言都是大有裨益的。

(二)数据化

毫无疑问,广告运作形态的数据化必然与大数据密切相关。关于大数据,IBM 公司

---

① 邵华东,杜国清.中国企业数字新媒体广告传播平台研究[J].国际新闻界,2010(11):7.
② 喻国明,焦建,张鑫."平台型媒体"的缘起、理论与操作关键[J].中国人民大学学报,2015(11):123.

最初概括为三大特性,即大量化(Volume)、多样化(Variety)、快速化(Velocity)。大量化,指数据体积量大,一般在 10 TB 或跃升到 PB 级别的规模;多样化,指数据类型繁多,既包括结构性数据,也包括非结构性数据;快速化,指数据处理速度快,基本可以实现对数据的实时处理。

由于大数据是全样本采集和分析,PC、平板电脑、移动互联网、可穿戴设备、云端、物联网等各种终端以及传感器都是大数据的来源,形式可以包含书籍、相册、电子邮件、社交媒体、电话、视频、电子游戏、导航应用、地理位置等。这些终端以及应用所产生的数据不仅都是广告信息的来源,同时也是广告信息发布和推送的目的地。这样一种特点摒弃了广告使用市场调查的传统方式,代之以人类"镜像式"投射到网络上的各种形态的大规模的数据作为广告运作的依据。也许人们在社交媒体上不经意间的一句话就足以构成一则广告的投放,也许需要汇集很长一段时间以来不同地点的消费行为数据才能作出某个预测。换句话说,大数据背景下的广告就是以各种数字设备和数字应用为基础的数据化运作①。

一个被各界津津乐道的"啤酒加尿布"的案例可以生动地说明数据化运作的效果。在 20 世纪 90 年代的美国沃尔玛超市中,沃尔玛的超市管理人员分析销售数据时发现了一个令人难以理解的现象:在某些特定的情况下,"啤酒"与"尿布"两件看上去毫无关系的商品会经常出现在同一个购物篮中,这种独特的销售现象引起了管理人员的注意。经过后续调查发现,在美国,一些年轻的父亲下班后经常要到超市去买婴儿尿布,而他们中有 30%~40%的人同时也为自己买一些啤酒。产生这一现象的原因是:美国的太太们常叮嘱她们的丈夫下班后为小孩买尿布,而丈夫们在买尿布后又随手带回了他们喜欢的啤酒。沃尔玛发现了这一独特的现象,开始在卖场尝试将啤酒与尿布摆放在相同的区域,让年轻的父亲可以同时找到这两件商品,并很快地完成购物,从而获得了很好的商品销售收入。

很显然,沃尔玛的成功在于:一方面,通过先进的技术获取和存储了海量的顾客购物篮数据;另一方面,则是通过购物篮数据敏锐地发现和挖掘出了啤酒和尿布两种不同商品的相关性,从而适时地作出营销决策来收获业绩。整个过程的核心不能不归功于数据化运作。

(三)RTB 模式:平台化与数据化的融合

从广告运作形态的层面上讲,RTB 模式是一个融合了平台化运作和数据化运作的典型模式。所谓 RTB,是英文 Real Time Bidding 的缩写,意思是实时竞价,是一种利用第三方技术在数以百万计的网站或移动端针对每一个用户展示行为进行评估以及出价的竞价技术(图 12.6)。

RTB 模式运作的基本流程如下:当一个用户打开一个网站页面时,SSP(Sell-Side Platform,供应方平台)会通过 Ad Exchange(广告交易平台)将用户访问讯号发给 DSP(Demand Side Platform,需求方平台),DSP 自身拥有一个海量的人群数据库,可以通过特

---

① 谭辉煌.广告的大数据生存:形态、价值与产业[J].中国媒体发展研究报告,2014:299.

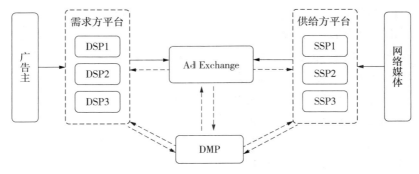

图 12.6 RTB 模式运作流程

定的算法、人群定向技术,分析数据库中关于这个用户的上网记录(Cookies 数据);同时,在 DMP(Data-Management Platform,数据管理平台)更加专业的数据挖掘的帮助下,描绘出这个用户细致的个人兴趣图谱。当完成用户的个人属性分析和匹配后,多个广告主就会竞争同一个目标用户的广告展示机会。RTB 广告模式采用实时竞价的方法,由 Ad Exchange 扮演一个仲裁者的角色,判定哪个 DSP 出价最高,就将这个广告展示机会判决给出价最高的 DSP 所代表的广告主,再接收该出价最高的 DSP 发送过来的广告信息,投放到目标用户打开的网页上。这样就完成了一个精准广告投放目标,整个过程只需要 100 毫秒。RTB 模式运作的效果用一句话来形容,就是两个不同的人登录同一个页面,看到的却是不同的广告内容。

从上不难看出,RTB 模式得以成功运行有两个非常关键的地方:一个是以广告交易平台为核心的平台化运作,它将资源的供应方和需求方有效连接起来,汇聚到一个平台之上进行高效交易,"一方面,代表广告主利益的广告主代理商通过广告交易平台采购有价值的用户,由广告交易平台判定出价者最高的 DSP 所代表的广告主获得对该用户进行广告展示的机会,以实现精准化投放;另一方面,代表网络媒体利益的媒体资源供应商(SSP)对海量的媒体资源进行管理和优化,并将这些流量接入广告交易平台出售,以实现流量变现"[1]。广告交易平台作为中介,维护着交易的公正运行。另一个是以数据管理平台(DMP)为支撑的数据化运作,RTB 模式之所以能够做到精准化投放,根本原因就在于对网络用户的性别、年龄、兴趣、职业、网络行为、地理位置、交易信息、物流信息等多维数据的挖掘与分析,这也是传统的广告运作模式所无法比拟的。

二、广告产业数据化转型

广告产业指的是从事广告产品生产或提供广告服务的企业集合。具体而言,就是从事调研、策划、创意、制作、媒体购买、发布等广告活动的企业的集合[2]。

受营销和传播环境改变的影响,广告史上有过两次重大的产业转型:第一次是 19 世纪中后期,广告产业确立了以策划和创意为核心的专业化转型。第二次是 20 世纪八九

---

① 谷虹,林碧洪.实时竞价的 RTB 广告模式[J].销售与市场,2015(4):41.
② 刘传红.广告产业的内涵及研究意义[J].商业研究,2008(4):194.

十年代,广告公司的业务向整合营销传播迈进,开始了广告产业的战略化转型。大数据时代,广告无论是生存形态、传播形态,还是运作形态,都发生了并将继续发生急剧的改变,仅从代理业务的层面上说,可以确定的是,广告的业务核心将不是以策划和创意为重心,而是很可能要让位于数据和技术驱动。它也将不是整合一切传播和营销手段向受众传达一个统一的声音,而是更加注重精准化传播和个性化推荐。因此,我们认为,广告产业将迎来第三次重大转型,即向数据化转型①。

受数字技术尤其是当前大数据技术的冲击,广告业如果仍然坚守创意和策划为核心,又或者仰望着形而上的整合营销传播却久久难以落地,是不足以支撑起新态势下广告产业的发展的。由于一方面大数据可以洞察和还原消费者的时空情境,以及进一步准确地捕捉住营销的"关键时刻",这种变革意味着,广告业将从传统的注重艺术性传达来激发目标消费者的情感共鸣转向运用大数据技术追踪、还原和捕捉网络用户的行为甚至心理从而进行针对性和个性化的广告投放,这也意味着广告思维由艺术的(感性的)向量化的(科学的)转变。另一方面,广告公司泛专业化的现实和整合营销传播理论自身存在的缺陷,使得真正可以做到全面延展并且有能力掌控多元业务的广告公司实际上很少。与此同时,数字化互动媒体时代,用户是否会被不同手段的统一声音所征服也是一个大问题。因此,广告业的转型也是行业发展的内在要求。

广告产业的数据化转型有一个重要的现实情境是需要重点注意的,那就是以网络交互式信息平台为核心所形成和发展起来的大数据产业链。舍恩伯格对此做了关注并根据所提供价值的不同来源,将大数据公司分成基于数据本身的公司、基于技能的公司和基于思维的公司三种②。就国内而言,我们认为主要有以下五种值得特别重视:其一是以百度为代表的搜索引擎,它掌握着网络用户的搜索行为数据。其二是以淘宝为代表的电商平台,它掌握着网络用户的交易购买数据。其三是以腾讯为代表的即时通信工具,它掌握着网民的社交通信数据。其四是移动通信运营商所掌握的通信数据。其五是各种网站和数字媒体终端上产生的数据。这些新媒体公司并非严格意义上的广告公司,但是由于它们掌握着大规模的网络用户数据,使得在利用大数据进行广告服务上已经或者将会走在前列。

这对于广告公司来说,无疑是一个重要的警示——它们必须在业务上快速实现调整和转型,这种转型不仅仅是业务范围上的扩张,更是业务方式上的根本改变。与传统广告公司不同,新型的广告公司首先必须有意识地提高大数据的收集、整理、分析和存储的水平与能力。大数据时代,广告业的需要和焦点都发生了重大变化:数据驱动发展,数据决定成败。广告公司的策划、投放、效果监测等一系列流程都将基于大规模全样本的采集与使用,并通过搜索引擎、GPS定位、地理位置服务甚至物联网等技术来精准地锁定目标用户。其次,与大数据供应商和大数据技术服务商密切合作,利用他们的各自优势为我所用。既要善于整合分析来自不同渠道的多种数据从而提炼出有营销和传播价值的

① 谭辉煌.广告的大数据生存:形态、价值与产业[J].中国媒体发展研究报告,2014:301.
② [英]维克托·迈尔-舍恩伯格,肯尼思·库克耶.大数据时代:生活、工作与思维的大变革[M].盛杨燕,周涛,译.杭州:浙江人民出版社,2013:110.

新信息,也要善于吸纳新技术创新大数据营销。最后,加强广告公司之间的大数据分享与合作,甚至可以通过兼并、重组等方式实现强强联合,从而加强大数据的分析与使用能力。以 BAT 为典型代表的新媒体公司在大数据的占有和使用水平上是国内一般广告公司所无法企及的,只有"抱团取暖"才能壮大自身。2013 年全球第二大广告公司宏盟集团与第三大广告公司阳狮集团的合并就意在于此。

伴随着广告产业的数据化转型,新的广告产业生态格局正在初步形成,从对大数据的使用水平和能力的角度上说,主要由以下三种构成:一是新媒体的大数据机构。它们由于先天的优势在海量数据的占有和使用上处于领先地位,它们要么是扮演大数据服务商的角色,要么是提供大数据技术支持和服务的机构,还有的本身就是大数据的来源机构。正是主要通过以上方式这些新媒体机构正逐步在向广告产业进行强有力的渗透,比如百度、谷歌、腾讯等公司。二是能使用大数据技术进行营销传播的数字广告公司。这些公司较早地意识到大数据的冲击,主动地吸纳和采用大数据技术进行广告服务。它们既是广告公司数据化转型的先锋,也是转型的中坚力量,比如国内的"悠易互通""易传媒"等。三是尚不具备大数据技术和服务能力的广告公司,主要以中小广告公司为代表。大数据背景下,广告产业生态格局的重构,对于广告公司而言,必定迎来新的机遇和挑战。只有在数据大潮中不断摸索和构筑起成熟的商业模式,才能立于不败之地。

【课后思考】

1.新媒体广告的定义与特点。

2.新媒体广告的营销传播变迁。

3.新媒体广告的生存形态、传播形态、运作形态与产业形态。

【话题讨论】

1.新媒体广告和你理解的广告有什么不同?

2.**案例**:作为世界上最大的在线影片租赁服务商,Netflix 几乎比所有人都清楚大家喜欢看什么。它已经知道用户很喜欢 Fincher(《社交网络》《七宗罪》的导演),也知道 Spacey 主演的片子表现都不错,还知道英剧版的《纸牌屋》很受欢迎,三者的交集表明,值得在这件事上赌一把。Netflix 在美国有2 700万订阅用户,在全世界则有3 300万,它比谁都清楚大家喜欢看什么样的电影和电视。有研究表明每天的高峰时段网络下载量都是出自 Netflix 的流媒体服务,去年人们在网上看流媒体视频的时间比看实体 DVD 的时间还多。每天用户在 Netflix 上产生3 000万多次行为,比如你暂停、回放或者快进时都会产生一个行为,Netflix 的订阅用户每天还会给出 400 万个评分,还会有 300 万次搜索请求,询问剧集播放时间和设备。《纸牌屋》的成功得益于 Netflix 海量的用户数据积累和分析。大数据的挖掘越来越多地渗透生活的方方面面,从奥巴马竞选团队利用数据分析筹款,到成功预测 2012 年 50 个州选举结果的 Nate Silver,最近微软研究院也成功地预测了大部分奥斯卡奖项。在不久的将来,大数据挖掘获得的结果也许比一个行业老手的直觉判断更准确,那会是一个什么样的时代呢?

案例来源:佚名.Netflix 是如何用大数据捧火《纸牌屋》的,阿里云资讯网,2014.12.9。

请讨论:美国视频网站 Netflix 是如何成功地运作《纸牌屋》的营销传播的? 比较国产电影《小时代》的大数据运作,与之有何异同?

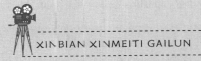
第十三章　数据新闻

【本章作者】

　　张帆，英国拉夫堡大学理学硕士，武汉大学传播学博士，英国威斯敏斯特大学传播与媒体研究所访问学者，湖北大学新闻传播学院副教授，主要研究方向为媒体融合和网络传播，主持教育部人文社科青年项目1项。电子邮箱：754686417@qq.com。

2010 年 10 月 23 日,英国《卫报》新闻网站上的一则关于伊拉克战争的数据新闻让其名声大噪(图 13.1)。《卫报》使用来自维基解密的 39.1 万余条数据,借助可视化工具 Google fusion,制作了一幅点图,将伊拉克战争中的所有人员伤亡情况标注于地图上,地图上的每一个红点代表一次死伤事件。用户可以随意缩放地图大小,当鼠标点击红点会弹出窗口,说明此次死伤事件发生的地点、时间、死伤人数以及造成死伤的原因。

案例来源:佚名.Wikileaks Iraq: data journalism maps every death,《卫报》官网。

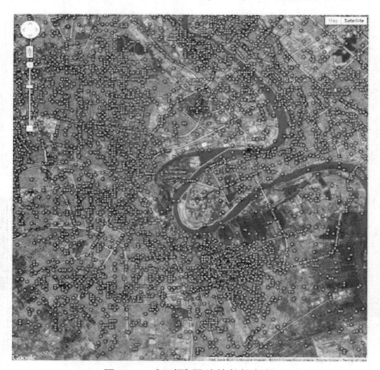

图 13.1 《卫报》网站的数据新闻

此则数据新闻没有一味地进行数据堆砌,也没有煽情式的文字叙述,而是通过可视化方式将数据呈现,化繁为简、化枯燥为趣味,实现"悦"读的目的。地图上密布的红点带给读者视觉上的冲击力,新闻从业者富于人性的思索通过精准的数据和适当的技术被传达出来。

第一节 认识大数据

随着人类存储信息量的增长和计算机数据处理能力的提高,大数据时代已经来临,2013 年被许多国外媒体和专家称为"大数据元年"。最早提出大数据时代到来的全球知名咨询公司麦肯锡认为,数据已经渗透当今每一个行业和业务职能领域,成为重要的生产因素。人们对海量数据的挖掘和运用,预示着新一波生产率增长和消费者盈余浪潮的到来,"数据即讯息"已成为大数据时代的共识。

一、大数据的概念

半个世纪以来,随着计算机技术全面融入社会生活,信息爆炸已经积累到一个开始引发变革的程度。它不仅使世界充斥着比以往更多的信息,而且其增长速度也在加快。信息总量的变化还导致了信息形态的变化——量变引发质变。最先经历信息爆炸的学科,如天文学和基因学,创造出了"大数据"这个概念。大数据并非一个确切的概念。最初,这个概念是指需要处理的信息量过大,已经超出了一般电脑在处理数据时所能使用的内存量,因此,工程师们必须改进处理数据的工具。这导致了新的处理技术的诞生,例如,谷歌的 MapReduce 和开源 Hadoop 平台(最初源于雅虎)。这些技术使得人们可以处理的数据量大大增加。更重要的是,这些数据不再需要用传统的数据库表格来整齐地排列——一些可以消除僵化的层次结构和一致性的技术也出现了。

我们认为大数据是人们在大规模数据的基础上可以做到的事情,而这些事情在小规模数据的基础上是无法完成的。大数据是人们获得新的认知、创造新的价值的源泉;大数据还是改变市场、组织机构,以及政府与公民关系的方法[①]。

二、大数据的特点

数据规模并不是定义大数据的唯一维度,互联网数据中心(IDC)认为"大数据"应该具备四个特征,可概括为四个"V",即海量的数据规模(Volume)、快速的数据流转(Velocity)、多样的数据类型(Variety)和价值密度低(Value)。

(一)海量的数据规模

2012 年,IDC 为大数据设立的标准中就确定数据体量需超过 100 TB 以上。可以预见的是,在云时代,数据规模会越来越大,衡量大数据的体量也会越来越大,标准会从 TB(1 024 GB = 1 TB)级别跃升到 PB(1 024 TB = 1 PB)、EB(1 024 PB = 1 EB)乃至 ZB(1 024 EB = 1 ZB)。

(二)快速的数据流转

海量的数据处理、大海捞针式的价值筛选,需要不同于传统数据处理的手段与方法。因此,大数据处理与云计算、"分布式"技术的使用紧密相关,适用于秒级定律,一般要求在秒级时间范围内给出分析结果,时间太长就失去可用的价值。这是与传统的数据挖掘技术有着本质的不同[②]。

---

① 维克托·迈尔-舍恩伯格,肯尼思·库克耶.大数据时代[M].盛杨燕,周涛,译.杭州:浙江人民出版社,2010:8-9.
② 喻国明,李彪.新闻传播的大数据时代[M].北京:中国人民大学出版社,2014:6.

（三）多样的数据类型

相较于传统数据多以文本数据为主要类型，大数据的类型更为多元化，其包含了网络日志、图像数据、文件数据和各种复杂的记录信息①。

（四）价值密度低

将大数据转化为商用或其他利用的智力含量要求颇高，大数据多为非结构化和半结构化的数据，传统的分析手段对其分析利用时会呈现实践和经费成本花费过高、难以利用的问题。以视频为例，连续不间断监控过程中，可能有用的数据仅仅有一两秒，如何进行有效性的筛选和加工处理，就成为能否利用大数据的技术关键②。

大数据的"4 V"特征告诉我们的一个最为直接的道理：执迷于精确性是信息缺乏时代和模拟时代的产物。就现实而言，有研究表明，只有5%的数据是有框架的，能适用于传统数据库的数据处理技术和价值挖掘框架。如果不接受混乱，剩下95%的非框架数据都无法被利用；只有接受不精确性，我们才能打开一扇从未涉足的世界窗户。已有的大数据研究实践表明，大数据的模糊算法比小数据的复杂算法在对于实际状况的解释力和把握力方面更有效、更全面、更深刻③。

三、大数据的产生

大数据的产生是基于物理基础和社会动因两个因素④。

（一）物理基础：数字化时代无处不在的数据微处理器、传感器及互联网

大数据之所以产生，正如美国咨询大师托马斯·H.达文波特（Thomas H.Davenport）所言，是因为今天无处不在的数字化的传感器和微处理器。例如，物联网、云计算、移动互联网、车联网、手机、平板电脑、PC以及遍布地球各个角落的各种各样的传感器，无一不是数据生成、承载和传输的方式。其实，人类的所有实践活动经过形式各异的机器或电子设备的作用都可以留下数据痕迹，这些痕迹记录了它的特征、位置或状态。这些设备和使用它的人们，通过网络之间交流和链接，"嫁接"出来了一个个庞大的数据源。

（二）社会动因：简化的认识逻辑对繁复驳杂现实的把握力和解释力越来越捉襟见肘

传统社会科学研究的视域中，将问题进行要素抽绎是一种基本的人类认识的积淀方法，它试图从千差万别的社会个体现象中找出共性进而形成对于特定问题的所谓"解释模型"，并作为一种社会"定理"在后续的实践中进行社会意义的再阐释、再修正乃至于再生产。这种认知逻辑和认知框架虽然在一定程度上提升了研究者认识和把握社会的能力，但也导致了这种社会认识片面和简单化的问题。这种减法法则对社会存在的把握力和解释力，在当下变量繁多、有机化程度越来越高的社会中变得越来越捉襟见肘，从而使

---

① 方洁.数据新闻概论：操作理念与案例解析［M］.北京：中国人民大学出版社,2015:26.
②③ 喻国明,李彪.新闻传播的大数据时代［M］.北京：中国人民大学出版社,2014:6.
④ 喻国明,李彪.新闻传播的大数据时代［M］.北京：中国人民大学出版社,2014:2-3.

文明对现实世界越来越陷入手足无措的境地。将认识世界的场景重置于繁复驳杂的现实联系中去,在繁复驳杂的变量中重新认识世界,已成为社会实践的迫切要求和社会科学研究的共识,这也是大数据的概念一经提出便引起学界乃至社会各实践部门高度关注的社会基础。

第二节　大数据时代新闻传播业的变革

大数据带来的信息风暴正改变着我门的生活、工作和思维,作为社会生产方式之一的新闻传播业也面临着重构。为适应大数据时代的发展要求,先进媒体不断探索转型,重构新闻媒体组织结构,转变思维方式,将数据作为新闻生产中的要素,注重新闻报道中的数据挖掘和分析以及数据可视化呈现,积极探索基于"数据驱动"的新闻报道模式,提升新闻报道的公信力和专业价值。大数据时代新闻传播业的变革主要体现在以下三个方面[1]:

一、新闻采集渠道的拓宽:突破精英话语控制

在大数据时代,新闻内容的采集渠道除了传统的官方消息、新闻稿和人物采访外,还包括了数据库、社交媒体、搜索引擎、众包数据和泄露数据等。它不再依赖于随机采样,而是收集和处理全体数据,在庞杂的数据中挖掘出具有新闻价值的信息。新闻采集渠道的拓展可以有效突破精英阶层对新闻话语的控制,促进新闻报道的客观性和公正性。

《南方都市报》在《"五一"当天,你去景区凑热闹了吗?》的报道中(图 13.2),记者通过整理并分析"腾讯热图"和"百度热力图"当天的数据,并用数据可视化的方式呈现 5 月 1 日当天广东省景区热度峰值进行排名,进而分析出最受青睐的景点类型和游客的出行模式。对大数据的采集与分析能够更加全面、客观地呈现新闻事件,突破了传统的以人物或单一事件作为报道视角,使报道更具说服力。英国《卫报》"Datablog"(数据博客)栏目在 2011 年 6 月 3 日推出的《你买了多少张奥运会门票》报道中,采用众包的方式获取大量用户数据。数据记者制作了比较长的问卷,上面包括多少钱的门票、信用卡扣款多少,最后结果如何等诸多问题。尽管问卷的问题较多,但是在一天之后记者仍然收到了 7 000 份调查结果[2]。正是因为用户的积极参与和回应,记者才能掌握大量的一手资料,提供原创性和独家性的新闻报道。

---

[1]　张帆.大数据时代报纸编辑部的变革与探索[J].新闻知识,2016(11):21-23.
[2]　玛丽安·包查特.数据博客利用众包报道奥运票务[EB/OL].数据新闻手册,2016-7-12.

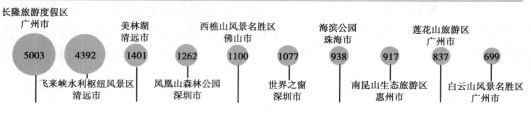

广东省景区峰值热力度TOP10

长隆旅游度假区 广州市 5003
清远市 4392 —— 飞来峡水利枢纽风景区 清远市
美林湖 清远市 1401
1262 —— 凤凰山森林公园 深圳市
西樵山风景名胜区 佛山市 1100
1077 —— 世界之窗 深圳市
海滨公园 珠海市 938
917 —— 南昆山生态旅游区 惠州市
莲花山旅游区 广州市 837
699 —— 白云山风景名胜区 广州市

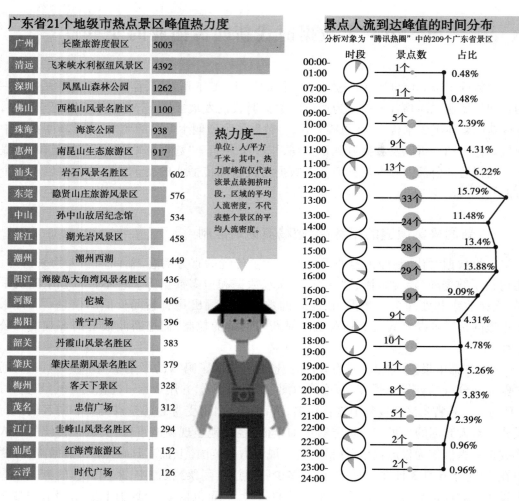

广东省21个地级市热点景区峰值热力度

广州	长隆旅游度假区	5003
清远	飞来峡水利枢纽风景区	4392
深圳	凤凰山森林公园	1262
佛山	西樵山风景名胜区	1100
珠海	海滨公园	938
惠州	南昆山生态旅游区	917
汕头	岩石风景名胜区	602
东莞	隐贤山庄旅游风景区	576
中山	孙中山故居纪念馆	534
湛江	湖光岩风景区	458
潮州	潮州西湖	449
阳江	海陵岛大角湾风景名胜区	436
河源	佗城	406
揭阳	普宁广场	396
韶关	丹霞山风景名胜区	383
肇庆	肇庆星湖风景名胜区	379
梅州	客天下景区	328
茂名	忠信广场	312
江门	圭峰山风景名胜区	294
汕尾	红海湾旅游区	152
云浮	时代广场	126

热力度——

单位:人/平方千米。其中,热力度峰值仅代表该景点最拥挤时段,区域的平均人流密度,不代表整个景区的平均人流密度。

景点人流到达峰值的时间分布

分析对象为"腾讯热圈"中的209个广东省景区

时段	景点数	占比
00:00-01:00	1个	0.48%
07:00-08:00	1个	0.48%
09:00-10:00	5个	2.39%
10:00-11:00	9个	4.31%
11:00-12:00	13个	6.22%
12:00-13:00	33个	15.79%
13:00-14:00	24个	11.48%
14:00-15:00	28个	13.4%
15:00-16:00	29个	13.88%
16:00-17:00	19个	9.09%
17:00-18:00	9个	4.31%
18:00-19:00	10个	4.78%
19:00-20:00	11个	5.26%
20:00-21:00	8个	3.83%
21:00-22:00	5个	2.39%
22:00-23:00	2个	0.96%
23:00-24:00	2个	0.96%

图 13.2 《南方都市报》的《"五一"当天,你去景区凑热闹了吗?》报道截图①

二、新闻报道内容的创新:让数据成为"主角"

在大数据时代,人们不再探究难以琢磨的因果关系,而是关注事物的相关关系②。在

---

① 贺蓓."五一"当天,你去景区凑热闹了吗?[N].南方都市报,2016-05-03.
② 维克托·迈尔-舍恩伯格,肯尼思·库克耶.大数据时代[M].盛杨燕,周涛,译.杭州:浙江人民出版社,2010:55.

这种思维的影响下,媒体在新闻切入点上,除描述新闻事件发展过程、说明形势或情况、结合时事回顾历史等传统维度之外,也开始探索相关性报道和预测性报道,让数据成为新闻报道的"主角",让数据自己"发声"。作为全国首档大数据电视新闻栏目,广东广播电视台推出的《新闻大数据》在2016年9月1日的《开学"出远门"大数据》报道中,通过数据梳理,将大学生出行交通工具与本地教育资源联系起来,得出选择飞机出行的比例是否高与该省市的高等教育资源丰厚程度有关的结论。

预测性报道是基于新近发生事实,而对未来尚不完全可知的事情进行一种分析、推测[1]。在大数据与信息过剩的风险社会,真正有价值的新闻应当是基于数据分析得出的预计"明天将有暴风雨"式的对公众的忠告、预警、指导、劝诫、揭秘[2]。《卫报》在2016年3月15日的《从俄亥俄州到佛罗里达州,你在下一个重要党内初选中的投票说明》(*From Ohio to Florida, Your Cheat Sheet for the Next Crucial Primaries*)报道中,基于对现阶段总统候选人的选票情况,以及在即将要进行投票的五个州中共和党和民主党的席位,预测总统候选人中谁将会胜出、谁又会被淘汰(图13.3)。在大数据时代,丰富的数据来源和成熟的分析技术能够使预测性报道更具科学性和深度性。

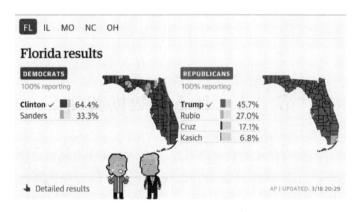

图13.3 《从俄亥俄州到佛罗里达州,你在下一个重要党内初选中的投票说明》报道截图[3]

三、新闻报道呈现的优化:实现科学化、个性化与互动化

新闻报道的优化呈现首先体现在版面安排上的实时更新上。在传统的新闻生产中,版面安排和播出顺序多取决于编辑的经验,而在大数据时代,传统的"重经验、轻数据"的做法已经被颠覆。在数据分析的基础上,实时更新版面安排,做到新闻报道呈现的科学化。以英国的《每日电讯报》为例,在"中央辐射型"办公室前方正中间悬挂着两块LED大屏幕,每分钟更新新闻报道访问量排名的前十位,报纸编辑部会对访问量较高的新闻报道议题持续关注,加大报道力度,并放在显著版面位置。对于访问量不高的新闻报道,则会调整新闻图片或版面位置,或重设标题关键词。

---

①　向来武,赵战花.体育报道中的预测性新闻辨析[J].新闻记者,2008(1):82-84.
②　Schudson M.A spotlight, not a truth machine[EB/OL].Nieman Lab,2016.7.8.
③　Chalabi M. From Ohio to Florida, your cheat sheet for the next crucial primaries[EB/OL].The Guardian,2016-07-20.

其次,体现在对新闻报道的个性化推送上。在信息爆炸的时代,读者往往无法从海量信息当中去快速、直接地找到高质量、有针对性的新闻信息。为了满足读者的个性化需求,编辑会搜集并分析所有用户的行为数据,包括阅读的频率、时长、顺序、阅读时间最长的报道类型和风格、通过什么终端进行阅读等,收集的时间越久,推荐给用户的阅读内容就会越精准。美国的《华尔街日报》在 2011 年推出个人版,依托网络技术和数字技术,根据用户的新闻偏好进行内容定制,用户每月支付 15 美元,即可享受全天 24 小时的定制新闻剪报。读者通过使用个人电脑或是账号登录网站,即可读到一份专门为其量身设计的报纸,新闻标题、题材、风格等内容基本上都是用户需要并感兴趣的。这种精准化的智能推荐方式,可以有效提升订阅量及用户黏性。

最后,新闻报道的优化呈现还体现在数据可视化上。在大数据时代下应运而生的数据新闻,基于对大量数据信息的采集和分析,将庞杂的数据通过清晰明了、丰富多样的可视化方式呈现出来,以揭示数据内在的错综复杂的关系,帮助读者用简单的图表理解复杂的新闻议题。数据新闻的主要呈现方式包括柱状图、折线图、时间轴、数据地图、3D 动画、互动游戏、动态信息图等。这些可视化呈现方式能够增强新闻报道的互动性和趣味性,达到化繁为简,化枯燥为趣味,展现信息可视化之美,实现"悦读"的功能①。

第三节　什么是数据新闻

21 世纪初,随着大数据时代的到来以及互联网开源软件市场的成熟,再加之"开放数据"运动在全球的蓬勃发展,国内外媒体开始较为系统地推行数据新闻。在新闻业腹背受敌的背景下,一些具有开拓精神的记者已经开始尝试通过挖掘数据,更深层次地洞察正在发生的新闻事件,以及这些事件可能产生的影响。数据新闻这种新型报道模式因此备受关注,并不断运用于实践之中。

一、数据新闻的概念

作为异军突起的一种新闻报道形式,数据新闻继承并发展了以精确新闻为代表的计算机辅助报道②。目前,国内外学界对"数据新闻"的概念并没有统一的界定,不同学者从不同角度给出了多种定义,但一般而言,"数据新闻"是"基于数据的抓取、挖掘、统计、分析和可视化呈现的新型新闻报道方式"③。

必须强调的是,这里所说的数据(data)不是人们熟悉的数字(number),因此包含数字的报道并不一定是数据新闻,而没有数字的报道未必不是数据新闻。在互联网技术大

---

①　张帆.大数据时代报纸编辑部的变革与探索[J].新闻知识,2016(11):21-23.

②　苏宏元,陈娟.从计算到数据新闻:计算机辅助报道的起源、发展、现状[J].新闻与传播研究,2014(10):78-92.

③　方洁,颜冬.全球视野下的"数据新闻":理念与实践[J].国际新闻界,2013(6):73-83.

发展的今天,现实生活中的所有事物都可以被量化,并通过计算机程序对其进行统计分析,这就是数据新闻学在我国台湾地区也被译为"资料新闻学"的原因。同理,只是呈现数据,而缺乏对数据进行相应的处理,没有将信息背后存在的意义挖掘出来加以呈现,也不能称为数据新闻。数据新闻中的数据应该是经过科学的社会研究方法进行统计分析后得来的信息,即新闻生产者对原始信息进行收集、量化而形成可被计算和分析的数据,按照报道的目的、依靠科学的程序和方法对数据进行统计分析,然后将被发掘的意义以新闻故事的形式呈现。在这个过程中,数据是支撑整个报道叙事逻辑的关键线索,或是报道中至关重要的论据[①]。

二、数据新闻的特点

作为大数据时代新闻学发展形成的新领域,数据新闻代表未来新闻业发展的一大方向,它包含以下特征[②]:

(一)以服务公众利益为目的

这是数据新闻的出发点,所有数据的处理和呈现归根结底是为了让公众理解我们身处的大数据时代中数据变迁的内涵,了解宏观数据如何影响到每个人。

(二)以开放的数据为基础

这是数据新闻存在的前提,如果政府、社会其他组织不公开信息或者没有以开放数据的标准向公众开放大量权威数据,那么缺乏数据分析材料,数据新闻也不可能得以推行。

(三)以数据处理分析的结果作为驱动报道逻辑的核心

依靠特殊的软件程序对数据进行处理,发掘隐藏于宏观、抽象数据背后的意义,找寻数据背后的结构性联系,并将之作为报道叙事逻辑的驱动因素。这是数据新闻和一般新闻区别的核心特征。

(四)以可视化作为其主要的呈现方式

这是数据新闻的主要展现形式。得益于科学可视化的发展,数据新闻可以将复杂、抽象、难懂的数据转化为形象、具本、生动的新闻报道。

【推荐阅读】关于数据新闻形态以及特点的深入探讨,可参考英国《卫报》"数据博客"栏目的前主编西蒙·罗杰斯所著的《数据新闻大趋势:释放可视化报道的力量》一书,中国人民大学出版社,2015年版。

[①②] 方洁.数据新闻概论:操作理念与案例解析[M].北京:中国人民大学出版社,2015:2-3.

第四节　数据新闻的生产实践

数据新闻只有在实践中才能找到可操作性。本节主要介绍数据新闻的生产流程、团队类型及其存在的困境。

一、数据新闻的生产流程

一则数据新闻的产生需要经历制作和传播这两个关键环节。在制作阶段,发现、收集、整理和分析数据是核心内容;在传播阶段,则需要运用可视化,并整合大众媒体和社交媒体两种传播渠道①。

(一)制作阶段

米尔科·洛伦兹(Mirko Lorenz)认为,数据新闻的生产过程是以数百万,甚至数千万的大数据为基础,庞大的数据经过过滤之后,形成数据地图、时间线、交互性图表等不同的可视化数据新闻形式,最后再来讲述数字背后的故事。在这一过程中,对公众而言,数据的价值在不断提升②(图 13.4)。

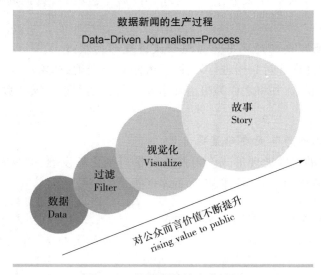

图 13.4　数据新闻的生产过程

作为数据新闻生产实践的先行者,《卫报》数据博客(Datablog)的生产流程包括分享数据、电子数据表、分析数据和呈现数据四步。

---

① 方洁.数据新闻概论:操作理念与案例解析[M].北京:中国人民大学出版社,2015:37.

② Lorenz, M. Data driven journalism: What is there to learn, in Innovation Journalism Conference: Stanford, CA.2010.

第一步：分享数据。《卫报》获取数据的来源除了传统形式的记者采访调查数据、官方数据、新闻媒体数据之外，还包括数据库、社交媒体、搜索引擎、众包数据等网络搜索数据。

第二步：生成电子数据表。数据记者初步分析数据，并与其他数据集相互关联，将参照数据、有用数据和要使用的其他数据输入电子数据表，为发现数据的用途，确定能否展示一段时间内的变化情况作准备。

第三部：分析数据。将数据导入电子数据表之后，数据记者首先需要处理其中的错误格式、合并单元格、冗余数据栏和其他指标数据。然后，再通过各种运算方法挖掘数据背后具有新闻价值的信息。最后，认真核查数据分析过程，如果需要，重新计算数据，确保新闻的真实性。

第四步：呈现数据。数据团队采用 Google Fusion Tables、Google Maps API、CartoDB、Google Spreadsheet、Data Wrapper、Tableau 等制作工具呈现数据可视化和信息图表，数据记者完成文字报道，同时在"数据商店"（Data Store）发布原始数据（图 13.5）。

（二）传播阶段

伯明翰城市大学教授保罗·布拉德肖提出了"双金字塔"模型，他认为数据新闻的生产流程包括一个"倒金字塔"结构，自上而下分别为编辑、清理、情境、综合等，依次通过这些制作环节生产出一则数据新闻。与劳伦兹不同的是，布拉德肖特别强调了传播环节，即正金字塔部分，自上而下逐步实现视觉化、叙事、社交化、人性化、个性化、应用化传播（图 13.6）。

1.可视化传播

可视化是传播数据新闻最快、最高效的途径。它的缺陷是人们一般不愿花费时间细读信息图，因而虽然传播有效，但用户参与度差。运用可视化传播需要可视化作品提供消息来源的链接，并确保用户点击链接后能看到可视化图表所包含内容之外更为丰富的信息材料。

2.叙事传播

虽然传统的叙事方式在数据新闻传播领域所用范围已经很狭小，但用心写作的新闻故事依然能够吸引用户。采用叙事传播时要注意增添报道的意义，让用户感受到与数据相关的联系。

3.社交传播

除了可视化信息图表能在社交媒体快速传播外，数据本身也适合社交媒体的传播。一些媒体尝试通过社交媒体终端进行传播，如 Propublica 的 APP 终端可为用户提供基于其在 Facebook 属性的个性化产品；还有一些媒体在制作数据新闻时就引入用户的参与，采用众筹的方式在社交媒体获取用户给予的数据，当此类新闻传播时，用户也会基于之前的参与而更加积极地在社交媒体分享报道。

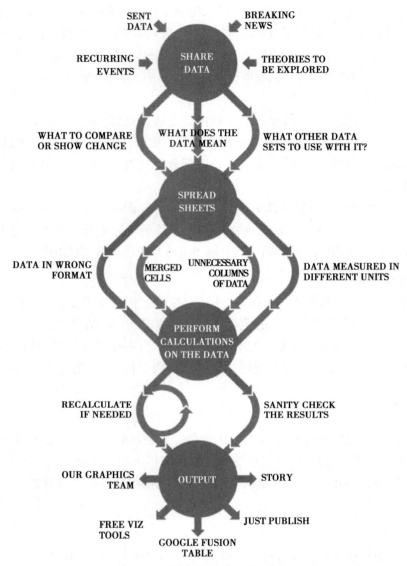

图 13.5 《卫报》数据博客的制作过程示意图①

4.人性化传播

这里所谓的"人性化传播"主要指两点:第一要增加基于计算机制作的动画表格的使用频率,布拉德肖认为,这种动画新闻可以减少人们获取数据报道的压力,使报道以更加形象的方式解读数据。第二要增加采访个人受数据影响的案例,让庞大的数据故事对个人的影响以典型的个体案例的形式呈现出来,而不要让数据湮没于总体数据概述这种宏大叙事中。

---

① Rogers. s. Data journalism broken down: what we do to the data before you see it[EB/OL].The Guardian,2016-06-21.

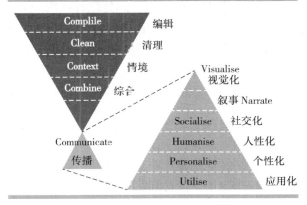

图 13.6　数据新闻的倒金字塔①

5.个性化传播

互联网时代为个性化传播提供了多种方式:一是互联网为新闻报道的传播提供了诸多交互方式,数据报道可以采用这些交互方式,当用户输入不同的关注要素时,报道可提供基于用户关注细节的差异化内容。二是提供基于地理特征的个性化内容。用户通过选择自己所处的地理信息(如邮政编码、地区代码等),可以找到与所处地域相关的针对性报道。三是提供完全基于用户兴趣的内容,网站通过测试用户的兴趣推送其感兴趣的内容。四是通过和第三方站点(多为影响广泛的社交媒体,如 Facebook、Twitter 等)合作,通过它们提供的用户属性描述和地理定位,在不同的媒体终端提供迎合用户喜好和所处地域的新闻。

6.应用化传播

这是数据新闻传播中最复杂的方法,因为它为报道提供某种数据工具,使数据更具实用价值。常见的数据工具包括计算器和基于 GPS 定位的地理数据工具。应用化传播总是和个性化传播相交叉,但是应用化传播更关注数据的实用性,而不一定关注内容的个性化。应用化传播也常和可视化传播等其他传播方法一同出现。

二、数据新闻的生产团队

在生产实践中,数据新闻的生产团队衍生出三种主要类型,即完全融合型、虚拟型和独立型,每种类型都各有利弊②。

(一)完全融合型生产团队

完全融合型生产团队是指数据团队与传统的编辑团队融为一体,共同参与新闻报道的生产制作。《芝加哥论坛报》的"新闻应用团队"与报纸的编辑记者同属一个编辑部,

---

① 章戈浩.作为开放新闻的数据新闻——英国《卫报》的数据新闻实践[J].新闻记者,2013(6):7-13.
② 张帆.大数据时代报纸编辑部的变革与探索[J].新闻知识,2016(11):21-23.

记者编辑提供与应用相关的想法,"新闻应用团队"的数据技术专家协助完成数据挖掘、将 PDF 文件转换回表格文件以及抓取网站屏幕等工作①。技术人员与新闻人员可以随时随地面对面交流,有利于更好地将新闻敏锐性和处理数据的能力相结合。完全融合型生产团队可以让不同专业背景和从业经历的新闻工作者在长期的密切合作中形成高默契度,一方面,可以尽量避免团队成员因不同知识背景而出现沟通障碍,从而提升团队协作能力;另一方面,同属一个生产团队也为团队成员提供了再学习机会。了解团队其他成员的工作流程和专业知识,记者、编辑可以认识到设计和技术在新闻生产中的价值,技术人员也能够更多地了解新闻,在互动协作中使新闻报道更加立体和翔实。

(二)虚拟型生产团队

虚拟型生产团队是指除少数固定成员外,其他成员均分散于不同部门,在数据选题驱动下,按照新闻报道的需求从不同部门抽调合适人手,组成临时团队,报道完成之后,团队也随即解散。《卫报》于 2009 年 3 月建立了全球第一个数字新闻部,由五名固定成员组成,其他成员并非全职的数据新闻记者,而是隶属于《卫报》的不同部门,从事其他新闻采编工作。当新闻选题确定之后,数字新闻部会从其他部门抽调合适人手,包括具备报道该题材经验和知识储备的"跑口"记者、技术成员,如果涉及较为复杂的多媒体报道形式,还会从其他部门抽调成员参与图片、音视频制作和可视化设计。虚拟型生产团队可以根据不同新闻报道的需求,打破不同部门之间的壁垒,有针对性地抽调人手,形式灵活,可分可合。但是,它对生产团队内外部的分工衔接、利益分配、沟通融合等方面也提出了更高的要求,虚拟型生产团队需要确保各生产环节的有效对接,始终把控报道方向。

(三)独立型生产团队

独立型生产团队是指除传统的新闻生产团队之外,专门成立一支数据团队来负责基于"数据驱动"的新闻报道。2014 年《纽约时报》成立"编辑室创业"团队,专门负责旗下数据新闻网站 Upshot 的内容生产与制作。这个编辑团队也由最初的 15 人扩展到现在的 30 多人,包括记者编辑、图像编辑、美术设计人员、统计分析人员、程序员等②。独立型生产团队可以有效避免与传统报纸编辑部在思维及沟通上的冲突,便于大数据思维在新闻生产实践中的贯通。相对固定的团队成员容易形成高默契度,也有利于形成自己的报道风格,但也对团队成员的职业素养提出了更高的要求。Upshot 网站的编辑部成员都是"一专多能",兼具新闻素养和数据素养,如记者除文字报道外,还可以制作图表,而图像编辑也可以处理数据(图 13.7)。

三、数据新闻的生产困境

作为一种新兴的报道形式,数据新闻在实现新闻价值增值的同时,在生产实践中也面临着诸多困境,而这些困境直接影响着数据新闻的可持续发展。

---

① 布莱恩·博耶.新闻应用团队在芝加哥论坛报是如何工作的[EB/OL].数据新闻手册,2016-6-10.

② Weber W., Rall H. Between Data Visualization and Visual Storytelling: The Interactive Information Graphic as a Hybrid Form[J]. Conference papers-International Communication Association, 2012:1-36.

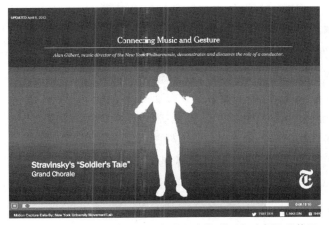

图 13.7 《纽约时报》的《将音乐和姿势联系起来》报道截图

（一）数据来源之困：数据采集渠道的相对闭塞

数据新闻是一种数据驱动式新闻，数据从哪里来，成为我国新闻媒体面临的首要困境，造成数据采集渠道相对闭塞的原因主要体现在四个方面①。

1.我国的数据新闻记者缺乏数据搜集的技能

新闻媒体中从事数据新闻生产的绝大部分记者都没有受过专门的信息检索技术训练，大量的数据采集渠道并没有被充分利用起来。

2.新闻媒体的投入成本有限

除了少部分资金雄厚、锐意创新的大型媒体外，大部分的媒体为了控制人力、时间和资金成本，会选择相对易得的数据采集渠道，而舍弃自我采集型数据和调查泄露型数据。

3.受众参与众包新闻的积极性不高

众包新闻是指专门邀请一群人参与到报道任务中，如新闻采访、数据收集或分析，通过有针对性的、公开的邀请，让用户提供个人经历、文件或其他方面的内容②。与欧美国家相比，我国媒体的受众既缺少意识也缺乏必要技能参与数据团队发起的网络投票、问卷调查、数据分析；同时，他们也没有意识向数据团队提供个人数据或可供采集的数据库信息等。

4.我国政府数据开放程度不及欧美国家，为数据采集带来了局限性

根据英国开放知识基金会（Open Knowledge Foundation）公布的 2015 年开放数据评估结果，我国内地在 122 个被调查的国家和地区中位列 93 位，比去年下跌 35 个位次。

（二）人才之困：高素养复合型人才的缺乏

大数据时代，当"数据"成为新闻生产中的重要元素，数据挖掘、数据分析、数据可视化呈现成为新闻生产中的重要环节。以前记者主要是通过人脉关系获得数据信息，但是

---

① 张帆.我国传统媒体对数据新闻的生产实践：困境与路径选择[J].湖北大学学报：哲学社会科学版,2017(2):122-128.

② Onuoha, M., Pinder, J., Schaffer, J.: Guide to Crowdsourcing[EB/OL].Tow Center, 2016-06-16.

随着技术的发展,记者需要掌握较为复杂的统计分析知识,从数据统计中获取信息①。此外,新闻记者也不再是整个生产过程中的绝对主导者,数据分析员、设计师、程序员都发挥着举足轻重的作用。为了实现在整个新闻生产中的有效沟通,记者、编辑需要掌握一定的数据素养,数据分析员、设计师、程序员也需要掌握一定的新闻素养,了解彼此的工作方式,才能提升默契度、提高工作效率。数据素养是一种消化数据获取知识、梳理并批判性分析数据的能力。数据素养不仅包括统计素养,更需要懂得如何处理庞大的数据集,明白这些数据集是怎样产生的,知道怎样把各种数据集联系起来,且懂得解释它们②。因此,大数据时代对记者、编辑的职业素养提出了更高的要求,集新闻、设计和编程于一体的高素养复合型人才成为最理想的数据新闻报道从业人员。

(三)思维之困:创新思维不足

我国新闻媒体在数据新闻生产实践中的创新思维不足,首先体现在报道类型缺乏创新。在数据新闻报道中依然是以传统的新闻切入点为主,如说明形势和情况、对比联系新闻事实等,而对预测性新闻和相关性新闻的尝试很少。创新思维的不足使大量数据处于沉寂状态。数据团队不善于从旧议题中挖掘新议题,不善于从庞杂的数据中发现事物之间的联系,也害怕因为预测性新闻的不准确而影响媒体的公信力,因此,数据新闻的价值并没有得到充分展现。其次,体现在可视化呈现形式缺乏创新。我国新闻媒体对数据新闻的可视化呈现以静态信息图为主,尤以柱状图和折线图居多,缺乏互动性和趣味性,离"悦"读尚存在一定距离。单调单向的可视化呈现会弱化受众的阅读兴趣,影响新闻报道的传达效果。

(四)成本之困:生产制作成本的巨大投入与盈利模式的不成熟

面对庞杂数据的采集与分析,媒体需要投入的人员数量庞大、花费的时间较长,耗资不菲,比如中央电视台于2015年国庆期间推出的数据新闻系列节目《数说命运共同体》,央视新闻中心跨行业、跨领域整合多方信息源,挖掘超过1亿GB的数据,动用两台超级计算机,80多人的团队,历时6个月完成。在欧美国家,特别是美国,大多数的数据新闻团队并没有盈利压力,很多调查型网站都属于非营利性新闻组织,它们每年都会从基金会得到大量捐款,因此,数据新闻团队只需要负责出品高质量的新闻报道,而不用过多担心网站的流量。而我国大部分新闻媒体的数据新闻生产制作不能仅仅只考虑社会效益,还要考虑如何盈利。然而,我国新闻媒体并没有探索出成熟的盈利模式,盈利来源过于单一、盈利水平低、盈利能力的稳定性较差成为最突出的问题。

【推荐阅读】关于各大新闻媒体对数据新闻生产实践的特点及趋势的深入探讨,可参考由众多数据新闻的提供者和领先者跨国际协作完成的《数据新闻手册》。

---

① Vallance-Jones, F. Making journalism better by understanding data[J]. Global Media Journal-Canadian Edition, 2013 (1):67-72.

② Kayser-Bril, N. Become Data Literate in 3 Simple Steps[EB/OL].Da tu Journaalism Hand book, 2016-04-25.

【课后思考】

1.数据新闻的定义与特点。

2.国内外数据新闻生产实践的异同。

3.如何解决数据新闻生产实践中的困境。

【话题讨论】

1.数据新闻是否实现了新闻价值的增值？如果是,又体现在哪些方面？

2.**案例**:数据新闻到底怎么赚钱？在这个向我们敞开的全球性的大市场里,目前只有一件事情:把数据从人们的身边转入脑中。也就是说,让数据可见、可知。我们希望和每天都出现在新闻中的天文数字发生联系——究竟那几百万、几十亿对我们这些普通人而言,意味着什么。早有部分数据导向型的媒体企业将上述原则应用于实际,并获得丰厚的回报。它们拥有良好的增长势头,有时还能创出眼前一亮的利润收入。布隆伯格(Bloomberg)就是代表之一。该公司共有 30 万台终端设备,向它的客户提供金融数据。这在金融行业中,无疑是一个极有力的竞争工具。每台终端设备都配有彩色按键的键盘,提供多达 3 万种功能选项,客户可以用其查询、比较、分析并作出决策。根据《纽约时报》2008 年的一份评估报告,该项核心业务每年至少能为公司带来约 63 亿美元的收入。正因如此,布隆伯格持续不断进行扩张,包括大范围招聘新闻记者,收购业内颇负盛名但处于亏损状态的"商业周刊"等。

案例来源:佚名.数据新闻的商业模式,The Date Journalism Handbook。

请讨论:布隆伯格是如何利用数据获得利润收入的？数据新闻还有哪些可能的商业模式？

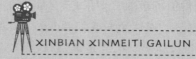

第十四章　网络直播

【本章作者】

　　谭辉煌,广告学博士,湖北科技学院人文与传媒学院副教授,主要研究方向为新媒体和新媒体广告,主持教育部人文社科青年项目1项。电子邮箱:646345796@qq.com。

【案例导入】

天猫"双十一"直播统筹、天猫直播负责人陈艳表示,经过几百场的品牌直播,天猫已经渐渐摸索出了如何利用直播将明星的粉丝有效转化为品牌粉丝。直播营销已经贯穿直播的整个过程。她指出,天猫直播的定位是品牌以及明星的直播,走品牌营销的链路。天猫直播之所以强调策划与内容,以及节目化的呈现方式,为的是能在"网综+电商"领域找到最佳的营销创新方式。

尝试通过直播方式来改变的不仅是电商,还有新闻媒体。从今年年初开始,拿着手机随时直播的"网红"开始取代媒体逐渐出现在各个活动和会议上,感受到直播威力的新闻媒体自然不甘示弱。在今年的几场大型会议上,无论是"两会"、世界经济论坛,还是G20,都随处可见举着手机边说边播的记者们。人民日报举办的"一带一路"媒体合作论坛上首次出现了"人民网红"直播团队。

"直播+旅游"也被市场反复验证为很有潜力的商业模式之一,携程、去哪儿、途牛、同程与一直播、花椒、映客、斗鱼、哈你、龙珠等先后试水,希望能突破"时间+空间"的限制,打破传统平台只能靠图片和文字对旅游描述的单一感,实现身临其境、所见即所得的当下体验感。

直播席卷了整个互联网行业,但随着行业内大量平台的诞生和资本巨头涌入,问题开始逐渐显现:直播服务的运营成本正在急速增加,商业模式同质化也日益严重。而这两大问题导致众多直播平台几乎难以盈利,只能鏖战在烧钱混战阶段。另外,在门槛最低的秀场模式里,一些主播为了争出位,往往在穿衣风格和直播内容上"剑走偏锋"。充斥着色情和低俗文化的网络直播平台屡遭相关部门点名,而诸如"直播造人""模仿吸毒"等事件则不断挑战着公众的道德底线。

案例来源:张燕.网络直播遭遇成长的烦恼:兴于网红,毁于色情?中国经济周刊,2016(44)。

毫无疑问,网络直播作为一种新的网络传播形态,已经对社会生活的诸多方面产生了深刻的影响。当然,影响有积极的方面也有消极的方面。那么,网络直播到底与传统电视直播有什么不同?它在当今复杂的媒介生态中如何生存?我们又该如何看待和面对网络直播?这些都是本章要回答的问题。

第一节　网络直播及其特点

2016年被称为中国的网络直播元年,直播平台数量达到近200家。据中国互联网络信息中心(CNNIC)发布的第41次统计报告显示,截至2017年12月,网络直播用户共4.22亿,占网民总体的54.7%。现在,众多视频、音乐、学习软件都开发了直播功能,随着用户使用习惯的逐步建立,网络直播已成为重要的社会交往、内容传播和内容消费方式,对社会生活、娱乐和经济等领域产生了较为深远的影响。

一、网络直播的内涵

"直播"一词源自传统媒体,强调电台或电视台的节目摄制和播出在时间上的统一性,因播出时间上的实时性和同步性,直播被广泛应用于突发事件的报道和各类赛事的转播。2016年兴起的网络直播源于传统意义上的直播,是指基于网络流媒体技术,在电脑、手机等终端设备上使用有线或无线联网进行信息传递,通过电脑网页和客户端等,将现场信息以文字、语音、图像、视频、弹幕等多媒体形式进行展现的传播方式。它突破了电视直播专业机构制作,向用户单向传递信息的模式,赋予大众开展实时直播和在直播中互动的能力,使用户从内容接受者转变为内容生产者[①]。如今火爆的网络直播也不同于网络访谈的图文直播及"图文+视频"直播,它是网络视频直播,是"即时视频流":一是即时,非录播、剪辑播,是现场的、实况的;二是视频信息连续不间断播送[②]。

网络直播在我国大致经历了以下发展历程:最早的直播是2005年成立的9158,它被视为国内视频直播行业的"鼻祖"。2008年,六间房转型秀场视频聊天,扭转了业务低迷的状态。2012年,YY视频直播间启动,成为第三家依靠秀场视频直播起家的互联网公司。2014年,斗鱼、虎牙等游戏垂直类视频网站相继涌现,直播行业不断细分。2015年,BAT及各大知名互联网公司(网易、360等)纷纷涉足视频直播。2016年,中国移动直播元年——以映客直播为代表的纯Mobile端直播APP迅速崛起[③](图14.1)。

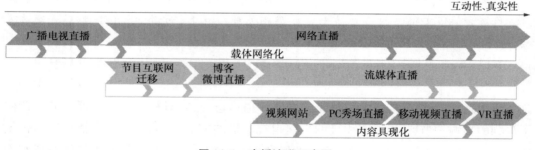

图 14.1　直播演进示意图

二、网络直播的特点

网络直播具有内容生产、社交互动、用户打赏三大基本属性。其中,内容生产是网络直播的基础,社交互动是网络直播的本质,用户打赏是网络直播的重要动力,三大属性决

---

①　佚名.是机遇还是泡沫? 直播行业研究报告[EB/OL].36氪研究院,2016-06-20.
②　官建文.网络直播的明天会怎样[J].新闻与写作,2016(8):72.
③　吴子夜.关于网络直播的理性思考[J].中国广播电视学刊,2017(6):42.

定了主播和用户的密切联系,使其区别于传统电视传播[①]。

(一)主播与用户共同生产内容

与传统电视直播以主播生产内容为主导不同,网络直播是以主播和用户共同生产内容的方式生存。传统的电视直播侧重于宏大客观事件的报道,其背后是专业化的生产与制作团队以及专业化的机器与设备的支持,而网络直播受移动网络技术的推动,尤其是弹幕的产生与应用,使网络用户在直播面前的主动性和能动性得到极大增强,"众多的网络直播平台所展现的已经不仅仅是一个可以让个体倾诉、展演的梦想舞台,而逐渐成为整个社会的'浮世绘'"[②]。在主播和用户的共同演绎下,网络直播的内容也由公共空间向私人领域扩展。

(二)实时互动

实时互动是网络直播与传统直播的根本区别。直播从电视移植到网络后,受众可以留言评论,从而形成受众之间的互动;个人秀场的出现使得受众有机会参与直播的制作,秀场主播会根据粉丝的意见随时改变节目的内容;移动视频直播融入了社交因素,互动性进一步加强[③]。与随时发布信息的微博相比,网络直播进一步走向现场实时发布;与及时交流的微信相比,网络直播又在实时互动上胜出一筹。在大众传播中,其传播模式基本上是单向的,具有延迟性、间接性等特点,网络直播的出现,打破了时空的界限,使"一对多"的实时互动成为可能,随着交互体验升级,VR 和 AR 等技术的介入,直播交互将更具沉浸感与参与感,其提供的是更具有个性、更加平等的新的传播方式[④]。

(三)用户打赏

传统的电视直播更多的是履行媒体的社会责任,因此基本上不会直接涉及经济利益的交换。网络直播则不同,由于大多情况下是个体行为,用户对其欣赏和认可的主播通过赠送虚拟礼物等形式进行打赏,可以激励主播更好地进行直播。"打赏模式符合'以用户为中心'的原则,一切从用户需要出发。打赏模式实际上是网络虚拟物品赠送模式上的创新,也是建立在网络支付和移动支付业务成熟的基础上的"[⑤]。

三、网络直播的类型

从不同的角度出发,网络直播可以划分出不同的类型。

(一)直播形式

直播形式包括秀场直播、游戏直播和泛娱乐直播三类。秀场直播在我国最早出现,是才艺者表演和互动的直播形式,典型的有 YY、9158、六间房。游戏直播主要指直播解

---

① 付业勤,罗艳菊,张仙锋.我国网络直播的内涵特征、类型模式与规范发展[J].重庆邮电大学学报:社会科学版,2017(4):72.

② 刘展.全民狂欢:对网络直播的仪式解读[N].中国社会科学报,2017-7-6.

③ 屠晓杰,金夏夏,尹昊智.我国网络直播的发展、问题及建议[J].世界电信,2017(1):34.

④ 赵梦媛.网络直播在我国的传播现状及其特征分析[J].西部学刊,2016(8):30.

⑤ 马铨.网络直播的创新[J].视听界,2016(6):44.

说游戏、电子竞技比赛等直播形式,典型的有斗鱼、虎牙、熊猫等。泛娱乐直播是秀场、游戏以外的直播形式,由个人社交直播和专业垂直直播构成,走出室内秀场和游戏机房,进行文艺演出、体育赛事、旅游景点、日常生活等直播,是现阶段最流行的直播形式。

(二)内容生产方式

从内容生产方式上说,可以分为 UGC 直播、PUGC 直播、PGC 直播和 BGC 直播。UGC 直播,即用户生产内容(user generated content)直播是由从事网络直播内容的用户创作和发布,是秀场、游戏、社交等直播的内容生产方式,也是一种去中心化的传播方式。人人都可直播,其覆盖面大、生产量大、内容参差不齐。PUGC(professionally user generated content)直播,是指在工作室、经纪公司等组织的专业指导下的用户生产内容直播,作为 UGC 升级版,PUGC 在一定程度上解决了内容泛滥、质量较低等问题。PGC(professionally generated content)直播是专业制作内容直播,由专业团队制作运营,如体育直播、财经直播、教育直播等。BGC(brand generated content)直播是品牌内容生产直播,是具有营销工具属性的直播形式,企业通过直播展现产品、服务,品牌的内涵、文化和价值观等,如淘宝和聚美优品。

(三)从直播平台属性上说,可分为原生性直播平台和衍生性直播平台

原生性直播平台专业从事网络直播,多数秀场直播和游戏直播平台都是原生性平台。衍生性直播平台是社交、视频、门户、电商等其他平台介入直播,通过网络直播增加用户购买力、延长产业链,以保持行业领先地位(表 14.1)。

表 14.1 原生直播平台和衍生直播平台

平台类型	网络直播的典型案例
原生平台	YY、9158、KK、AcFun、bilibili、野马现场、斗鱼直播、虎牙直播、熊猫直播、龙珠直播、来玩、触手手游、映客、趣播、猫盟、ME、易直播、知牛财经
音乐平台	酷狗繁星、酷我聚星、唱吧直播间、唱吧火星直播
视频平台	YouTube Connect、优酷来疯、爱奇艺奇秀、乐视宝贝
社交平台	FaceBook Live、人人网我秀、Twitter Periscope、天涯秀场、新浪微博一直播、腾讯 QQQT、腾讯 QQ 空间直播、陌陌现场、陌陌哈你、快手直播
门户平台	新浪秀场、新浪 SHOW、腾讯直播、腾讯企鹅直播、腾讯 NOW 直播、腾讯花样直播、网易 Bobo、网易 CC、搜狐千帆直播、搜狐 KOKO 娱乐
电商平台	淘宝、天猫、支付宝、聚美、蘑菇街、波罗蜜、咸蛋家直播
软硬件平台	百度百秀、百度秀吧、百度 hao123 撸直播和美女秀场、美拍直播、秒拍 MSee、暴风秀场、迅雷酒窝、360 花椒、小米直播、小米黑金直播

第二节 网络直播的营利模式

从某种程度上说,网络直播是全民狂欢和资本角逐共谋的结果。直播平台的纷纷崛起和直播形态的导入乃至"直播+"各个行业,无非都是在寻求商业利益上的获取。

一、网络直播的产业链[①]

网络直播产业链是网络直播各相关主体基于分工合作、价值转移、信息传播与时空分布等规律,形成的链条式的关联关系结构(图14.2)。

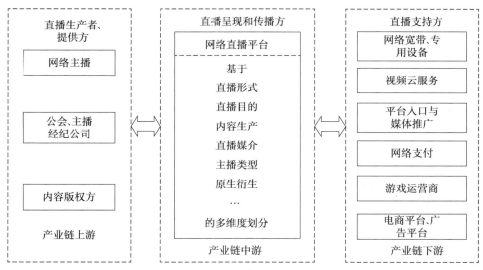

图14.2 网络直播的产业链

网络直播产业链上游包括网络主播、公会经纪和直播内容版权方等主体,是直播的内容生产者和内容提供方。网络主播是直播内容的直接生产者,是直播平台的核心竞争力,优质主播产出优质内容,既能吸引大量用户,又能为平台汇聚流量和创造经济收益。主播经纪主要包括公会和经纪公司两类。公会是由签约主播构成的经济组织,职责包括培训、扶持、管理主播,分配主播收入,维护直播秩序,吸引和维护用户,协调主播和平台关系,主要在某一直播平台运作。主播经纪公司在履行公会职能的基础上,更倾向于从事跨平台的新人挖掘、网红孵化、内容创作、公关推广、电商广告、市场分析和社群构建等活动。内容版权方主要对网络游戏、体育比赛、综艺节目和影视剧等直播内容进行版权的购买、运作、保护和盈利等活动。

---

① 付业勤,罗艳菊,张仙锋.我国网络直播的为涵特征、类型模式与规范发展[J].重庆邮电大学学报:社会科学版,2017(4):72-73.

网络直播产业链中游的直播平台是直播内容的呈现方和传播方。目前,网络直播平台已成为具有多种直播形式,兼具多种传播目的,具有多种内容生产方式,运用多种媒介进行传播,主播类型多样,由"单一秀场、游戏直播"转化为各类人群各行各业进行"个性展示、品牌推广"的聚合性平台。

直播产业链下游的网络宽带、专用设备、视频云服务、平台入口与媒体推广、网络支付、游戏运营商、电商平台、广告平台等要素,是网络直播的服务支持和后台支撑。从技术、渠道和政策等方面,保障网络直播顺利运营。网络宽带为直播提供内容传输和播放的网络流量和网络运营服务。专用设备包括电脑、智能手机、游戏设备等。视频云服务将直播平台的基础设备、内容分发、推流转码、播放存储等环节进行串联,具备美颜美声、自动鉴黄、秒级禁播、宽带压缩等功能,解决了直播的带宽成本、技术门槛、内容监管等问题。平台入口与媒体推广是帮助用户认识、进入和注册直播平台的途径和渠道,是网络直播平台在传统媒体和新媒体上传播推广的过程。网络支付为用户充值购买道具和打赏礼物提供渠道,游戏、电商和广告是网络直播除打赏之外最重要的变现和盈利渠道。网络直播平台通过与游戏、电商和广告经营者的合作,实现直播内容和网络红人的价值变现、用户流量变现。

此外,贯穿网络直播产业链各个环节的内容监管部门,对直播活动进行外部监管和内部约束。

二、网络直播的盈利模式[①]

盈利模式是企业为获得利润,在探索利润来源和利润实现方式的过程中,进行价值创造、价值获取、利益分配的组织机制和商业架构。互联网企业的盈利模式包括直接盈利模式和间接盈利模式两种。直接盈利模式是用户直接付费而获利的模式;间接盈利模式是企业通过产品、内容或服务凝聚出特定的用户社群,进而将用户流量引入电商、广告等领域获利的模式。

(一)网络直播的直接盈利模式

网络直播的直接盈利模式是直播平台和主播通过直播活动获得收入的途径。用户打赏、会员增值、节庆活动、专用设备、直播门票、比赛竞猜等都属于直接让用户付费的变现手段,是直播平台最原始、最重要的利润点。

(二)网络直播的间接盈利模式

网络直播的间接盈利模式包括两部分(图14.3)。一是网络直播作为流量入口,直播平台和主播利用积聚的人气,通过广告、电商和游戏获得收入;二是网络直播作为传播媒介,其他网络平台、活动举办者、行业和个人使用网络直播进行的一系列传播活动,也称"直播+"。根据主体和目的的不同,"直播+"可分为四种融合渗透模式。

---

① 付业勤,罗艳菊,张仙锋.我国网络直播的内涵特征、类型模式与规范发展[J].重庆邮电大学学报:社会科学版,2017(4):77.

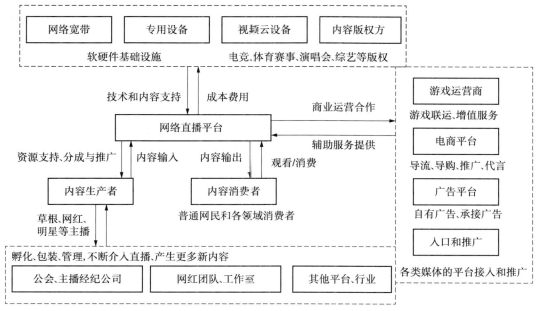

图 14.3 网络直播的盈利模式

1.“直播+平台”

它主要是原属信息技术行业的软硬件平台创建新的直播平台或加入直播功能,提高原有平台的传播功能、使用体验、用户黏度和流量变现能力。

2.“直播+活动”

它是体育、文化、商业、科技、慈善等大型活动主办者为提升活动影响力,与直播平台合作进行的临时或固定直播活动,将网络直播作为活动的信息传播与媒体推广平台,需要将内容版权进行备案。

3.“直播+明星”

既包括直播平台将草根素人包装成网络红人的造星运动,也包括平台邀请明星来平台真人秀直播或制作节目的主题活动。直播平台利用明星效应提升了平台的知名度、广告费和市场占有率,明星也找到了比微博更有效的积攒人气、维护形象,以及推广影视剧的全新渠道,实现了直播平台和明星的双赢。

4.“直播+行业”

它是网络直播与具体行业的深度融合,通过直播传递的实时影音内容,拉近服务者和被服务者的时空距离,实时咨询和反馈,减少信息不对称性,增加用户的现场体验感,提高信息沟通效率,实现购买和服务环境的交互化、场景化。直播平台成为这些行业内容生产、品牌展示、定制购买、客户服务的全新平台与路径。

第三节 网络直播的影响

可以说,网络直播是一把双刃剑,既给社会多个层面带来了新的机遇,也在网络文化上产生了一些消极影响。因此,我们应该全面辩证地看待网络直播。既要积极发挥网络直播的优势和长处,也要想办法规避网络直播带来的问题。

一、网络直播的积极影响

(一)网络直播给草根网民提供了展示自我的新平台

从博客、微博到微信,自媒体在不同维度上给草根网民提供了展示自我的机会。博客倾向自我的深度书写,其表达方式主要依靠文字;微博侧重自我的碎片化表达,仍然主要依靠文字和图片;微信则主打强社交关系,构筑的是朋友圈世界,文字和自拍照片成为主流记录手段。可见,以上三种平台主要以平面的静态的文字呈现为主。网络直播的兴起,首先打破的是不再以"写"为主的记录式表达,而代之以"讲"为主的展现式表达,这种门槛极低的呈现方式无疑给草根大众提供了绝佳的机会,人人都是主播成为现实。只要有移动智能手机和互联网通信等基本手段和技术,每个人都可以在镜头面前展示自我。另外,网络直播所提供的自我展示是现场感极强的实时叙述,是动态的立体的声画同步的全面展示。这一点,都是博客、微博和微信无法媲美的。

(二)网络直播给传统媒体的融合转型提供了新路径

网络直播兴起之前,传统媒体的融合转型主要集中在数字化和"两微一端"两个基本路径,应该说,这两个基本路径很好地促进了传统媒体与新兴媒体之间的融合发展,给媒体用户带来了良好的体验。然而,不可否认的是,这两个基本路径在交互性上还存在不足。得益于移动互联网技术的飞速发展,网络直播的兴起将网络交互的功能进一步向前推进,让人与人之间的实时交互成为现实。毫无疑问,这对传统媒体而言是一次绝佳的机遇。"直播平台最鲜明的特点是有着无可替代的交互性和压缩时空性,相对于电视综艺、网络综艺,观众与节目的互动不再是打电话、发短信、摇一摇、扫二维码。在网络直播过程中,观众意见能直接影响节目内容。观众实时的弹幕吐槽无形之中取代了电视节目中后期字幕制作的效果,节目的'槽点'由节目组寻找展现给观众,转变为由观众亲自寻找,增加了观众参与度"[①],实际上,不单单是综艺节目可以做直播,新闻节目一样可以,当然也可以实时互动,国内一些重要的媒体如央视网、人民网、澎湃网等,纷纷抢滩布局,加快新闻移动直播。例如,央视网络直播庆祝建党 95 周年,超过 400 万移动用户

---

① 严涛.网络直播对地方电视台的影响[J].中国广播电视学刊,2017(6):40.

通过直播观看。近年的全国"两会"、高考、热点新闻事件,都成为一些新闻客户端的直播重头戏。

就电视而言,目前中国的传统电视媒体对网络直播的尝试,整体上可以分为两种形式①。

1.丰富产品线,开发移动客户端,在客户端嵌入直播板块

我国很多省、市电视台都开拓了移动客户端渠道,也被称为电视 APP。它是指传统电视台为拓宽新媒体传播渠道,所搭建的能够在手机等移动终端上观看新闻、视频等信息的应用程序。通过手机客户端,电视媒体能够较为方便地设置板块内容,总体来看,在当前的电视 APP 中,"直播"还是一个较新的版块。如 2017 年 2 月 19 日央视正式上线的移动融媒体新闻平台,是央视新闻移动网搭建的一个能够供专业记者直播、电视新闻机构共享和用户参与内容生产的平台(图 14.4)。

图 14.4　央视新闻直播平台——央视新闻移动网

2.与直播网站或社交媒体合作,借助平台流量,实现用户导流

例如,有不少传统电视媒体在微博等社交平台上进行网络直播,借助社交平台上的用户流量提升本台内容的关注度。从微博统计的数据来看,2017 年 2 月 19 日至 3 月 19 日期间,央视新闻通过微博账号直播超过 25 场,观看人数超过 4 000 万人次,特别是"两会"期间的直播报道,观看人数多次超过百万。

(三)网络直播给品牌的营销传播带来了新模式

简单地讲,就是上文提到的"直播+"模式,具体而言,有"网络直播+电商平台""网络直播+明星""网络直播+发布会""网络直播+线下活动"等。下面主要介绍三种。

1."网络直播+电商平台"

电商平台是品牌网络营销的重要阵地。电商将传统的基于在场进行的买者与卖者

---

① 　陈锐,邓堉颖.电视媒体进行网络直播的路径探索[J].现代视听,2017(3):15.

的购销关系打破,给消费者带来不一样购物体验的同时,也让消费场景变得割裂,企业和消费者处于信息不对称的状态。"直播塑造的实时在场状态解决了这个问题。它直接、直面的呈现方式,让未经剪辑的产品、品牌信息全方位真实地呈现在用户眼前"①。尤其是随着 VR、可穿戴设备等新兴技术应用到网络直播,消费者在电商平台上购物的"在场感"会更加真实。

2."网络直播+明星"

即品牌商邀请明星代言人参加移动网络直播,然后在场景中适时适度地植入品牌信息,这有利于增加消费者的黏性和扩大产品的美誉度。在第 69 届戛纳国际电影节,欧莱雅与美拍直播平台合作的"零时差追戛纳"系列直播,全程直播了李宇春、巩俐、李冰冰等明星参加电影节的现场情况,创下 311 万总观看数、1.639 亿总点赞数、72 万总评论数的数据。它带来的直接市场效应就是直播四小时之后,李宇春同款色系 701 号 CC 轻唇膏欧莱雅天猫旗舰店售罄。

3."网络直播+发布会"

传统的品牌发布会,容易受场地容量限制,使现场观看的人数有限,而且品牌方和用户之间也难以及时沟通。网络直播彻底改变了这样的状况,网络直播中能够与用户保持实时沟通交流,能够即时听到用户反馈,用户的参与感得到极大的满足。2016 年 5 月 25 日,小米出动小米直播、小米网、小米微博等官方直播全平台,联合爱奇艺、斗鱼、虎牙等网络直播平台,进行了时长 3 小时的小米无人机直播发布会。观看直播的人看到"网红"雷军在屏幕中以最接地气的方式介绍他的无人机,给人造成了"他就是我的朋友"的错觉。在这样的氛围下,观看者热烈参与、积极互动,发出的弹幕一度遮盖了画面,而雷军也认真地回答网友们的问题,把气氛推向高潮。

【推荐阅读】关于更多具体的"网络直播+"营销模式,可参看杨琨、杨伟,《"网络直播+":移动互联网影响下的品牌营销新模式》,《出版广角》,2017(10)。

二、网络直播的消极影响

网络直播炙手可热的同时,也带来了很多问题,引起各界的强烈关注与讨论。总的来说,主要集中在三个方面。

1.伦理失范

低俗、色情、暴力等内容在各大直播平台不同程度地存在着,给网络环境带来了恶劣影响。直播"造娃娃"、女主播脱衣换衣、性骚扰过程、打猎、流血斗殴、杀狗、自残、出殡、"解密鬼村"等,各种乱象频出,这是网络直播带来的最为典型的问题。

---

① 程明,杨娟.实时在场、深度卷入、构建认同——论网络直播中的直播营销[J].广告大观:理论版,2017(6):43.

2.法律侵权

网络直播中存在的侵权问题大致可以分为三种情况[1]。一是直播平台侵犯公民个人隐私，个人言行未经同意就被播出。二是网络直播平台盗播各类影视、综艺节目，侵犯赛事直播权和音乐版权的情况比较普遍。2016年5月，针对斗鱼直播截取DOTA2赛事画面转播一案，上海知产法院二审判决斗鱼公司赔偿耀宇公司经济损失人民币100万元，并在斗鱼公司首页显著位置刊登声明，消除不良影响。另外，主播通过演唱知名歌曲的方式获得观众的金钱打赏，也属于收费表演。三是网民侵犯网络直播主播的个人隐私。

3.社会危害

这主要是针对青少年而言。类似于网络游戏的繁荣是以牺牲巨大的社会成本为代价，网络直播的诸种乱象给青少年的身心健康和"三观"（世界观、人生观、价值观）带来的不良影响是不容忽视的，"许多网络直播没有信息价值与知识价值，仅仅是无聊时的一种消遣，但是却能深深地吸引涉世未深的青少年，连很多成年人都会陷入网络直播不可自拔。缺乏自制力的青少年如果像沉迷游戏一样沉迷网络直播，对其人生的影响是不言而喻的"[2]。

三、网络直播的政府规制

当前，涉及网络直播的法规政策主要有《互联网视听节目服务管理规定》《互联网等信息网络传播视听节目管理办法》《互联网文化管理暂行规定》《文化部关于加强网络表演管理工作的通知》《关于加强网络视听节目直播服务管理有关问题的通知》等，涉及网信、文化、新闻出版广电、公安等多个政府部门[3]。

2016年9月，国家新闻出版广电总局（现国家广播电视总局）下发《关于加强网络视听节目直播服务管理有关问题的通知》重申相关规定，要求网络视听节目直播机构依法开展直播服务。2016年11月4日，国家互联网信息办公室发布的《互联网直播服务管理规定》正式实施。规定明确要求"互联网直播服务提供者'后台实名、前台自愿'，对互联网直播发布者进行基于身份证件、营业执照、组织机构代码证等的认证登记"。

【推荐阅读】《关于加强网络视听节目直播服务管理有关问题的通知》具体内容，详见国家广播电视总局官网；《互联网直播服务管理规定》具体内容，详见中共中央网络安全与信息化委员会办公室官网。

（一）严格要求持证上岗

总体而言，针对网络直播乱象频发的问题，政府在制定相关政策法规的过程中应更

---

① 侯韵佳，邓香辉.网络直播火爆原因、存在问题分析及对策建议[J].电视研究，2017（3）：31.
② 曾一昕，何帆.我国网络直播行业的特点分析与规范治理[J].图书馆学研究，2017（6）：60.
③ 霍岩.网络直播乱象的政府规制与治理策略[J].新闻战线，2016（22）：131.

加严格和具体。如从事电视台形态服务和时政类视听新闻服务的,应持有"广播电视播出机构许可证"或"互联网新闻信息服务许可证";从事主持、访谈、报道类视频服务的,应持有"广播电视节目制作经营许可证"和"互联网新闻信息服务许可证"。

(二)加强网络直播主播管理,落实平台主体责任

随着网络直播产业的监管趋于严格,网络主播也成为政府规制的主要对象。根据相关规定,各直播平台对主播的着装、妆容做出了具体要求。在严管主播的同时,也明确了平台的主体责任。如文化部(现文化和旅游部)相关政策规定,要求直播平台审核表演者资格,并负有直接管理责任,对提供的网络表演承担主体责任;网络表演经营单位要健全内容管理制度,配足内容审核人员,严格监督表演者的表演行为,加强对用户互动环节的管理。

(三)禁止传播有害内容,确保网络健康安全

在新闻出版广电、文化、公安、网信等部门对网络直播的日常执法活动中,最重要的就是强化对直播内容的审查,确保网络健康安全。这些禁止内容涉及淫秽色情、暴恐暴力、侵犯人格权、猎奇、恶意引导舆论等违反法律、危害社会公序良俗方面,并且对直播平台的技术、人员、管理条件、服务信誉以及自我审查机制等作出了详细的规定。最新颁布的《关于加强网络视听节目直播服务管理有关问题的通知》中,要求直播节目应坚持健康的格调品味,不得含有国家法律法规规定所禁止的内容,并自觉抵制内容低俗、过度娱乐化、宣扬拜金主义和崇尚奢华等不良风气。

【课后思考】

1.网络直播的概念及特点。
2.网络直播的类型与盈利模式。
3.网络直播的影响。

【话题讨论】

1.你认为网络直播的政府规制如何?

2.**案例**:吴云松将网络直播的未来发展趋势概括为四化,一是社交化,本质上说,直播是领先微信、微博的新一代社交形式,更具社交功能的产品会持续获得关注。二是内容化,直播将演变为一个产业,产业链布局越齐全、调动资源的能力越大、平台可承载的内容和造星功能越多,则越容易成功。三是垂直化,直播正快速向垂直领域延伸,除了传统的游戏直播,"直播+电商""直播+体育""直播+在线教育"等形式将变得越来越多且趋于成熟。四是广告平台化,直播延伸出来的商业价值将得到体现。

案例来源:佚名.2017年网络直播行业发展现状及趋势解读,外展网,2017-03-28。

请讨论:网络直播的发展趋势和方向是什么?

第十五章 可穿戴设备与虚拟现实技术

【本章作者】

谭辉煌,广告学博士,湖北科技学院人文与传媒学院副教授,主要研究方向为新媒体和新媒体广告,主持教育部人文社科青年项目1项。电子邮箱:646345796@qq.com。

【案例导入】

案例一:2014 年 10 月 30 日,一家叫"Cicret"的法国公司在 YouTube 上发表了一个视频,一下子就火了起来,浏览量达到 620 万,并且还在不断增长。这个视频到底是关于什么的呢?是关于一个叫"Cicret Bracelet"的智能手环:一个橙色、防水的可穿戴设备,可以把智能手机的界面影像投射到手腕的皮肤上,让皮肤成为触摸屏,可以在皮肤上进行触屏操作,把触摸屏体验变成了"触摸皮肤"体验。

案例来源:佚名.Cicret Bracelet 智能手环:让皮肤变成触摸屏,南方网,2014-12-29。

案例二:2015 年 10 月 13 号,CNN 与虚拟现实公司 Next VR 合作,通过虚拟现实视频流直播了民主党总统候选人的竞选辩论,这是首次在新闻直播中应用虚拟现实技术。只要有一个三星 Gear VR 头盔,观众就可以从 Oculus 应用商店下载与头盔配套的 Next VR 应用软件并安装在智能手机里,从手机上观看节目就如同身处辩论现场大厅的第一排座位上,从不同的角度获得 180 度视角。CNN 称这种尝试让观众感觉历史就在自己身边发生。

案例来源:魏婉琳.虚拟现实新闻的现实瓶颈与未来可能,今传媒,2016-08-29。

可穿戴设备与虚拟现实技术作为新兴的媒体技术,尽管目前尚未发展成熟,但它们在人类感知外部世界的方式、人类与媒介之间的互动模式以及新闻媒体的操作方式等方面足以带来想象和期待。因此,对于可穿戴设备和虚拟现实技术的基本含义以及与传媒之间的关系,成为我们观照新媒体的题中之义。

第一节　可穿戴设备

从广义的层面上讲,可穿戴设备是长久以来伴随人类的一个基本事物,从兽皮到衣服和各种饰物,因此,从这个角度出发,其实可穿戴设备已经暗示着人和媒介之间的某种关系,那就是可穿戴设备必须使人类感到自然和谐。

一、可穿戴设备

(一)什么是可穿戴设备

可穿戴式计算机的发明人之一,加拿大人斯蒂夫·曼恩教授认为可穿戴计算机是这样一类计算机系统:"属于用户的个人空间(personal space),由穿戴者控制,同时具有操作和互动的持续性,即 always on and always accessible[1]。"麻省理工学院的媒体实验室对

---

[1]　Steve Mann. Wearable Computing: Toward Humanistic Intelligence[J]. Intelligent Systems, 2001(3):10-15.

可穿戴计算的定义是:电脑科技结合多媒体和无线传播以不突显异物感的输入或输出仪器,如首饰、眼镜或衣服进行连接个人局域网络功能、侦测特定情境或成为私人智慧助理,进而成为使用者在行进动作中处理信息的工具。

　　以上两个定义比较注重可穿戴设备的技术特性。国内有研究者指出,可穿戴设备可理解为基于人体自然能力之上的,借助电脑科技实现对应业务功能的设备。人体自然能力指人类本体与生俱来的能力,如动手能力、行走能力、语言能力、眼睛转动能力、心脏脉搏跳动能力、大脑神经思维能力等;这里的电脑科技指基于人体能力或环境能力通过内置传感器、集成芯片功能实现对应的信息智能交互功能①。这个定义不但包括了可穿戴设备的科技特征,而且更强调了人体的自然能力,这种能力其实就是人类的感知模式(表15.1)。

表 15.1　可穿戴设备的类别、感知方式及代表产品

产品指标	设备类别			
	运动健身类	健康管理类	信息资讯类	体感控制类
交互方式	图形化界面。多通道智能人机交互,通过传感器收集信息和数据	图形化界面。多通道智能人机交互,通过传感器收集信息和数据	以自然语音交互为主,通过语音识别来实现操作	体感交互、虚拟交互
产品形式	腕带、手表、鞋	腕带、手表等	手表、眼镜等	腕带等
代表产品	Nike+Training	Fitbit Flex	Google Glass	MYO 腕带

(二)可穿戴设备的传播特征与意义

　　可穿戴设备的优点除了显而易见的可移动性和持续工作性以外,最大的特点莫过于让智能设备与人体融合为一,"设备可以更加自然地融入人类生活的不同场景中,而不需要单独携带一个设备,最终达到人与设备自然、完美融合的状态"②。它不同于传统设备的功能和特点,让设备和衣服、饰物一样可以穿戴,并且智能化地服务于人类。人类很早就有佩戴饰物和装扮身体的喜好和习惯,从动物的皮毛、兽角、海贝,到花朵、果实、玉器甚至金银器等,这些饰物基本上扮演的是驱寒、礼仪、宗教、美化和婚姻爱情等不同功能,尚不能达到智能化服务的程度。但是,有一点却是共通的,那就是和身体成为一个和谐的统一体,不轻易分开。可穿戴设备的发展也一定会遵循这样一种人类长久以来形成的"集体无意识",这种无意识难以言传,但至少包含着符合人类自然感知形态和感知模式的"惯习",因为它们和人类的身体亲密接触。

　　也正是区别于一般意义上的衣服和饰物的功能,以及符合人类自然的感知形态和感知模式,我们才说可穿戴设备的发展趋势必须是充分自然化的。

　　首先,可穿戴设备解放了人类的双手。这是继移动智能手机之后的又一大进步。移

① 封顺天.可穿戴设备发展现状及趋势[J].信息通信技术,2014(3):52.
② 孙永杰.联想:可穿戴计算设备存挑战关键在人机融合[J].通信世界,2013(17):28.

动智能手机成功地复制了人类边走边说的基本感知模式,赋予了人类极大的媒介使用自由。然而美中不足的是,移动手机把人类的双手和双眼紧紧地限制住了,"拇指族"和"低头党"就是鲜明的写照。可穿戴设备既然是可穿戴,那么双手的时间占用率就会降低,而主要是单手操作、视线位移、肌肉变化、语音命令等方式操作。因此,从这个意义上说,有人指出,"功能更丰富,独立性更强的可穿戴设备,也最具平台潜质,很可能成为继电视、电脑、手机之后的'第四平台'产品"①,是可以期待的。

正如麻省理工学院指出的那样,"可穿戴计算最大的意义在于颠覆了人们对于计算系统应该如何被使用的认知"②,用眼睛拍照、用手势翻页和操作屏幕、用语音搜索、碰碰手上的指环就交换了联系方式,还有"眼动跟踪、位置、姿态和生理感知及手势以及情感识别等"③,这些是前技术环境下不曾有过的感知方式,因而不能称之为自然感知形态和感知模式。但是,这些新创造的感知方式不仅不做作、不别扭,不会给人带来负担和累赘,而且更加自然和协调,甚至为人类省了不少麻烦。

其次,可穿戴设备是一种全方位的身体覆盖。当然,全方位的覆盖,并不是要求身体每个部位都要用可穿戴设备。其方式是让智能设备成为人类身体自然需求的一部分,同时我们也可以根据个体爱好和需求进行自由灵活的选择。我们要穿衣服和鞋子,戴眼镜、手表和指环,佩戴项链和腕带等,那么,可穿戴设备要么就是通过在这些衣服和饰物上"编织"或者"移植"网络,要么其本身就是一个数字形态的设备,从而极其自然地满足和服务人类。

最后,从互联网、移动手机到可穿戴设备,网络与人的身体之间的关系也在发生着微妙的变化,其轨迹是由膝盖到掌上再到全身,由固定到移动再到解放双手的自由移动,因此,我们有理由相信,这样一种趋势昭示着网络将朝着全方位智能化精确性地复制人类的感知形态和感知模式的方向发展。如图 15.1—图 15.3 所示④。

计算中心(主机模式) → 办公室、家庭(PC 模式) → 笔记本(便携模式) → 掌上、身上(移动模式)

图 15.1 计算机使用"地点"的变化

穿孔纸带、卡片、批处理(初级模式) → 交互、多媒体、WIMP(桌面模式) → 环境感知、agent(聪明模式)

图 15.2 计算机使用方式的变化(WIMP 是指 Windows、Icon、Menu 和 Pointer)

大型机 → 中型机 → 小型机 → 微型机 → 笔记本 → 掌上机 → 可穿戴机 → 电子人

图 15.3 计算机向小型化、微型化和超微型化发展的历程和趋势

不管技术如何发展,有一点是清楚的,那就是"人与技术之间的隔膜越来越小,融合度越来越高,并且变得更加自然"⑤。

① 甘芳.可穿戴设备的创意革命[J].上海信息化,2013(10):72.
② 赵子忠,徐琦.可穿戴计算设备的新发展[J].中国传媒科技,2013(6):84.
③ 于南翔,陈东义,夏侯士戟.可穿戴计算技术及其应用的新发展[J].数字通信,2012(4):14.
④ 陈东义.可穿戴式计算机的发展与趋势(I)[J].重庆大学学报:自然科学版,2000(3):120.
⑤ 温宝臣.可穿戴计算机的"前世今生"[N].经济日报,2013-05-08.

二、可穿戴设备的发展历史与现状

可穿戴设备最早可以追溯到 1975 年，Pulsar 计算器手表的推出；1977 年，CC Collins 为盲人开发了一款使用头戴式摄像头把图像转换成背心的触觉网络的可穿戴设备；1979 年，Walkman 卡带随身听由索尼推出；1931 年，史蒂夫·曼恩（Steve Mann）设计了一款具备文本、图像和多媒体功能以及头盔显示器的背包式电脑；1984 年，由卡西欧开发的最早的一批能够存储信息的数字手表之一 Casio Databank CD-40 出现；1989 年，由 Reflect Technology 开发了 Private Eye 头戴式显示屏。

"互联网女皇"玛丽·米克尔（Mary Meeker）将 2013 年定义为可穿戴设备元年，认为可穿戴设备将像 20 世纪 80 年代的个人电脑和目前的移动智能终端那样推动创新。国际 IT 巨头将可穿戴设备视为未来竞争的制高点，纷纷涉足可穿戴领域，谷歌先是开发出 Google Glass 这样的可穿戴硬件，而后推出 Android Wear 操作系统以健全可穿戴设备开发体系。三星在智能手表方面密集推出新品，抢占市场。苹果智能手表也已经出了第二代，英特尔则加大与终端企业的合作力度，推广可穿戴设备核心处理器。创新型中小企业 Jawbone、Fitbit、Recon 和 Pebble 等通过融资快速成长，选择在运动、健康等产品领域快速切入，还有一些创业企业则通过特定人群的差异化产品开发取得突破，并且获得较好的市场认可度。

可穿戴设备产业链条不断完善，生态系统加快构建。可穿戴设备的产业链涉及芯片、传感器、电池、软件、操作系统等多个关键环节，对上下游整合能力要求较高。目前，以三星为代表的制造企业、以苹果为代表的软硬融合企业、以谷歌为代表的互联网企业、以博通、英特尔为代表的芯片企业、以 Jawbone 为代表的终端创业企业均相继进军可穿戴设备产业，意图抢占产业制高点，可穿戴设备产业链不断完善，产业生态系统加速构建。

随着谷歌眼镜以及国内中低消费级可穿戴设备如小米手环的问世，可穿戴设备的消费认知度得到大大提高，而且新技术在不断地催生新产品，但是杀手级应用目前尚未出现。杀手级产品应当具备以下条件，一是功能复合化，传感技术的突破将保证产品设计时能够具备多种功能，单一功能的可穿戴设备将被复合型产品所取代。二是系统互动化，智能移动终端之间将形成网络、同时参与智慧家庭的互动和服务，各产品之间功能形成互补。三是方便隐性化，可穿戴设备便捷性大幅提高，消费者能够在不影响正常工作生活下方便控制和使用。杀手级应用的缺失使可穿戴产品的用户认可程度有限，目前尚难以复制智能手机爆发式增长的发展轨迹。

因此，从产品形态的角度上讲，可穿戴设备必须做到三点：一是产品的可穿戴特征更加显著。随着支撑技术的不断进步，可穿戴产品正朝着更轻便、更隐蔽、更快捷的方向转变。未来可穿戴产品的形态将从轻薄微型化、互动友好性以及易于连接性三个方面得到增强。二是创新产品形态满足多元需求。由于可穿戴设备的人体佩戴特点，未来产品将针对部分人群实现量身定制，满足不同群体的特殊需求，产品生产将从规模批量向个性定制的方向发展。三是时尚型与功能型并行发展。未来可穿戴设备将向更为轻便、易于佩戴的方向发展，时尚型和功能型将成为两条主要创新路径。时尚型产品更为注重外观设计,功能实现方面则寻求单一和简洁。功能型产品满足使用者的特定需求,在运动、健康、安全等领域发挥作用①。

第二节　虚拟现实技术

虚拟和现实本是一对矛盾的概念,然而当它们结合一起形成一种独特的技术时,世界就变得奇幻莫测,这正是虚拟现实技术引人痴迷之处——让不可能成为可能,让可能变得更加可感! 也许这也正是虚拟现实技术最本质的地方。

一、虚拟现实技术及其特点

虚拟现实(Virtua Reality)"是一个综合数字图像处理、计算机图形学、多媒体技术、模式识别、网络技术、人工智能、传感器技术以及高分辨显示等技术,融视觉、听觉、触觉为一体,生成逼真的三维虚拟环境的信息集成技术系统"②。

虚拟现实的概念可追溯到 1965 年,到了 20 世纪 80 年代初期,美国 VPL 公司的创建人 Jaron Lanier 正式提出了 Virtual Reality 一词③。1992 年,世界上第一个虚拟现实开发工具问世。此后,形形色色、种类繁多的虚拟现实系统陆续出现。到 21 世纪初,虚拟现实已经成为一项广泛应用于机械制造、军事训练、航天、建筑与城市规划、医学与生命工程、能源开发、地球物理、文物保护、体育训练、娱乐游戏、商业展示与销售等各种领域的重要技术。

1993 年,美国科学家 G.Burdea 和法国科学家 P.Coffet 提出了"虚拟现实技术的三角形"理论,指出虚拟现实技术的三个基本特征:沉浸感(Immersion)、交互性(Interaetion)、和想象性(Imagination)。沉浸感是强调虚拟技术给用户带来的体验具有身临其境般的感受,交互性是"指用户对模拟环境内物体的可操作程度和从环境得到反馈的自然程度(包括实时性)"④,想象性指虚拟现实技术应具有广阔和自由的可想象空间,不仅可以再现自然的真实世界,而且可以创造想象的虚拟世界。

虚拟现实技术的进一步发展是增强现实(augmented reality)技术。增强现实技术是利用计算机产生的虚拟信息对用户所观察的真实环境进行融合,真实环境和虚拟事物实时地叠加到了同一个画面或空间同时存在。增强现实技术与虚拟现实技术最大的区别就在于对沉浸感的要求不同,前者并不要求隔离周围的现实环境,而是"强调用户在现实世界的存在性并努力维持其感官效果的不变性,增强现实系统致力于将计算机产生的虚

---

① 耿怡,安晖,李扬,等.可穿戴设备发展现状和前景探析[J].电子科学技术,2014(2):245.
② 梁国伟,候薇.虚拟现实:表征身体传播无限开放性的符号形式[J].现代传播,2008(3):17.
③ 王健美,张旭,王勇,等.美国虚拟现实技术发展现状、政策及对我国的启示[J].科技管理研究,2010(14):37.
④ 王玮,武小明.基于虚拟现实技术的现代交互广告艺术探究[J].包装世界,2013(4):78.

拟环境与真实环境融为一体,从而增强用户对真实环境的理解"①。增强现实技术在广告领域中运用的比较普遍,无论是基于互联网还是移动智能手机、线上还是线下,都有许多成功的案例,涵盖了餐饮、运动用品、香水、服装等各个行业。

简单地讲,虚拟现实即是由数字化手段形成的一种特殊环境。这种环境的特殊之处就在于:一方面,虚拟的事物是真的,是真实存在的,并且人们可以感性地感受得到;另一方面,虚拟的事物又是假的,它只是一种数字化的存在,与被虚拟的对象有着本质的区别。因此,虚拟现实"是实际上而不是事实上为真实的事件或实体"②。正是由于虚拟现实的这种特点,使得人类的实践活动突破了现实的由原子组成的物质时空对人类的限制,从而可以去尝试和探索各种事物发展的可能性,将之以比特和字节的数字化形式展现于赛博空间。

二、虚拟现实技术的传媒应用

2016 年被业界称为 VR/AR 元年,可以说,虚拟现实技术为人类感知世界打开了一扇全新的大门,国内外的传媒和科技巨头都纷纷在这块新大陆上展开布局(表 15.2、表 15.3):

表 15.2 国外主要传媒和科技巨头的 VR/AR 布局

公　司	时　　间	与 VR/AR 相关的行动
谷歌	2012.4 2014.10	推出 AR 眼镜 Google Glass 5.42 亿美元投资 AR 公司 Magic Leap
索尼	2014.3	发布 VR 设备 project Morpheurs,后更名为 PlayStation VR
Facebook	2014.3	20 亿美元收购 VR 企业 Oculus
英特尔	2014.4	投资 VR 公司 World VIZ
三星	2014.9	与 Oculus 合作发布 VR 设备三星 Gear VR
苹果	2015.5 2015.11 2016.1	收购 AR 公司 Metaio 收购面部识别技术公司 Faceshift 收购 AR 公司 Flyby
微软	2015.1	发布 AR 设备 Hololense
迪士尼	2015.10	投资 VR 内容公司 Jaunt
Comcast 和时代华纳	2015.11	投资 VR 平台 NextVR

---

① 王聪.增强现实与虚拟现实技术的区别和联系[J].信息技术与标准化,2013(5):58.
② 迈克尔·海姆.从界面到网络空间——虚拟实在的形而上学[M].金吾伦,刘钢,译.上海:上海科技教育出版社,2001:111-112.

表 15.3 BAT 的 VR/AR 布局

公 司	时 间	与 VR/AR 相关的行动
百度	2015.12	推出 VR 视频频道
	2016.7	上线 VR 浏览器
腾讯	2015.12	公布 Tencent VR SDK 及开发者支持计划
阿里巴巴	2016.2	投资美国 AR 公司 Magic Leap
	2016.3	成立 VR 实验室，启动"Buy+"等计划

具体而言，虚拟现实技术在传媒领域的应用，主要可以从四个方面来讲。

(一)虚拟现实技术在新闻上的应用

美国南加州大学安纳伯格传播与新闻学院的 Nonny de la Peña 在虚拟现实行业内有"虚拟现实教母"之称。她有 20 多年的记者经验，曾担任《新闻周刊》杂志记者，也是多次获奖的纪录片导演，近年来致力于虚拟现实技术与新闻相结合的创新实践，是将虚拟现实技术应用于新闻制作的先导者。她和团队于 2010 年在 MIT Journal 上发表论文，首次使用了沉浸式新闻(Immersive Journalism)的概念，是指一种使观众能够对新闻中的故事或者场景获得第一人称视角体验的新闻生产方式。

VR 新闻的基本生产逻辑是较为清晰的：对于观众来说，凭借强大的计算机图像显示技术和 360 度全景呈现手段，自己能够出现在新闻现场中(不仅能够亲临还能参与其中)，并且随意走动展开探索；对于 VR 新闻生产者来说，则可通过这种沉浸式的新闻技术使得那些发生在离观众日常生活较远的新闻事件能够更好地被理解和感知。2015 年 11 月 6 日，是现代新闻史一个值得关注的日子。这一天，拥有 164 年历史的《纽约时报》推出新闻 Virtual Reality 客户端"NYT VR"，读者可以通过"谷歌纸板"(Google Carboard)阅读世界上第一例虚拟现实新闻报道(图 15.4)。该报执行主编 Baquet 称《纽约时报》是第一个将虚拟现实引入新闻领域的媒体，通过 VR 方式阅读新闻会给人们带来全新的体验，强烈的视觉感受，未来还将推出更多的 VR 新闻报道，涵盖叙利亚难民营、埃博拉病毒幸存者、太空等题材。《纽约时报》用 VR 的方式诠

图 15.4 《纽约时报》的虚拟现实新闻客户端 NYT VR

释新闻,为新闻业界打开了一个新的窗口。

(二)虚拟现实技术在直播上的应用

直播+VR(AR)可能在大型活动及体育赛事报道中成为趋势。目前,奥运会、NBA、超级碗、欧洲杯、世界职业棒球大赛、中国网球公开赛、武汉网球公开赛等多个体育赛事都已尝试VR直播。2015年10月,CNN与Next VR合作,首次VR直播民主党电视辩论;2016年9月,NBC与Altspace VR公司合作,对2016美国大选第一次总统候选人电视辩论进行VR直播。2016年3月,国内有网站在"两会"报道中尝试VR直播。

(三)虚拟现实技术在广告上的应用

百事可乐为了传达不含糖MAX系列产品让人"Unbelievable"的理念,在伦敦新牛津街巴士站放置AR增强实景技术的广告屏,将外星人、怪物等元素植入现实场景。起初,人们在显示屏中看到逼真的卫星撞击地球、外星人掳走路人等情景,露出难以置信的神情。随后,他们发觉这只是显示屏中的模拟场景,从最初的惊诧转为欣喜。百事可乐借助极具感染力的AR技术,配合"脑洞大开"的主题,成功吸引了人们的注意,路人纷纷与游戏拍照,社交媒体热议纷纷,以此巧妙地引出了MAX系列"unbelievable"的理念,在与用户亲密互动过程中成功实现了品牌推广。

(四)虚拟现实技术在影视上的应用

AR技术早已在电影的制作过程中得到了应用。2017年热播的《三生三世十里桃花》,片中95%的镜头均在摄影棚内完成,所有的棚内镜头均使用了现场预览技术。国外诸多大片《阿凡达》《木星上行》等都运用了AR电影预览技术。

AR电影预览技术系统集成了多项技术:实拍画面与虚拟画面的运动匹配、时间同步技术、实时抠像与实时合成技术等。这套系统可将实拍画面中的绿幕替换为虚拟场景,影视主创人员就可以看到最终合成好的预演画面。虽然预演画面与最终成片之间有很大差距,成片画面仍然需要在后期过程中加工完成,但前期拍摄时获得的摄影机运动参数、参考画面等对后期特效制作具有极大的帮助作用。

传统影视制作的过程是线性流程,前期摄制与后期制作是截然分开的,无法同时完成。AR技术的引入让影视制作流程发生了很大变化,从原先的线性实体化制作转为非线性的虚拟化制作,模糊了前期与后期之间的界限。AR技术使拍摄所得的影视画面和计算机生成的虚拟画面可以很快地进行融合,进一步提高了电影制作的工业化水平。

第三节　可穿戴设备与虚拟现实技术的媒介意义

可穿戴设备和虚拟现实技术在媒介层面的影响无疑是重大而深远的,本节将从媒介生存形态、媒介演进趋势和媒介营销传播三个层面进行分析。

一、带来媒介虚实相生的全新生存形态

虚拟,从广义上"是指人借助于符号化或数字化中介系统超越现实、观念地或实践地建构'非现实的真实世界'的能力、活动、过程和结果"①;现实一般是指真实、自然实在的意思。如果从媒介所呈现的形态的性质出发,可以将媒介划分为四个演进阶段:第一是以口头语言、实物、声响、文字和广播等为代表的实在形态,是以行为、实物和声音文字作为中介系统,既是在现实时空中呈现也是在现实时空中可以被直接感知,其性质为"实"。第二阶段是以电影电视等为代表的符号形态,其特点是以影像符号作为中介系统,通过光电等手段,先在物理空间把实物转化为影像符号,然后再在虚拟空间展现出来,其性质为"虚"。第三阶段是以网络为代表的数字形态,以比特为单位,通过二进制"0"和"1"的方式进行制作、传输和存储,生存于并展现于虚拟的赛博空间,其性质为"虚"。第四个阶段是虚拟现实技术背景下的虚拟化形态。很显然,这种形态不同于第一阶段的实在形态和第二阶段的符号形态,根本原因就在于前者是以比特为生存单位,而后者都是以原子为生存单位。同时,虽然性质都为"虚",而且本质也是数字化生存,但它与第三阶段的网络仍有很大不同:尽管网络可以融合各种媒介的特点和优势,汇聚声音、文字、图像、视频等于一身,但所有这些元素都是以比特的形式生存于虚拟的赛博空间,既不可以呈现于现实时空,又不可以在现实时空中被整体感知,从这个角度而言,网络和影视没有太大的区别,因为它们本质上都为"虚"。

然而,在虚拟现实技术条件下,尤其是随着增强现实技术的发展,不仅可将虚拟变成现实,于现实世界之中创造一个虚拟世界,而且可以使现实世界与虚拟世界交叉融合。正是在这样的背景下,媒介的虚拟化生存将是一种虚实相生的全新形态。具体而言,就是人们不用和现实世界隔绝,就可以进入虚拟现实系统所构造的媒介时空,在这个时空之中,人们的感知、体验、行为和心理都是与现实世界等同的。同样,人们也可以从虚拟世界返回到现实世界,将在虚拟世界的交流和互动反馈回来,继续和跟进现实世界的媒介活动。

二、预示着新媒体演进的自然化发展趋势

移动智能终端较之网络固定终端的最大优势就在于,"从不得不固定在一个地点通信,改变为可以随时随地建立联系,使人们可以摆脱'固定'的束缚,获得联系的便利和新的意义的自由"②。与移动智能终端同样受到各界青睐的可穿戴设备,在某种意义上又将计算机的使用推进到一个新的台阶,因为后者不仅可以在移动中持续性地工作,而且进一步解放了双手。可穿戴设备一个重大的变革在于"最大限度地简化了人机交互方式,用户可能只需抬一抬眼球、说几句话就能打电话、拍照"③。更进一步说,可穿戴设备将带

---

① 张明仓.虚拟形态:从虚拟思维到虚拟实践[J].福建论坛:人文社会科学版,2002(5):77.
② 评论员.媒体移动化是大趋势[J].中国记者,2007(4):1.
③ 甘芳.可穿戴设备的创意革命[J].上海信息化,2013(10):73.

来媒介生存形态的自然化升级,也即创造出人类未曾有过的感知形态,这种形态同时又是有别于前技术环境下人类的自然感知模式,但共通的地方则在于,它们是自然而不做作的,是能被大多数人所接受的,如语音搜索和命令、眨眼拍照、手势翻页、眼动追踪、情感识别等。这既是互联网的发展对人类的改造和提升,也将是人类主动适应网络变化进行的自我调适和改变。

　　从某种程度上说,在传统媒体时代和 Web 1.0 时期,媒介主要围绕着"听"和"看"两大感官进行复制,尤其只在"只听不看"和"停下来看"两个基本传播模式上进行着不同程度的还原,对于人类的其他感官元素却较少或者无法模拟。就视觉一路而言,从图像、标志、文字到印刷、报纸,只解决了人类看的问题,凸显的是眼睛的官能。就听觉一路而言,从声响到广播,也只解决人类听的问题,张大的是耳朵的官能。电视融合了声音和图像,将"听"和"看"两相结合起来,也意味着将耳朵的官能和眼睛的官能很好地协调在一起。Web 1.0 时期的网络很大程度上是对传统媒体形态的复制和移植,在对感官的还原水平上也只能在视听的逼真度和艺术性上得以提高和增强,在感官还原的范围上并没有根本性的改变。因此,从某种意义上我们可以说,人类在媒介面前长期以来扮演的是被截肢的感官不健全者。

　　然而,在可穿戴设备、虚拟现实技术和 NBICS(纳米—生物—信息—认知—社会)的技术聚合条件下,媒介实现多感官平衡和向元形态的高级回归将成为可能,其最关键的原因就在于:可穿戴设备、虚拟现实技术和 NBICS 的技术聚合都有利于完善和增强广告对人类感官的全方位复制和还原。较之于其他传播技术,虚拟现实技术最大的优势就在于可以让人身临其境般地融入计算机所建构的交互式环境,"计算机生成的感官信号使人的视、听、触、嗅等感官完全沉浸于其中,得到与现实的实际中一样真实的感受体验"①,换句话说,就是这种技术可以达到对人类感官进行全面复制和还原的程度。在可穿戴和虚拟现实条件下,人类不仅可以实现可视可听的基本感知,而且可以实现之前任何技术都无法实现的可触可嗅可闻甚至可尝。在这种技术背景下,人类不再是感官截肢的不健全者,而是回归到多感官平衡的正常人。而作为包含了虚拟现实技术的 NBICS 技术(或者说,虚拟现实技术只是 NBICS 技术的一个分支技术),不仅可以保证所有感官认知能力的发挥甚至提升,更能创造一些全新的智能化同时也是自然化的感知方式,如手势和眼神命令等。多种高端技术的聚合,有利于"通过提高感觉和认知能力来改善认知功能"②,"最终最强大的计算机接口会依赖于一个整合空间隐喻和多模式输入输出设备的结构"③。这里所谓的"空间隐喻"即是虚拟空间,甚至是虚拟空间和现实空间的交融,"多模式输入输出"通俗地讲,就是多感官的交互与开放。因此,进一步讲,媒介在多种聚合技术的条件下,不仅可以实现多感官平衡,而且可以在虚拟与现实时空之间自由穿梭,达到超时空自由。从这个意义上说,这将不只是元形态的简单模拟与复制,而是高级回归。

---

① 汪建,汪页周.虚拟世界与人类文明[J].扬州大学学报:人文社会科学版,2001(1):52.
②③ 米黑尔·罗科,威廉·班布里奇.聚合四大科技提高人类能力——纳米技术、生物技术、信息技术和认知科学[M].蔡曙山,等,译.北京:清华大学出版社,2010:159.

【推荐阅读】关于可穿戴设备和虚拟现实技术带来的媒介变革,可通过知网搜索谭辉煌的博士学位论文《广告形态演进的逻辑与轨迹》和论文《可穿戴设备与广告形态的自然化发展趋势》进行了解。

三、促使营销传播范式的革命性变迁

虚拟现实技术和可穿戴设备促使广告走向虚拟化生存,其重要功能和价值是可以建构未来可能但现在还不可能出现的多感官平衡场景。探求人眼无法观察的微观世界,探寻遥不可及的太空宇宙,直观地解密复杂机器的构造及其运作原理,体验攀越巍然耸立的高山……诸如以上在一般常态下无法完成的种种事情,对于虚拟现实技术而言却并非难事,事实上有许多广告公司和科技公司已经成功地运作了这种营销案例。从本质上说,"通过数字化虚拟,人们不仅能复制、补充和延伸现实体和现实关系的许多功能,而且能建构未来可能,但现在还不可能出现的现实体和现实关系的可感觉的模式"①。因此,广告的虚拟化生存,对营销传播来说,不只是形态的改变,也不只是传播模式的弥补和超越,它更意味着广告形态演进的趋势和生存范式的转变,这一点或许更值得业界和学界进行深思和探究。

【课后思考】

1.可穿戴设备的概念和传播特征是什么?

2.虚拟现实的传媒应用如何?

3.可穿戴设备与虚拟现实的媒介意义有哪些?

【话题讨论】

1.目前可穿戴设备有哪些不足;你认为怎样才能得到市场认可?

2.**案例**:全球很多人知道 AR 都是通过一款火爆游戏:"口袋妖怪 GO。""口袋妖怪 GO"的玩法很简单,只需要玩家打开手机摄像头,然后去公园、教堂、商场等实地捕获虚拟的宠物精灵。这款全球现象级的 AR 游戏引发了全球媒体关注和讨论。美国用户平均每天花了 40 分钟以上在这款游戏上面。良好的市场表现刺激了任天堂股价,3 天时间就暴涨 56.5%! 当然,除了口袋妖怪 GO,还有"虚拟入侵""实景塔防2""弯曲跑者"等诸多精品 AR 游戏,都值得一玩。

"口袋妖怪 GO"的火爆让游戏厂商看到了 AR 游戏的机遇,很多乘势推出了带有 AR 功能的游戏,企图分一杯羹。2016 年火爆的国内游戏"阴阳师"也在 2017 年 1 月 22 日推出 AR 玩法"现世召唤"功能。简单地说,这个玩法就是利用手机平板等移动设备的摄像

---

① 叶险明.马克思的哲学革命与哲学的现实基础——兼论关于虚拟与现实关系研究的方法论[J].哲学研究,2005(2):27.

头扫描游戏中指定的召唤阵(可以打印出来、手绘,或者直接截图到电脑上),然后游戏里的式神就会出现在眼前。

案例来源:安福双.AR 增强现实技术对文化产业有哪些影响?〔J〕.文化产业评论,2017-02-16。

请讨论:AR 技术与游戏相结合,其利弊如何?

第十六章　新媒体经营

【本章作者】

叶欣,新闻学博士,浙江传媒学院新闻与传播学院副教授,主要研究方向为新媒体经营、新媒体传播。电子邮箱:29850783@qq.com。

【案例导入】

2013年,上市传媒公司的一系列收购行为引发了市场的强烈关注。《浙江日报》传媒集团(以下简称"浙报传媒"),以32亿元收购盛大旗下两公司100%的股权,这两家公司分别是杭州边锋和上海浩方,交易价格分别约为29.08亿元和2.92亿元;凤凰传媒则收购了上海慕和网络科技有限公司64%的股权;博瑞传播的收购更具戏剧性,本打算收购"吉比特"公司却突然宣布失败,转而与漫游谷签署了《购股协议》,从而持有漫游谷70%的股权。杭州边锋、上海浩方、漫游谷、上海慕和都是国内外知名的网络游戏公司,传统媒体以大手笔收购网游,显然看重的是其高成率较高,能给传统媒体集团带来更多的盈利收入,而且,互动性极强的网游业务能加深传统媒体对互联网产业的了解,推动传统媒体向新媒体的转型。

"浙报传媒"作为国内第一家整体上市的报业集团,虽然知名度和影响力不如南方传媒、粤传媒、文新传媒等报业大亨,甚至经营媒体也不是最成功的,但其资本运作的水平在传媒业堪称一流。

"浙报传媒"最早在资本市场的动作来自对大立科技的投资,在浙报传媒控股股东浙报控股以2 300万元投资大立科技后,后者随即在深圳创业板上市,之后三年时间浙报控股所持股份增值10多倍让浙报控股净赚2亿多元。2013年10月19日,以数字电视及新媒体为主业的华数传媒借壳*ST嘉瑞上市,当日股价从2元涨至14.42元,涨幅621%。而此前的5月份,浙报传媒刚以2.6亿元收购浙报控股所持东方星空44%股份,东方星空正是持有华数传媒5 707.27万股(占5.2%)的第四大股东,这一收购也使浙报传媒所持东方星空市值达到8.23亿元,账面收益率达到341%[①]。东方星空作为浙报传媒的投资主平台,除了获得投资收益外,还承担着帮助浙报传媒完成枢纽型、创新型传媒集团战略布局的责任,通过资源整合和财务投资,迅速切入新媒体产业。

作为浙报集团自身全媒体转型战略行动计划的传媒梦工场项目,专门布局新媒体的研发和创业,该项目采取了创新的风险投资方式,浙报集团以资源、品牌入股新公司,但其持有的股权比例较低,传媒梦工厂基本由创业团队控股,这样的股权安排不但能激发创业者的积极性和创造性,也能发挥浙报集团的品牌优势,使得孵化后的新媒体项目能够融合内外资源形成合力,建立起完善的运营机制,更能适合市场的需要。目前,浙报集团已经拿出5 000多万元来支持传媒梦工场,并计划给予5年的培育期,以各种方式融资20亿元来推动这一新媒体项目的发展,浙报集团将自身的传媒运作经验、内容生产组织与传播能力与互联网界的创业、孵化、没资机制相结合,将极大推动浙报集团站到新媒体产业的最前沿。

浙报集团经营的巨大成功,让我们在这里提出了若干问题:什么是新媒体经营? 新媒体经营的特点是什么? 我们又如何去认识新媒体经营带来的变革呢?

---

① 佚名.浙报传媒涉足资本:两平台成形 重兵占击PE投资[N].时代周报,2012-11-09.

第一节　新媒体经营概述

20世纪90年代以来,计算机技术、信息技术、数字技术、网络技术、无线通信技术等新兴技术开始了日新月异的发展,高新技术终端和媒体形式与内容的水乳融合,使传统的媒体概念发生了巨大的改变。新兴电子媒介的不断出现,使我们的生活、工作,甚至休闲方式都发生了翻天覆地的变化,新媒体使得媒体经营不可避免地在媒体受众、运营模式、盈利手段、文化产业消费和发展等方面受到影响。这意味着我们必须以一种全新的视角来审视新媒体经营。

一、什么是新媒体经营

我们认为,新媒体经营是指伴随着社会信息传播方式的变革,建立在全球化信息技术、互联网技术、无线移动技术等新型技术基础之上的新媒体组织将其生产要素投入新媒体市场,通过新媒体产品的生产、交换实现其价值的过程。新媒体作为一种精神产品的生产实体,要维持自身的运转,必然要通过各种经营活动获取收益,并力求以最小的投入获得最大的产出。新媒介经营活动所涉及的内容,概括起来,主要有三类:新媒体产品经营、新媒体广告经营、新媒体多种经营。

二、新媒体经营的特点

(一)新媒体彻底颠覆了传统媒体的运营模式

新媒体在技术层面被阐释为"TMT",即高科技(Technology)、媒体内容(Media)传播和现代通信传输(Telecom)的结合。新媒体既能提供视频、音频、文字和五官感受齐全的信息,又可让受众及时参与反馈并影响信息源的内容加工,相对于缺乏传播效力的面对面传播时代和五官感受不全的印刷和电波媒体,能实现远距离、高信息量和高储存力的传播效力,这意味着媒体已经进入一个崭新的运营时代。

过去,传统媒体是编辑决定报道主题,记者收集事实,然后包装成新闻,以一张报纸或一档节目形式传播给受众。普通受众因为身份、经济和技术的原因,很难参与传媒的制作和传播。而由新兴电子媒介支撑的新媒体则能依托互联网服务、手机服务等方式,经济快捷地以众多形式向他人传播信息。门户网站、个人网页、网络游戏、博客、微博、微信等新媒体雨后春笋般地问世,使得策划、组织和管理传媒信息的新群体大量出现,在传统媒体报纸、杂志、广播和电视的记者和编辑之外,又增加了网站主编、网页管理、游戏设计师、博客作者、短信写手等许多新的职业与岗位。短信、彩铃、可供点播或下载的视频和音频、可以随意发表个人评论的跟帖、电子邮箱等以丰富的内容和多彩的形式保证了新媒体的传播。

（二）新媒体改变旧的媒体营利模式

新媒体的运营模式与传统媒体相比，显然不再是单一模式，而是变成了多种模式的组合。媒体业务的融合趋势，使得新媒体业务的运营需要跨越多种媒体平台，这体现在新媒体的内容和服务往往同时需要来自平面、广播、电视等多种传统媒体的支持。同样，新媒体的营利模式也较之传统媒体更灵活和多元，新媒体强调某种内容增值业务与服务，通过为用户提供各种增值业务、技术服务等就能成为很好的营利点。

传统媒体的营利是以广告投放为主；文字、图片、音频、视频等媒介呈现单向传递，受众的目标特定但不确定，广告价值随着覆盖受众的扩大而线性增长。而新媒体的信息是互联网运营商、电信运营商策划、组织和提供；媒介以声音、文字、图形、影像等复合形式双向传递；网络价值随着用户数量的增长呈几何级增长，通过提供与传统媒体类似但又根本不同的服务对媒介产品收费；媒体业务可以与金融服务、商业贸易结合收费，影视作品、音乐作品等可以下载收费；产品的订购可以在线支付收费。这些营利形式，有的是对报纸和电视广告的变相模仿，有的是通过网络信息库对用户收费，有的是利用数字技术和网络技术降低成本，有的是通过手机短信、彩信和彩铃这样个性化服务满足受众需求营利。

（三）新媒体深刻影响了消费方式

新媒体以其独特的媒介交流方式和娱乐体验方式，改变着人们的思维方式，主导了新的文化消费，创造了新的文化消费产品，进而改变了人们的文化消费观念。新媒体的自由度、互动性及参与交流的广泛性，使得当下的文化趣味日益娱乐化、流行化、大众化。新媒体传播的即时性、无限性和伴随性恰恰能使人们实现多层次、多类型的文化消费成为可能和便利，并成为文化产业实现的重要介质。无疑，新媒体为文化产业的发展注入了新的活力和强大的动力。在新媒体发展的二十多年间，人们的学习方式、工作方式、娱乐方式都在发生着巨大的变化。年轻一代早已习惯了在淘宝、易趣、当当、卓越等网络平台购物。网络消费已经成为人们生活中不可缺少的一部分。

三、新媒体经营的内容

（一）新媒体条件下媒介营利模式的变革

在传统媒体条件下，媒介的营利模式比较单一，主要是通过广告来获得媒介所需要的现金和利润。在新媒体条件下，由于新媒体业务的运营有时候需要跨越多种媒体平台形成媒体业务相互融合、相互支撑的特点，由此形成跨媒体（Cross Media）业务运营平台，这就要求新媒体条件下的媒介营利模式，不再是传统媒体条件下的单一营利模式而是多种营利模式的整合。

具体而言，新媒体条件下媒介要围绕以下方面进行多元化的变革：第一，继续提供广告经营。比如，门户网站以及博客网站在向用户传播信息的过程中通过弹出式、背景式、嵌入式广告来获得营利；第二，对媒体经营的产品进行收费。传统的媒体经营如电视台、报纸在向客户提供诸如电视剧、新闻等信息产品时，客户本身不需要为产品支付费用，但新媒体条件下,媒介经营企业可以通过对客户的分群来建立多元化的产品支付模式,如门户网站为客户提供视频服务时,除了免费的视频服务节目之外,还为客户提供收费的视频服务节目,从而建立起新的业务营利模式①。第三,在向客户提供产品服务的同时,挖掘消费者的需求,向消费者提供增值服务,从而建立基于增值服务的营利模式。比如,新媒介在向客户提供产品与服务的过程中,可以将媒体业务与金融服务、商业贸易等经营业务相结合,向客户提供产品订购、即时通信等增值性的业务,从而拓展媒介的营利渠道。

基于上述分析,我们可以得出新媒体条件下媒介的营利模式变革方向(图 16.1):

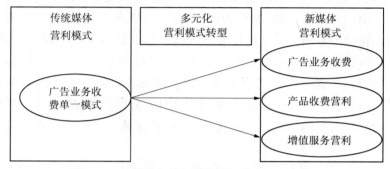

图 16.1　新媒体条件下媒介营利模式的变革方向

(二)新媒体条件下媒介运营方式的转型

在媒介运营方式的构成要素中,有三个必不可少的要素,即信息提供者、信息载体、信息受众,三者之间相互关系的耦合构成了媒介的运营方式。在传统媒体条件下,媒介是以信息提供者掌控信息传播内容,向受众进行单方向传播而受众被动接收信息的运营体系。在这一过程中,信息提供者占据主动地位,其运营方式更多地体现为"内容为王"(图 16.2)。但在新媒体环境下,媒介经营的运营方式则发生了变化,集中体现为受众不再仅仅是单一的信息接收者,也是信息的生产者与传播者,因此新媒体环境下媒介的运营模式要以受众的需求为主,变单向传播为双向传播。因此,新媒体环境下媒介的运营方式更多地体现为"受众为王"和"媒介平台为王"的特点(图 16.3)。

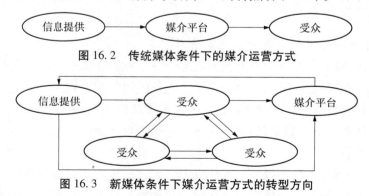

图 16.2　传统媒体条件下的媒介运营方式

图 16.3　新媒体条件下媒介运营方式的转型方向

---

① 李娟.新媒体及其对媒介经营管理的影响[J].北方经济,2008(9):20.

（三）新媒体条件下受众服务与管理方式的转型

基于上述分析可以看出，在新媒体条件下受众已经从传统媒体条件下信息的被动接受者转变为信息的主动接受者与传播者。这就要求在新媒体条件下，对受众服务与管理方式进行相应地调整。为此，媒介要做如下转型：

第一，基于新媒体条件下受众群体特征的变化，为受众群体提供更丰富的产品和增值服务。新媒体条件下，受众群体在年龄上呈现年轻化特征，他们的生活节奏快，互联网已经成为他们消费、生活、休闲的重要平台[1]。基于此，媒介经营过程中，就必须考虑他们多样化的需求，为年轻的用户提供更为多样、丰富的产品和具有针对性的增值服务。

第二，基于新媒体条件下受众双向传播的特点，为受众提供主动传播信息与咨询的平台和空间。新媒体背景下，一方面受众作为信息的接收方要接收来自信息提供者通过媒介平台提供的各种信息、咨询以及广告服务等产品；另一方面，新媒体条件下受众还作为信息的传播方，主动地将接收而来的信息通过即时通信、博客、微博等新媒体平台在受众之间进行互动传播。因此，媒介经营过程中就需要主动地向受众提供有助于受众传播信息与咨询的平台和空间，从而使受众能够及时地将信息进行传播，满足受众作为信息传播者的角色需求。

第二节　新媒体经营的发展趋势

新媒体以颠覆者的姿态给传统媒体带来巨大冲击后，传统媒体纷纷以各种方式进行转型，但总的来说成效不大，究其原因还是因为传统媒体做新媒体仍然是抱着固有的行事方式来经营新媒体，对新媒体的认识没有超过传统媒体的思考半径，在很多人的眼里，向新媒体转型还停留在"把纸媒直接移植到 PC 端和移动端上"，主要体现在仍然依靠传统媒体的采编理念办新闻网站，觉得"内容为王"仍是王道，只是转换一个媒介形式而已，殊不知新媒体技术的快速发展，对传统媒体的冲击是全方位的。

一、新媒体的多元化经营

我国传媒经营一直以广告盈利为支撑点，这一特点在新媒体崛起的今天越来越难以应对市场竞争的巨大压力。如何构建符合自身发展的产业链，将是摆在所有新媒体面前的严峻课题，而多元产业发展，无疑为这个课题提供了一个选择。

多元化经营已经是媒介经营者的共识，传统媒体依靠广告收入一只脚站立的模式被认为是危险的。许多媒体已经尝试了多元化的经营，而新兴媒体的经营模式正是以多元

---

[1]　薛可.余明阳.媒体品牌［M］.上海：上海交通大学出版社，2009.

化经营为基础,鼓励支持媒体开发多种经营。这种模式不再以广告作为单一支柱,而是发展了用户的订阅费、增值服务的收入等多个支柱,使媒体能够"站"得更稳。

目前,我国网络媒体多元化经营比较普遍,体现出以下特点:一是互联网产业链上下游逐渐连通,企业纷纷通过并购、业务合作等形式不断打破上下游壁垒,有针对性地打造全方位一体化的特色服务,以分抢移动互联网这一巨大的利益蛋糕。例如阿里巴巴入股新浪微博、百度并购 PPS、爱奇艺投资设立影视公司等都揭示了互联网企业正不断通过打通产业链,进行上下游整合,追求更大的市场话语权。二是产业边界日渐模糊。一方面,互联网企业纷纷通过横向扩张产业范围介入传媒、零售、金融等传统产业,特别在金融服务领域,阿里巴巴、百度、腾讯等互联网企业相继推出余额宝、财付通等多种金融服务或产品。另一方面,传统商贸企业、快销企业、大型渠道商等也逐步利用互联网升级盈利模式,推动了网络零售业快速发展。

以腾讯为例,腾讯公司一直使用的是多元化发展模式。腾讯从建立开始就不停地在发展和成长,同时业务范围也在不断地扩大。腾讯开发了 QQ 后又推出了腾讯搜搜、QQ移动业务、网络游戏、QQ 空间及会员、拍拍网等一系列新产品。从最开始的即时通信业务发展到网络媒体、电信增值、网络互娱、电子商务等。从业务类型看,腾讯提供的业务几乎包括了互联网上所有正在流行的业务。亚洲地区用户最多的移动即时通信软件——微信,微信是腾讯公司在 2011 年推出的一个免费为智能终端提供即时通信服务的应用程序,它是移动网络的杀手,也是腾讯的明星产品,更有传闻说它将是移动网络的第四大运营商。而最近几年随着智能手机的流行,手游也开始跟着热了起来,于是腾讯开发了天天酷跑、天天飞车等天天系列的手机游戏。腾讯凭借庞大的客户群体将八爪式的战略手法也就是多元化战略发展得相当娴熟。

二、新媒体的平台化经营

"平台"最核心的功能是实现双边(或多边)主体之间的互融互通。我们可以看到很多类似的平台的例子,就像购物商场之于买家和卖家、信用卡之于商家和消费者。虽然他们处于不同的产业领域,有的是通过技术实现的,有的是通过物理空间实现的,有的是通过无形网络和数据库实现的。但是他们都有一个共同点,那就是通过一定的"通用介质"(标准、技术、载体、空间等),使双边(或多边)主体实现互融互通,这就是平台的基本内涵和功能内核[①]。从苹果推出 AppStore,到 Android、腾讯、360 实施面向第三方开发者全方位、全平台的开放策略,这些互联网巨头们都在通过打造和控制平台,以获取宝贵的互联网入口,并获得忠实用户及大量流量。

哈佛商学院助理教授 Thomas Eisenmann 等人在研究网络融合背景下的双边平台竞争战略时指出,成功的平台企业需要策略性的应对三大挑战:①如何为平台产品(双边市场的两边)合理定价。②如何面对赢家通吃的动态环境。③如何应对来自跨平台的平台包络(platform envelopment)竞争。下面,重点以 BAT 为代表,分析新媒体的平台化

---

① 黄升民,谷虹.数字媒体时代的平台建构与竞争[J].现代传播,2009(5):20.

经营。

（一）百度的媒体平台战略

百度在搜索市场拥有了 75% 以上的绝对市场支配地位，并建立起以搜索为核心双边平台后，也采用了网络平台包络策略，通过开放数据平台及开放应用平台，将更多的服务纳入搜索服务平台。通过提供基于无线业务的手机搜索、本地生活服务的电子商务平台百度，应用软件百度浏览器等多种产品服务，不断丰富平台的价值及延展性。当然，百度、Google 这类企业成功的另一个关键因素是商业模式的创新。虽然其主营业务模式表面上看与传统媒体的广告收入比较接近，但网上关键字拍卖机制与传统针对大众的广告相比有两大明显的突破：广告是建立在一对一的双边精准匹配上而非一对多的大众传播；关键词价格因排位、广告主类别、时间差异等因素而变，而且起价很低让中小企业都可以加入搜索营销平台。

（二）淘宝的平台发展战略

阿里巴巴是我国第一批进驻电子商务的平台企业，其所创建的淘宝网平台更成为我国电子商务行业的领头羊。阿里巴巴作为平台型企业的典型代表，借助淘宝网平台将企业、消费者、供应商等众多参与者连接起来，通过制定统一的交易标准，为交易双方提供服务，满足市场要求，并不断扩大规模，形成平台商业生态圈。

淘宝在发展前期通过免费补贴策略集聚大量用户，在历经六年的网络效应的培育之后，2009 年，淘宝实施了开放平台战略，用户可以在淘宝网开店进行商品销售，同时也可以进入淘宝网开放平台进行开发型创业。同时，结合网民的本土化特征，淘宝网避开了常见的收费项目，例如用户交易费、开店费和店铺月租费等，相反，对卖家提供的大部分增值服务进行收费，如提供有偿橱窗推荐位、店铺装饰工具、付费广告等，这些成为淘宝盈利的一个新的增长点，并一直持续至今。2011 年至今，细分市场需求，实施包围战略，建立"大淘宝生态圈"。淘宝网在 2011 年根据用户消费需求特点对市场进行了细分，将原有的淘宝网划分为三个平台，淘宝网、淘宝商城以及一站式购物搜索引擎——一淘网。淘宝的这种拆分，在一定程度上满足了消费者需求向着细分化、差异化趋势的发展①。

大淘宝生态圈在 2009 年被提出之后，淘宝网就极力进驻不同的领域。淘宝网通过与申通、圆通、顺丰等 9 家主要快递企业保持长期合作，带动了物流行业的发展。其次，淘宝网通过支付宝的发展进入金融市场。支付宝不仅为用户提供转账、信用卡付款以及各种费用的缴费服务，其所开发的余额宝业务，更是集储蓄、转账、增值、理财等功能于一体的综合业务。生态圈的发展还包括对大众文化的影响，淘宝网创建的"双 11"购物狂欢节从一定程度上正改变着国人的消费方式。与此同时，2013 年，淘点点餐饮服务平台的开放也为淘宝打开了餐饮领域的大门（图 16.4）。

（三）腾讯的平台扩张路径

以即时通信（IM）为核心业务的腾讯采用了互联网企业中广泛存在的基础平台加增

---

① 张一进，张金松.互联网行业平台企业发展战略研究——以淘宝网平台为例[J].华东经济管理，2016(6)：56.

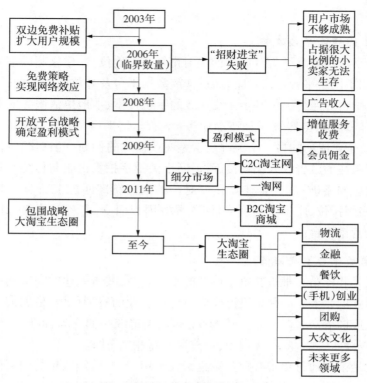

图16.4 淘宝平台发展演变路径

值服务的商业模式,充分利用双边市场的特性,搭建需求协调型增值业务平台,进而利用用户规模优势和网络正反馈实现从互联网增值服务、移动增值服务到媒体服务的全生活平台覆盖。简而言之,腾讯基于即时通信的网络平台战略可以总结为三部曲:找准"赢家通吃"的关键应用,以先发规模优势构建免费基础平台;利用垄断优势,以需求协调型双边平台的增值业务为利润核心;用平台包络策略进行扩张和跨网络竞争,延伸平台价值①。

【**推荐阅读**】关于中国网络媒体运营模式的建构与发展可参看张金海、林翔的《网络媒体商业模式的构建》一文,见《现代传播》2012年第8期,该文详细介绍了新浪、网易、腾讯和BAT等商业媒体运营模式的建构问题,并提出了建构信息流、资金流、物流"三流合一"的网络交互式平台商业模式以适应未来发展需要的全新观点。

三、大数据与新媒体经营

近两年,大数据和云计算已经成为全世界热捧的两个概念,这不仅意味着一次技术

---

① 余晓阳,张金海.传统媒体的数字化转型与新媒体的平台化发展——基于双边市场理论的经济学分析[J].新闻界,2012(5):65.

的颠覆性革命,更意味着由此带来的商业模式将为产业融合发展带来新的思路,从而对政治经济、社会生活和产业发展造成深远的影响。

　　大数据时代,谁能获取数据、分析数据、掌握数据、并加以利用,谁就在社会中占据主动,数据已经成为重要的社会资源和生产资料,而这些数据已不再是我们传统认为的词条、单词或者数字,它包括图像,甚至是语音,这些数据以结构化或者非结构化、有序地或者无序地堆放在计算机、数据仓库里,不用大数据技术去分析、处理它们,数据就毫无价值。让数据说话,需要通过服务器集群的云端,用先进的数据处理技术,去打包整合、深入挖掘、分类分析,从而发现其实用的价值[①]。麦肯锡全球研究所在美国曾对17个行业拥有的数据量作了估算,离散式制造业以拥有966PB数据总量居首位;美国政府以848PB的数据总量居次席;传播与媒体业排在第三位,共有715PB数据量[②]。回到国内来看,虽然缺乏具体的统计数据,但不论是媒体业还是电信业所掌握的数据量绝对是一个庞大的数字,随着终端的融合,从传统的电视延伸多屏;平台的融合,从过去三网独立到现在"三网融合";再加上集成化的高速网络创新。未来的大数据运用在广电业和电信业已经爆发,对于这些数据如何处理? 如何挖掘? 如何让数据产生价值? 尤其是对于产业融合重点领域的新媒体行业来说,通过大数据创新服务模式值得我们深入探讨。

　　(一)变现数据

　　如今大数据已经开始运用于零售业、金融业和保险业等领域,英国最大的连锁超市stop & shop 开发出了一套智能的购物车系统,超市内设置无线网,购物车上安装计算机,消费者在会员卡上勾出购物清单,到超市后在购物车的计算机上用会员卡刷一下,购物车就会自动显示出"最优购物线路",并指引你到想去的购物货架前。西班牙的一家电信运营商则推出了一项新的业务,只要付一定的钱你就可以买到在任何一个地点持手机人的移动轨迹,了解当地人流量,目前在西班牙首都马德里,70%的百货商店选址都会购买这项业务。

　　在这些新兴业务的背后,依托的都是大数据快速、精准的运算,不论是位置信息还是语音信息都可以转化为有商业价值的大数据,借鉴这些经验,中国的电信运营商同样可以像西班牙运营商一样,通过数据分析.了解用户的生活轨迹、消费层次、消费需求,不仅可以用于自己的精准营销,也可以作为特殊的数据服务提供给有需求的用户,实现新的商业价值。

　　(二)精准营销

　　未来世界,所有媒体都将数字化,媒体可以直接与用户互动,积累对用户的洞察,然后将采集到的用户数据进行存储、标签、分析,建立数据库深入挖掘。在准确理解用户需求的基础上,进而制订更符合实际的营销策略,改进产品设计,提升广告宣传效果。比如,《纽约时报》通过比对网站访问数据和传统订户数据,以获得最真实的用户信息;《金融时报》通过分析用户信息及时调整付费策略,这些例子都值得媒体借鉴[③]。除了传统业

① 官建文,刘扬,刘振兴.大数据时代对于传媒业意味着什么?[J].新闻战线,2013(2):21.
② McKinsey Global Institute. Big Data: The Next Frontier for Innovation, Competition and Productivity[R]. 2011(5):19.
③ 王武彬.大数据浪潮中的传媒业——兼谈大数据讨论的若干误区[J].新闻记者,2013(6):31.

务以外,基于数据平台的客户资源,媒体也可以开展电子商务、短信营销等对外增值服务。另外,在媒体融合的时代,大数据平台的建立将进一步打通传统媒体、新媒体用户间的壁垒,为用户的平稳迁移、数据共享、扩容升级提供可能。

大数据是精准营销的一把利器,今后广告公司在投放广告的时候,也许会更多地从第三方数据公司听取建议以便更有效、更精准地找到自己的目标客户群。"载体广告价值评估""广告效果评估""受众偏好度""节目忠实度",这些关键信息,都能通过大数据分析找出答案。大数据的出现改变了传统营销模式,将品牌营销向效果营销转变,在未来的广告生态系统中,能够精准地定位广告投入点,能够基于用户行为进行适时预测,把广告变成有用的信息,使用户不得不喜欢广告,这对于媒体、广告业主和第三方广告代理机构既是挑战也是机遇。

(三)数据聚合

谁能拥有海量数据、掌握主导数据并加以整合应用,谁就能在激烈的竞争中占据先机,大数据运用的基础是海量数据的整合,如今,媒体数字化的转型正在快步进行中,采集、储存、处理、运用,媒体正在成为大数据的重要生成与应用行业。但是客观来说,与社交媒体、商业网站相比,与中国电信、中国移动和互联网运营商相比,与各种传感器监控设备采集的数据相比,媒体机构在数量级上还有差距,有人做过比较,中央电视台每年播出节目的总量大约为 23 万小时,不过,世界上最大的视频分享网站 YouTube 每分钟上传的视频就有 72 小时,每月更有 10 亿独立用户的行为数据。因此,在产业融合、三网融合的背景下,整合数据,建立一个集广电、电信、互联网数据于一体的大数据平台是迫切和可行的,新的商业模式将改变数据形态,推动数据从结构化向半结构化、非结构化方向发展,从单渠道向多渠道方向发展。共享多屏(电视、手机、其他终端)、三网(广电网、互联网、电信网)所产生的数据,促使这些数据在需求方自由流动,其商业价值是十分巨大的。

【课后思考】
1.新媒体经营的定义与特点。
2.新媒体经营的商业模式。
3.新媒体经营的挑战和发展趋势。

【话题讨论】
1.新媒体经营到底新在哪里?
2.**案例**:2003 年 8 月,经当时的国家广电总局批准,上海电视台财经频道和东方广播电台财经频率的呼号统一改为"第一财经"。第一财经由上海文广新闻传媒集团(SMG)注册成立,目前已拥有电视、报纸、广播、周刊、网站、研究院、数字媒体等多元业务。第一财经充分利用其专业优势,积极拓展产业链条,着力创新产品,明晰的战略布局,使之在一定程度上已摆脱了传统媒体以广告为盈利支撑的运营模式,转而进入融合型的产业经营模式。

第一财经有效整合了传统媒体和数字媒体,不论是广播、电视、报纸、财经通讯社这些传统媒体,还是 IPTV、手机电视等数字媒体服务等,在产业链中都发挥着各自优势,形成了整体大于部分的系统化共振效应。在这样的跨媒体平台中，每一个单一的媒体都通过产业链整合，融合到跨媒体的产业价值链模式之中，第一财经旗下每一个媒体单元的内容生产和其他环节都可以与其他媒体形成价值联动，例如其电视、广播、网站、IPTV充分利用《第一财经日报》《第一财经周刊》的内容进行深度挖掘和创新再现，不仅有效控制了成本，还能实现各种不同媒体在内容和功能上的呼应，而始建于2007年的第一财经业务平台项目，通过数据的整合存储，为下属的各媒体共享信息、提高信息使用效率创造了条件，第一财经频率、《第一财经日报》、《财经早班车》在实践中已经摸索出一套较为成熟的合作模式，特别在大型采访活动报道中资源共享将极大提高效率、节约成本。

第一财经通过的跨区域、跨行业的战略布局，利用自身的资源整合优势，开展与多个媒体的合作，在国内外都开拓出一片新天地。不论是与国际知名传媒集团VNU协助创立的《第一财经周刊》，还是电视栏目《中国财经简讯》和《中国经营者》及"中国最佳商业领袖奖评选"活动的战略合作，或者与广州日报报业集团和北京青年报社共同筹建的《第一财经日报》，从地域空间的拓展到业务内容的多元，都展现出第一财经在产业链整合上的雄厚实力。

第一财经的财经资讯产品和财经公关产品是其产业链上的重要组成部分。财经资讯产品囊括了新闻、宏观经济、产业、股票、商品、基金、债券、外汇等多种形式和内容，还包括企业定制的各种数据服务等，近几年来，第一财经还先后推出了中国600指数、三大经济圈指数（CBN长三角指数、CBN珠三角指数和CBN环渤海指数）等具有全国影响力的指数指标，全面拓展了第一财经在金融商业信息服务的业务，产业链结构日趋完整。财经公关产品包括论坛、榜单、会展、培训、企业家俱乐部等形态。对于一家颇具规模的财经传媒集团，财经资讯产品和财经公关产品在其产业链上具有举足轻重的作用，它不仅是其产业价值链的延伸，同时也是营利的重要增长点，但越是提供立体的内容服务，其营利方式越要依靠信息提供。第一财经在提供财经产品服务的同时，还积累了大量的客户资源数据，为深入挖掘客户资源提供了条件，不仅如此，第一财经的财经产品具有咨询产品和公关产品的双重优势，不仅具有独立的财经采写编评的专业能力，而且能结合相关公关活动，实现产品与平台的良好兼容。

SMG创建第一财经一开始就是以品牌为基础，然后不断拓展，打造成一个跨媒体、跨地域、跨行业的传媒产业链条，这种以品牌先行，跨平台为依托，最终形成规模效应的发展模式是中国传媒业转型发展的一次成功尝试。

请讨论：SMG是如何创建第一财经？第一财经是如何摆脱传统媒体以广告为营利支撑的运营模式，转而进入融合型的产业经营模式？

第十七章 新媒体法律规制(上)

【本章作者】

李兵,管理学博士,浙江工业大学人文学院讲师,主要研究方向为媒体法,主持国家社科青年基金项目1项。电子邮箱:332008691@qq.com。

　　爱德华·约瑟夫·斯诺登(Edward Joseph Snowden),生于 1983 年 6 月 21 日,前美国中央情报局(CIA)职员,美国国家安全局(NSA)外包技术员。在为美国国家安全局的军事承包商工作期间,斯诺登有机会接触到安全局的秘密项目。2013 年 6 月,他将两份绝密资料交给英国《卫报》和美国《华盛顿邮报》,并告之媒体何时发表。按照设定的计划,6月 5 日,英国《卫报》先扔出了第一颗舆论炸弹:美国国家安全局有一项代号为"棱镜"的秘密项目,要求电信巨头威瑞森公司必须每天上交数百万用户的通话记录。一天之后,美国《华盛顿邮报》披露称,过去 6 年间,美国国家安全局和联邦调查局通过进入微软、谷歌、苹果、雅虎等九大网络巨头的服务器,监控美国公民的电子邮件、聊天记录、视频及照片等秘密资料。美国舆论随之哗然。斯诺登随即遭到通缉和起诉。2013 年 6 月 23 日,斯诺登前往莫斯科,俄罗斯给予他一年临时难民身份。2014 年 8 月 7 日,斯诺登获得俄罗斯三年的居留许可证。2015 年 10 月,欧洲议会以 285：281 的票决通过决议,撤销对斯诺登的刑事指控,并阻止其被第三方引渡。

　　网络空间是一个相对开放自由的虚拟言论空间,在这个空间中,发言者可以相对随意地阐述事实、发表观点、抒发情感。对言论自由进行宪法保护是国际通行做法,而网络无疑已经成为践行这种自由的首选渠道和平台。但是,在法律的框架内,任何自由都并非绝对。即便是在言论自由具有绝对优势的美国,发言者也不能畅所欲言,而要受到诸种限制。本章开头的斯诺登泄密案就反映了公民的通信秘密与国家安全之间的矛盾。那么,西方发达国家是怎样权衡网络空间中的言论自由和其他人的合法权益的呢? 在网络环境下,它们怎样对既有法律作出适时调整,并尝试新的立法? 西方国家网络空间法治化的实践对我国互联网的法律规制又有何启发呢?

第一节　英国对新媒体的法律规制

　　作为互联网发展起步最早的国家之一,英国的互联网高度普及和发达。据英国国家统计局(Office of National Statistics)的最新数据显示,英国目前有 1 800 多万个家庭拥有互联网连接,占英国家庭总数的 70%。在互联网管制方面,英国经历了从严到宽的过程。网络发展初期,英国政府对接入和使用互联网没有任何限制。但自 20 世纪 90 年代以来,为了打击网络犯罪和保护青少年上网安全,英国加强了对互联网的管制,逐渐形成了一种政府、行业、国家安全部门与民众相互结合的"监督而非监控"模式。

　　英国在互联网及相关领域有很多成文立法。针对互联网安全、儿童色情、个人信息及著作权保护方面,都有相关法律规制。另外,英国将网络媒体视为出版物的一种,将既有法律如《刑法》《诽谤法》《蔑视法庭法》《青少年保护法》《种族关系法》《广播法》等有关条款延伸适用于网络新媒体。此外,大量的先例、律令和司法判例都是英国对互联网进行管理的法律依据。与此同时,英国的网络自治自律机制也在不断发展。

按照管理内容不同,英国对新媒体的内容规制大致如下。

一、网络安全与国家安全

维护网络秩序,保障网络安全,这是网络在一个国家社会经济中发挥重要作用的基础。

早在 1996 年,英国政府就组织互联网业界及行业机构共同签署首个网络监管行业性法规《分级、检举和责任:网络安全协议》(*Safety Net Agreement Regarding Rating*, *Reporting and Responsibility*)。该法规在鼓励使用新科技的同时,要求网络服务商承担起确保网络信息合法性的责任,对提供网络服务的机构、编发网络信息的单位进行明确职责分工[1]。此后,英国于 2009 年、2011 年两次发布国家网络安全战略。由于网络恐怖主义活动日趋猖獗,英国在 2010 年国家安全战略报告中将网络威胁、恐怖主义、国际军事危机、自然灾害视为国家安全面临的四大主要威胁,对网络安全的重视程度不断提高,将网络安全提升至国家安全高度予以重点关注[2]。

2011 年 8 月,伦敦等地出现严重的骚乱,英国政府发现,此骚乱为犯罪分子利用网络通信的便利,以电子邮件和短信的方式煽动并组织串联实施。社交网站及网络谣言也成了恐袭的重要推手。事件发生后,英国政府更加注重网络通信监控,制止把社交媒体用于暴力的行为。

2012 年 4 月,卡梅伦政府还向议会提交了互联网监管法规草案,法案要求互联网服务供应商及电信公司安装相关硬件,使通信数据能够储存一年,方便执法机关和情报部门可以随时检查用户通过网络发送的邮件、聊天记录和浏览网页记录等,同时将社交网站和网络即时通信工具也纳入监管范围[3]。

2014 年 4 月,欧洲法院裁定《数据保留法》无效,该裁决使得英国的数据收集顿时陷入了法律真空。为此,英国当局为保障互联网监控的重新"合法化",于 2014 年 7 月 10 日紧急立法,推出《数据保留及调查权法案》(*Data Retention and Investigatory Powers Act*),允许警方及安全部门在未来两年中继续从互联网和电信运营商处调取顾客通信记录,这部法案于 2016 年 12 月 31 日到期。

为了跟上数字时代步伐及打击恐怖主义威胁,2015 年 11 月,英国起草《调查权力法案》(*Investigatory Powers Act*)草案,要求每个网站的互联网服务供应商储存并向执法机构或安全机关提供英国用户 12 个月内的网络访问记录,包括通过 Facebook 及 WhatsApp 等社交软件发送的信息。同时要求苹果和其他科技公司保留加密智能手机等设备的密钥,在政府部门获得授权时要为其提供密钥。这项草案于 2016 年 12 月得到皇家批准,意味

---

① 严健.英国高度重视网络信息监管 强化网民监督意识[EB/OL].人民网,2012-04-24.

② 李晓飞.试析英国的网络安全治理[D].北京:外交学院,2014.

③ 李海龙.英国网络治理疏而不漏[N].学习时报,2015-01-05.

着其中有关监视权的规定正式成为法律,原《数据保留及调查权法案》相应权力在新法案中得到更新。该法案受到技术公司以及产业重要代表的严厉批评,包括 Facebook、Google、Twitter 以及雅虎等数家全球技术公司巨头发表联合声明对《调查权力法案》表示担忧。

尽管以上法案或草案都因可能侵害公民自由权和隐私权而引发了一些争议,但网络犯罪的日益猖狂,尤其是以社交网站为联络基础的恐怖主义袭击,已经严重威胁到各国的网络空间甚至国家安全。加强网络监管,打击网络犯罪已经成为各国政府的共识。

二、名誉权

英国诽谤法历史悠久,影响广泛,以判例法为主体,以成文法为补充,但成文的《诽谤法》在适用时具有优先性。对于媒体而言,损伤他人名誉的内容一旦发表,就被认定为诽谤[①]。因此,英国诽谤法向来被认为有利于保护原告的名誉权。也正因此,英国诽谤法历来被认为是"原告的天堂",有人甚至不惜到伦敦打诽谤官司,"诽谤诉讼旅游"(libel tourism)成了伦敦旅游业的一个新品种。

为了适应现代言论表达、传播方式,回应其对保护言论自由不足的批评,英国诽谤法不断改革。最近一次改革于 2010 年 6 月启动,2013 年 4 月 25 日诽谤法草案(*Defamation Act* 2013)获议会通过,宣告此次改革落下帷幕。此次诽谤法改革主要是扩大被告的抗辩范围,加强对言论自由的保护。改革的主要内容有程序和实体两个方面的内容,主要有两个趋势:第一,提高了原告进行诽谤诉讼的难度;第二,加重了互联网服务提供商在网络诽谤中的责任。

值得一提的是,随着网络新媒体的迅速发展,网络服务提供商作为诽谤诉讼案被告的情形日渐增多,而且在网络空间中发生的诽谤往往后果更加严重。为此,此次诽谤法改革还规定了网站运营商的责任。对于互联网上的诽谤内容,如果运营商履行了"通知—删除"义务,则可对诽谤诉讼提出抗辩。具体来说,如果原告能够证明:第一,原告无法找到诽谤内容的作者;第二,原告事先已就诽谤内容的情况通知网站运营商;第三,网站运营商没有给予任何回应,在此种情况下,网站运营商负有责任[②]。

此次诽谤法改革体现出的一个基本精神是,若网络用户生产的内容涉嫌诽谤,明确网络服务提供商的责任,体现了英国试图对言论自由和名誉权进行适度平衡,使网络空间的诽谤诉讼有法可依。

三、隐私权

到目前为止,英国对隐私权的法律保护还处于"缺位"的状态。这主要是指两个方面:第一,在成文法领域,英国还没有专门的《隐私权法》。第二,在普通法中,不承认侵犯

---

① 黄艳琳.英国普通法对新闻媒体内容的管理和限制[J].青年记者,2005(10):71.
② 蔡浩明.英国诽谤法改革对我国的启示[J].当代传播,2014(3):67.

隐私为独立诉因。当隐私利益受到侵害时,受害人得以其他等地位稳固的诉因提起诉讼。这种间接保护方式被称为寄生的诉讼。具体来说,保护隐私利益的诉因主要有以下几个:侵犯土地(Trespass);妨扰(Nuisance);侵害版权(Infringement of Copyright);侵犯人身(Violation to personal rights);诽谤(Defamation);恶意谎言(Malice);违反保密责任(Breach of confidence)。

四、儿童色情信息

英国对网络的内容净化,主要体现在对儿童色情信息的治理。英国在这方面的成文法很多,如《1964淫秽出版物法》《1982年市民政府法》《1987年儿童保护法》《1989年青少年保护法》《2003年性侵犯法》《谅解协议:2003年性侵犯法》等。

除了成文法之外,自律组织也在治理色情信息方面发挥着重要的作用。为了解决互联网上的违法犯罪问题,如色情、性虐待、种族歧视等,尤其是儿童色情信息问题,1996年9月23日,英国网络服务提供商协会(ISPA)、伦敦互联网交流平台(the London Internet Exchange)和安全网络基金(the Safety Net Foundation)根据自律性的网络内容规范《分级、检举和责任:网络安全协议》建立了第一个半官方性质的行业自律组织——网络观察基金组织(Internet Watch Foundation,IWF)。作为最大的英国自律机构,IWF确立了以下管理原则:

首先,互联网并不是法律的真空地带,对其他媒介适用的法律,如《刑法》《猥亵物出版法》《公共秩序法》,对互联网同样适用。

其次,按照英国目前的法律规定,互联网上的"非法内容"就是指儿童色情内容。对于非儿童色情但有可能引起用户反感的网络内容(如成人色情、种族主义言论等),管理者应该尊重用户的个人意愿,通过分类认定和标注系统,使用户自行选择想看到或不想看到的内容[1]。管控儿童色情信息是IWF的主要工作内容之一,为此,它设立了内容分级和过滤系统,建立了分类明确的儿童色情信息等级划分标准[2]。让用户能阻拦或预先警戒令人厌恶的内容,鼓励用户自行选择需要的网络内容。

此外,它还主动收集网上的儿童色情等不法信息,然后将这些信息通知内容和技术服务提供商,以便让其采取措施阻止网络用户访问这些网站。IWF还会处理各种不良信息报告。网络用户如果发现了不良内容,可以通过电子邮件、电话、传真或者登录该基金会网站的方式进行报告和投诉,基金会随之进行调查和评估。如果认定是非法内容,则会通知相应网络服务提供商将非法内容从服务器上删除,并根据情况将问题移交执法机构处理[3]。

五、对广告信息的管理

自我管理在英国新媒体广告规制中占据着主导地位。英国广告行业的自律传统深

---

① 肖燕雄,李红祥.网络观察基金会:英国互联网的监督组织[J].网络传播,2006(1):29.
② 李丹林,范丹丹.论英国网络安全保护和内容规制[J].中国广播,2014(3):52.
③ 黄堃.网络色情几乎绝迹,英国是怎么管的[N].新华每日电讯,2011-04-22.

厚,早在1890年英国的广告公司就成立了旨在抵制当时广告中的道德败坏内容的"联合审查委员会"(Joint Censorship Committee)。1926年广告业界成立"广告协会"(Advertising Association, AA),旨在"调查广告滥用现象并采取相应的补救措施",以提升公众对广告及广告产品的信任与信心。广告协会由广告主、广告公司与媒体商的各种协会组织联合组成,集中管制组织成员的广告活动,实际上就是针对整个英国的广告业。1961年,广告协会发布了《英国广告实践守则》(British Code of Advertising Practice),并设立了"广告执业委员会"(Committee of Advertising Practice, CAP)来负责执行第一部《广告实践守则》和所有其后修订的条令。1952年,广告协会成立了广告标准局(Advertising Standards Authority, ASA),旨在监管《广告实践守则》的实施情况。

2003年英国政府颁布了《通信法案》,英国通信管理局(Office of Communications)根据该法案的基本原则,将规制广播和电视广告的执法权赋予了英国广告标准局。由英国广告标准管理局负责协理广播和电视广告的管制工作,这标志着英国广播和电视广告的管理与其原来的印刷广告一样最终也被纳入广告自律体系,也标志着英国广告自律体系的完善与成熟。

随着互联网和智能手机的普及,新媒体广告在英国的广告市场所占比重越来越大,广告的管理也出现了新的趋势。以ASA/CAP为中心的广告自律组织针对新媒体广告出台了一系列自律条令,这些新的条令主要涉及三个方面的内容。

第一,扩大广告自律条令的监管范畴,明确新媒体广告的监管内容。自2011年3月1日起,英国广告标准局开始管制广告商在所属网站和其他在线免费空间上的市场营销行为。管制范围:"任何公司、组织或零售贸易商在所属网站或其他在线免费空间,进行推广商品、提供服务、岗位招聘或赠送礼物等广告行为,以及相关的市场营销行为,或为自身商业行为进行诱导式集资的行为。"

第二,规范新媒体广告标志(icon),提升广告内容的透明度(transparency)。要求"第三方"需在销售网站和在线广告上做出明确标志,具体做法为将在线广告加注角落图标,提醒网络用户此为定向广告。与此同时,广告商须设置表示"退出"或"取消"意思的标志,允许网络用户自行选择是否查阅广告,这就意味着在线广告商须向网络用户解释清楚正在实施的定向广告推广行为。

第三,调整特种广告的规制内容,适应新媒体传播特点。针对烟酒、药品、赌博、儿童等不同内容的特种广告,分别设有不同的规制内容①。

英国对新媒体的法律规制具有一个典型的特征是"监督而非监控",而且多年的实践经验证明,依靠行业组织的自我管理、公民网络素质的培育和提高,英国的自律机制取得了相当不错的效果。与英国相比,我国的媒体管理主要以政府管控和法律规制等硬性管理方式为主,基于互联网的技术特征和法律管制自身的局限性,加强建设各种行业自律组织、提高网民媒介素养应该成为我国管理互联网的一种辅助性手段。

---

① 谢胜男.英国新媒体广告自律管理[J].编辑之友,2015(10):110.

第二节 美国对新媒体的法律规制

作为互联网的起源地,互联网在美国高度发达。1993年,美国首次提出了建设信息高速公路的构想,力图打造一个集电话、广播、电视、计算机等为一体的多媒体信息网络;同时,美国也是世界上最早对互联网进行法律规制的国家,具有数量最多的与互联网有关的立法。近年来,美国制定或修改了百余项与网络有关的法律法规。这些法律的内容林林总总,囊括了行业进入规则、电话通信规则、数据保护规则、消费者保护规则、版权保护规则、诽谤和色情作品抑制规则、反欺诈与误传法规等许多方面①。它们形成了美国互联网法律规制的基本架构。

一、国家安全

2001年"9·11"事件以后,恐怖主义让美国乃至整个世界为之战栗。而让美国政府震惊的是,恐怖分子是通过网络沟通策划袭击的。为了防范恐怖主义,维护国家安全,美国加强了对互联网安全领域的立法工作。2001年10月26日,时任美国总统乔治·布什签署《爱国者法案》(USA Patriot Act),这个法案是美国历史上第一部专门针对恐怖主义而出台的法律。它以防止恐怖主义的目的,扩大了美国警察机关调查和打击恐怖犯罪的权限,确立了有关权力部门对网络传播内容、私人信息资料等进行监控和收集的合法性。比如,该法规定,政府不仅有权收集和截听公民的口头谈话内容、电话内容,而且有权监控通过任何电子通信形式传递的各种形式的信息,如文字、图片、声音、视频等。与此同时,政府有权要求美国的电信服务商和运营商提供详细的客户信息资料,并不能让客户得知他们的信息已经被政府所获悉②。因为牺牲了公民部分个人信息权和言论自由权,对该法案的批评之声不断。

2002年11月19日,《国土安全法》(Homeland Security Act)以压倒性多数在美国国会获得通过,该法案进一步从法律上确认政府监控网络行为的合法性。此后,2009年,美国颁布《网络安全法》(Cyber Security Act 2009),强化了联邦政府网络安全的架构,强调维护网络安全和国家安全的重要性。该法案赋予总统"宣布网络安全的紧急状态",允许"关闭或限制事关国家安全的重要信息网络"的权力。此后,美国国会陆续通过了《保护网络资产法案》《信息安全与互联网自由法》,在监管互联网方面给予总统和联邦政府更多授权。可见,美国对互联网安全和国家安全的重视达到了空前的高度。

---

① 佚名.国外网络安全立法对我国的启示[J].中国防伪报道,2016(8):54.
② 张化冰.互联网内容规制的比较研究[D].北京:中国社会科学院研究生院,2011:53.

二、个人隐私保护

隐私权的提出始于 1890 年美国的两位律师塞缪尔·沃伦(Samuel Warren)和路易斯·布兰代斯(Louis Brandeis)的名文《隐私权》(*The right to privacy*)。沃伦因对当时的"黄色小报"报道其家中的私事不满而滋生了写作此文的想法,并将隐私权进一步解释为"独处权",意为保护个人作品和其他所有个人产品,不是针对盗窃和物理的挪用,而是针对任何形式的刊登①。

隐私权的概念提出后,最初是美国各法院通过判例将其认定为一种民事权利。此后,美国法院,尤其是联邦最高法院又通过一系列的判例,将隐私权上升为一种宪法上的权利,创设了宪法上的隐私权。具体来说,宪法所包含的隐私含义主要有以下三种:①宪法《第四修正案》包含的隐私权含义。其核心是,保护个人隐私不受政府及其工作人员的非法入侵。②"重要决定"的隐私。这和新的隐私权含义是,与婚姻、生育、避孕、家庭关系和孩子抚养与教育等关乎个人的基本或固有权利的决定只能由个人作出,政府不能干预。③信息隐私。

互联网的飞速发展使美国隐私权正面临新的挑战,1997 年 10 月,克林顿政府在《全球电子商务发展框架》报告中,把保护网络隐私权作为一项基本原则提出来。在互联网环境下,美国隐私权法主要通过立法和行业自律的模式保护有可能被滥用的个人信息。这种模式一般被称为"分散立法模式"或"行业自律模式"。其核心特征是,不设立专门统一的《个人信息保护法》,而是在某些高度敏感的领域,如儿童信息、医疗档案以及金融数据,通过相应的立法来保护个人信息。同时发挥自律机制(包括企业的行为准则,民间"认证制度"以及替代争议解决机制)配合政府的执法保障,从而实现保护隐私的目的。

具体来说,美国的个人信息保护立法常限于一些特定的情形,如当特定的商业部门有滥用隐私权的可能,或者当企业持有敏感的个人信息的时候。如涉及网络空间的"被遗忘权"(the right to be forgotten)问题,美国加利福尼亚州于 2015 年开始实施"橡皮擦"法案,要求 Facebook、Twitter、Google 等社交媒体巨头允许未成年人擦除自己的上网痕迹,以避免因网络防范意识不足而在以后面临网络痕迹带来的问题②。2015 年白宫公布《消费者隐私权利法案》(*Consumer Privacy Bill of Rights*),旨在让消费者能更好地控制他们留在互联网上数据足迹的使用、储存和销售③。

除了国会制定的法律外,行业自律已经成为美国网络隐私权保护的重要支柱。美国行业自律的主要形式有三种,分别是建议性的行业指引,本行业网上隐私保护准则;网络隐私认证,授权那些同意遵守其提出的隐私规则的网站张贴其隐私认证标志,以便于用户识别;技术保护模式,在这种模式下,必须得到用户明确许可才可以收集和使用其个人数据④。

① Samuel D. Warren and Louis D.Brandeis. The Right to Privacy[J]. Harvard law review. 1890:193-220.
② 管燕飞,张百玲.美国加州首推"橡皮擦"法案 允许未成年人擦除网络痕迹[N].人民邮电报,2013-09-25.
③ 叶纯青.美国公布立法草案:保护消费者网上隐私[J].金融科技时代,2015(3):17.
④ 曾尔恕,黄宇昕.美国网络隐私权的法律保护[J].中国人民公安大学学报:社会科学版,2004(6):69-70.

三、淫秽、色情信息

19世纪中期之前,欧美国家和地区对色情内容的传播采取较为宽容的态度。到了19世纪中后期,随着商业性出版物的流行,使得色情出版物的内容增多,而伴随照相技术的发展而来的是图片色情内容的增加和日益精细化。因此,从此时起,美国联邦和州层面都对淫秽色情出版物进行了严厉打击。

但当时美国联邦和各州的反淫秽立法都没有明确界定何为"淫秽",直到1957年的罗斯案(Roth v. United States),美国最高法院才确定了淫秽色情的区分标准:第一,淫秽作品"不在宪法所保护的言论和出版自由的范围之内";第二,并非所有对性的描写都构成淫秽,只要一个作品中对性的描绘尚未达到"淫秽"的程度,该作品就在《第一修正案》的保护范围内。而判断某一作品是否为"淫秽"的标准是,普通人适用当代社区标准对其进行衡量时,从整体上来看,该作品的主导性主题是否意在激起淫欲①。这条标准后来被称为罗斯标准(Roth test)。

但是,由于淫秽色情问题本身的复杂性,即便是罗斯标准也并未给美国法院提供一个无争议的判断标准。直到1973年的米勒案(Miller v. California),情况才有所改观。美国最高法院在该案中重申了罗斯案确立的原则——淫秽表达不受宪法《第一修正案》的保护。而且,只有同时满足以下三个条件,该色情内容才构成宪法意义上的淫秽内容:①适用当代社区标准,普通人会认为该材料从整体上来看意在刺激淫欲。②作品以明显令人厌恶的方式描写或刻画州现行法律中明确界定的性行为。③从整体上看,作品缺乏严肃的文学、艺术、政治或科学价值②。米勒案中确立的判断"淫秽"的标准,虽然在具体适用中仍然存在许多困难,但这一标准至今仍然是有效的③。

互联网为色情材料的传播创造了更多的便利,美国政府也曾数次通过立法试图对互联网上色情内容进行规制,但是由于宪法《第一修正案》对言论自由的保护,这种尝试始终未取得显著成果。比如,1996年国会通过了《通信庄重法》(Communications Decency Act),其中第223条(a)项的"有伤风化地进行传播条款"和第223条(d)项的"明显令人反感条款"规定:①禁止有伤风化的传播:在州际间或与外国的通信中,在明知的情况下,禁止向任何18岁以下的接受者传播淫秽的或有伤风化的信息,违者将被处以罚金或两年以下监禁。②禁止明显令人反感的展示:在州际间或与外国的通信中,在明知的情况下,禁止以一种18岁以下人士能够看见的方式,使用互动的计算机设备发送或展示按照当代社区标准明显令人反感的内容,包括对性行为、性器官、排泄行为、排泄器官的刻画和描写,违者将被处以罚金或两年以下监禁。但由于这些规定超出了必要的限度,对公民的权利构成了过分的限制,联邦最高法院裁决该法案中的前述条款违宪。1998年国会通过《儿童在线保护法案》(Child Online Protection Act, COPA),禁止任何人为了商业目的而通过互联网向未成年人传播对未成年人有害的内容。但由于宪法《第一修正案》的阻

---

① Roth v. United States, 354 U.S.476, 485 (1957).
② Miller v. California, 413 U.S.15, 17-18 (1973).
③ 郑海平."淫秽色情"与言论自由:美国的经验[J].东吴法学,2012(秋季卷):71.

碍,这些法律都遭遇了被判违宪或者部分条款违宪的命运,至今未能施行。

2002年12月21日,美国国会通过了《儿童互联网保护法案》(Children's Internet Protection Act)。这部法律要求全国的公共图书馆联网计算机安装色情过滤系统,否则图书馆将无法获得政府提供的技术补助资金。国家资助的图书馆和学校必须要有网络安全政策,提供具体的措施,以保护儿童在网络上的安全,阻止儿童在网络上的不当行为等,并帮助学生了解这些安全政策①。同样,因为有碍于言论自由,该法案引发了诉讼。2003年6月,联邦最高法院以6票对3票裁定《儿童互联网保护法案》不违宪。所以,虽然饱受争议,该法案至今仍然具有权威性。

四、知识产权

互联网以开放、共享为核心要义,这为数字环境下知识产权的保护带来了新的挑战,为此美国通过一系列法律来保护网络时代的知识产权。例如,1997年的《反电子盗窃法》(No Electronic Theft Act of 1997)规定:①"重制或销售,包括电子方法,在180天内,制作10份或以上复制品或录音,其零售总值超过2 500美元的"行为,其处罚最高刑期为5年有期徒刑,个人罚金为25万美元,单位罚金为50万美元,或两者并处。追诉时效由3年延长为5年。②凡违反版权法,重制或销售10份或以下的复制品,其零售价值为2 500美元或以下的,处以3年有期徒刑或罚金25万美元,或两者并处,累犯可处最高有期徒刑6年,罚金25万美元。③如重制或销售一份或以上的复制品,其零售价值超过1 000美元的,可处最高一年有期徒刑,罚金10万美元,或两者并处。该法仍保留了重罪的法定数额为零售价值在2 500美元以上,但是对复制品的数量进行合并计算。轻罪的法定数额为1 000美元②。

1998年《千禧年数位版权法》(Digital Millennium Copyright Act,DMCA)开始施行。这是美国为执行世界知识产权组织的《世界知识产权组织版权公约》(WIPO Copyright Treaty,WCT)和《世界知识产权组织表演及录音公约》(WIPO Performances and Phonograms Treaty,WPPT)的要求,而对国内版权法所作的修改。该法规定禁止规避版权保护系统,即禁止任何人规避有效地控制对作品接近的技术保护措施,禁止任何人制造、进口、向公众提供和运输任何技术、产品、服务、设计、部件和零件,如果上述内容是为了用来规避版权技术保护系统③。

---

① Wang C. Internet Censorship in the United States:Stumbling Blocks to the Information Age[J]. IFLA Journal,2003(3): 1-6,转引自:王慧,欧志英.论信息自由与信息法律体系——以美国《儿童网络保护法案》事件为例[J].新世纪图书馆,2012(6):86.
②③ 巫玉芳.美国版权侵权刑事责任的评析[J].现代法学,2000(3):97.

第三节　大陆法系国家对新媒体的法律规制

大陆法系,也称民法法系、欧陆法系、市民法、罗马法系,指受罗马法影响而成立的法律系统,是与英美法系并列的当今世界两大重要法系之一,覆盖了当今世界的广大区域,德国、法国、意大利、日本、中国(除香港、台湾地区)等均为大陆法系地区。其最主要的特征是以成文法为主,通常不承认判例法的地位(但也有例外,如法国《行政法》就承认判例法)。

一、德国对新媒体的法律规制

在西方发达国家中,德国是第一个对网络有害言论进行专门立法规制的国家。早在1977年,德国就出台了《联邦数据保护法》,这一法律曾于1990年、1994年、1997年三次修订。为了贯彻欧盟关于个人数据保护的各项指令,又于2003年、2006年和2009年作了三次修订,其主要内容是保护个人隐私在个人数据处理过程中不受国家机构的非法侵害。该法在德国互联网监管立法中有着十分重要的地位。

1997年8月,德国通过了世界上首部规范互联网的法律《多媒体法》(《信息和通信服务规范法》)。《多媒体法》是一部规范互联网行为的综合性法律,内容涉及网络服务提供者的责任、保护个人隐私、数字签名、网络犯罪、保护未成年人等。该法规定,在网上传播恶意言论、谣言、诽谤、色情、反犹太人等宣扬种族主义的言论为非法,禁止利用互联网传播有关纳粹的言论、思想和图片。

为了打击犯罪和保护国家安全,德国法律规定网络运营商要保留其用户上网数据一段时间,经过一定的法律程序,权力机构可以向网络运营商索取相关用户上网信息,网络运营商必须依法提供。所以,在德国,人们接入互联网,应向网络运营商提供必要的个人信息,即所谓的"实名制"[①]。

此外,德国对互联网论坛的监管也相当严苛,网络用户需要对自己发布在互联网上的内容负法律责任。比如,2015年12月底,一名德国男子因在网络上散播煽动排外性言论,被判处两年半监禁。而2015年年初,一名德国Facebook用户发布了针对难民的排外信息,称所有难民应该立即上船离开德国。虽然该用户很快"自觉"删了信息,还是收到了4 500欧元罚单[②]。

德国还是第一个规定可以对传播违法网络言论的网络服务提供商定罪的国家。在一定条件下,网络服务提供商要对其他人发布的信息负责。《多媒体法》明确对电信服务

---

① 王怀成.德国依法打击网络违法行为[EB/OL].光明网,2011-04-20.
② 刘佳.德国社交网站监管,离不开网友网站自律[N].国际先驱导报,2016-02-29.

提供者的法律责任作了分层处理规定：①服务提供者对其所提供的网上信息内容负全部责任。②服务提供者对其所提供的来自第三者的网上信息内容只有在一定的条件下才负有责任，这一定的条件是，服务提供者了解该信息的内容、在技术上有可能并且理应阻止其使用。③服务提供者对那些只是通过他们促成使用的第三方的网上信息不负有责任①。2007年，德国汉堡州级法院民事法庭对德国"超自然"（Super nature）论坛经营者马丁·高于斯（Martin Geuss）作出一项判决，认为互联网论坛经营者即使是在不知情的情况下，原则上也要对发表在其论坛上的内容负完全责任。法院认为，仅因论坛经营者提供了自己的互联网平台传播了侵权言论的事实就足以构成侵权，至于传播者是否同意这些言论则是次要的；而且，传播的信息来源是己方还是他方、经营者是否知情，这些也同样是次要的。经营者只有通过对相关言论作出具体明确而不是笼统的声明才可获得免责②。

至于互联网监管体制的选择，德国最初采取的是联邦集权模式，即将互联网监管的职权统一划归联邦，州及州以下的行政机构仅起配合和协调功能。后来随着电信市场的开放，德国的互联网监管逐渐从联邦集权管理模式转变成了联邦、各州和行业混合监管模式。在该混合模式下，联邦将部分互联网监管权下放，允许各州和互联网行业享有一定的互联网监管权③。

二、法国对新媒体的法律规制

法国很重视互联网的发展，1994年，法国电信部门起草了一份《信息高速公路》的报告，该报告的主要精神是要建设国家信息高速公路，迅速发展信息技术。但同时，法国也看到了互联网的消极方面，如对用户隐私权的侵犯、网络犯罪、淫秽色情等。所以，在推进信息技术发展的同时，法国也以严格的法律管理互联网。总体来说，法国涉及互联网管理的立法在欧洲处于领先水平。如法国在20世纪70年代末就成立了一个"信息与自由国家委员会"，当时该委员会已针对网络引起的社会适应与变革问题做过许多探索。

法国对网络的法律规制思路大致经历了三个时期。

第一个时期是从20世纪70年代至90年代，此时期的互联网管理以"政府调控"为主要特征，政府主导对互联网的内容规制，并制定了一系列的法律法规来管理网络技术的发展。例如，1978年《信息公开法》，1980年《通信电路计划》，1986年《建立信息高速公路计划》，1988年《戈弗兰法》等。

20世纪90年代中后期，互联网的迅猛发展使法国政府逐渐认识到，单靠政府并不能解决互联网发展带来的日益增多和复杂化的各种问题，所以它将目光转向了网络技术开发商和内容服务提供商，要求他们加强对互联网上内容传播的监管，并向用户普及有关网络技术的知识，这就是所谓的"自动调控"时期。在这种监管思路的指导下，法国成立

① 唐绪军.破旧与立新并举　自由与义务并重——德国"多媒体法"评介[J].新闻与传播研究，1997（3）：58.
② 佚名.德国法院判决网上论坛经营者须对论坛言论负全责[EB/OL].新华网，2007-05-23.
③ 黄志雄，刘碧琦.德国互联网监管：立法、机构设置及启示[J].德国研究，2015（3）：55-56.

了互联网监管协会、互联网用户协会、互联网域名注册协会等调控机构,另外还创建了一批宣传信息和法律的网站,注重发挥政府之外的力量规制网络内容的传播。

进入20世纪90年代末期,随着网络的开放共享精神日益凸显,人们日益感到,网络用户既是最终受益者,也应该是网络内容规制的主体。因此,法国政府决定由政府、行业和用户三方共同进行互联网规制,这一时期是法律网络规制的"共同调控"时期,即,互联网法治和自律管理并行发展。在共同调控时期,法国政府依然不断推出一些法治举措。2006年,法国通过了《信息社会法案》,该法案是一个综合性的法案,旨在加强"共同调控"的规制思路。该法案一方面给人们提供了充分的网络空间自由和表达自由;另一方面,力图保护公民的隐私权、著作权以及国家和个人的安全,力争在表达自由和其他权利之间作出适当的平衡。法案中明确规定了网络用户的权利和责任,要求法国的网络用户遵守相关法律规定,要求网络技术服务商和内容服务商保证互联网信息的真实性①。

此外,在此时期,法国还通过各种方式调动网络用户和社会力量的积极性,以自律方式加强互联网的管理。比如,成立由政府人员和公民个人共同组成的机构——互联网国家顾问委员会,为互联网的发展和规制提供意见建议。启用"网络倾听家庭"未成年人保护热线,专门为受到网络色情、暴力、骚扰等侵害的青少年提供帮助和心理疏导;要求学校加强对学生的网络使用教育,实行校长负责制。这一管理模式的基本思路是在政府主导下,充分发挥各行业组织、民间和个人力量,人人参与,多方努力对互联网进行管理和规制。

【课后思考】

1.各国对互联网的法律规制呈现何种特点?

2.名誉权诉讼的抗辩事由都有哪些?

【话题讨论】

1.你如何看待斯诺登泄密案?

2.**案例:** 2014年,欧盟法院做出的一则判决称为欧盟"被遗忘权"第一案。该案的一方当事人是Google公司和Google西班牙公司,另一方当事人是西班牙资料保护局和西班牙公民冈萨雷斯(Mr. Costeja Gonzalez)。

1998年有报章刊登了西班牙公民冈萨雷斯因无力偿还债务而遭拍卖物业的公告。冈萨雷斯发现,如果在Google搜索引擎输入他的名字,会出现两个链接指向《先锋报》(*La Vanguardia*)的两个网页。这两个网页分别包含了1998年1月19日和3月9日的报道,涉及他将房产拍卖偿还社保债务的信息。当其债务还清后,冈萨雷斯认为这些信息已经过去多年,不再有相关性,希望删除这些可能具有误导性的负面信息不再为公众通过Google搜寻到。

---

① 张化冰.互联网内容规制的比较研究[D].北京:中国社会科学院研究生院,2011:104.

欧盟法院的法官认为,谷歌在处理其服务器上的数据时扮演的是"监控者"的角色,搜索引擎的业务活动是对网页出版商业务活动的补充,对隐私权和个人数据的保护权等基本权利都有可能产生重大影响。因此,5月13日,欧盟法院作出裁决,支持冈萨雷斯的诉求,即,谷歌作为信息控制者应删除相关隐私信息的链接,但报纸网站上的信息可以继续保留。欧盟法院的法官认为,谷歌可以被要求删除"不适当、不相关或不再相关"("in-adequate, irrelevant or no longer relevant")数据的链接。

　　请讨论:"被遗忘权"属于一种什么权利? 在现有的网络空间生态之下,保护"被遗忘权"的可能性有多大?

第十八章　新媒体法律规制(下)

【本章作者】

　　李兵,管理学博士,浙江工业大学人文学院讲师,主要研究方向为媒体法,主持国家社科青年基金项目1项。电子邮箱:332008691@qq.com。

【案例导入】

2013 年 9 月,甘肃张家川县城发生一起死亡案件。根据张家川县官方通报,9 月 12 日早 6 时,张川镇原明盛楼对面的人行道上发现一死亡男子,警方办案中多次要求家属配合尸检,均遭拒绝。后通过依法强制尸检确定死者系高坠致颅脑损伤死亡。针对此事,张家川镇中学初三学生杨某以网名"辉哥"在其微博发布消息称,张家川"9·12"杀人案发生后警方不作为,且多次与群众发生争执甚至殴打死者家属。当晚,他再发微博,称警方强行拘留死者家属,与群众发生冲突。9 月 15 日晚,杨某又发微博称,案发地的法人代表是张家川县人民法院的副院长苏某。9 月 17 日,杨某被当地警方以"涉嫌寻衅滋事罪"刑拘,此事引发广泛关注。

9 月 22 日晚,甘肃警方称,鉴于杨某系未成年人以及归案后的悔罪表现,根据《刑法》《刑事诉讼法》的有关规定和宽严相济的政策,本着"教育为主、惩罚为辅"的原则,决定撤销刑事拘留,依照《中华人民共和国治安管理处罚法》,对其行政拘留 7 日,对其予以从轻处罚。当夜,杨某被释放。

与西方发达国家相比,互联网在我国起步较晚。但是近些年来,互联网在我国的发展日新月异,网络已经深入日常生活的方方面面。中国对于互联网的监管始于 1994 年,自从第一部专门法《计算机信息系统安全保护条例》发布开始,经过 20 多年的探索,我国已经形成了以立法规制为主、自律和技术手段为辅的网络管理格局。

第一节　网络安全与著作权

据 CNNIC 统计显示,截至 2017 年 12 月,中国网民规模达 7.72 亿,互联网普及率达到 55.8%,一半以上的中国人已接入互联网;同时,移动互联网塑造了全新的社会生活形态,互联网对整体社会的影响已进入新的阶段[①]。为了最大限度发挥互联网对社会的积极作用,我国采取积极措施加强对网络传播的管控。这些措施的形式包括法律法规、行政许可、架构性控制、技术限制、行政执法、行业自律等[②]。管理的内容则涉及保护网络安全与国家安全、保护个人民事权益、处理违法、非法信息等。本节主要介绍我国有关网络安全和网络著作权的法律法规及其主要内容。

一、我国新媒体法律规制的基本框架

当前我国针对互联网的立法,从立法主体来看,可以分为四个层面。

---

① CNNIC.第 41 次《中国互联网络发展状况统计报告》[EB/OL]. 中国网信网,2018-01-31.
② 邵国松.网络传播法导论[M].北京:中国人民大学出版社,2017:8.

一是全国人民代表大会及其常务委员会制定并通过的法律,这是位阶最高的立法,如2016年《中华人民共和国网络安全法》(以下简称《网络安全法》)和2005年《中华人民共和国电子签名法》(以下简称《电子签名法》)。

二是司法解释,如最高人民法院2000年《关于审理涉及计算机网络著作权纠纷案件适用法律若干问题的解释》、2010年《最高人民法院、最高人民检察院关于办理利用互联网、移动通信终端、声讯台制作、复制、出版、贩卖、传播淫秽电子信息刑事案件具体应用法律若干问题的解释》、2013年《最高人民法院、最高人民检察院关于办理利用信息网络实施诽谤等刑事案件适用法律若干问题的解释》等。

三是国务院制定并通过的行政法规,此类法规也具有相当约束力,如2000年《互联网信息服务管理办法》、1996年《计算机信息网络国际互联网管理暂行规定》、1997年《计算机信息网络国际联网安全保护管理办法》、2000年《互联网信息服务管理办法》等。

四是部门规章,如公安部出台的规章制度,就具有行业性和强针对性的特点。部门规章是中国互联网信息治理法律体系的主要构成,也是整个法律体系中发布条例最多的一类。比如,公安部发布的《计算机信息系统安全保护条例》、工信部发布的《计算机信息网络国际联网出入口信道管理办法》和《互联网电子公告服务管理规定》、国务院信息化工作领导小组办公室发布的《中国互联网域名注册暂行管理办法》、新闻广播电视影视出版总局发布的《电子出版物暂行管理规定》、国家保密局发布的《计算机信息系统国际联网保密管理规定》、国务院新闻办公室发布的《互联网站从事登载新闻业务管理暂行规定》、国家新闻出版广电总局(现国家广播电视总局)发布的《互联网等信息网络传播视听节目管理办法》等。

总体来看,虽然我国目前并没有制定一部系统的、专门的互联网规制法律,但是当前我国出台和发布的法律法规和政策已经涵盖互联网发展的方方面面,基本形成了互联网规制的法治框架。

二、网络安全

近年来,随着移动互联网、大数据、云计算、物联网等网络技术高速发展,中国的网络空间主权面临严峻的考验和挑战。智能手机、平板电脑的快速普及,移动互联网带来的数据信息泄露更为突出,未来中国网络安全威胁呈现持续扩大的趋势。近年来,国际上多个国家密集出台法律政策全面加强网络安全,如英国于2009年和2011年两次发布《网络安全战略》;澳大利亚于2009年发布《网络安全战略》;美国于2011年发布《网络空间国际战略》以及《网络空间安全法案》,又于2014年出台《网络安全增强法》;俄罗斯于1995年通过了《联邦信息、信息化和信息保护法》;日本于2014年通过《网络安全基本法》;韩国于2011年制订《国家网络安全综合计划》。

随着这些国家通过立法等形式加强国家信息基础设施的保护,中国也已意识到网络安全对于网络空间传播秩序和国家安全的重要性,并不断加快网络安全方面的立法步伐。2016年7月27日,中共中央办公厅、国务院办公厅印发《国家信息化发展战略纲要》

（以下简称《纲要》），《纲要》明确提出要维护网络主权和国家安全。依法管理我国主权范围内的网络活动，坚定捍卫我国网络主权。确保关键信息基础设施安全，并强化网络安全基础性工作。

在一系列加强网络安全的措施中，《网络安全法》的通过和施行无疑是最重之拳，成为我国构筑网络安全、产业发展与个人信息保护的法律屏障。2016年11月7日，十二届全国人大常委会第二十四次会议表决通过《中华人民共和国网络安全法》，自2017年6月1日起施行。《网络安全法》是我国第一部集中体现国家对互联网管理意志和政策的法律，它的出台，对我国建立有序的网络空间秩序、参与网络空间国际规则的制定都会产生重要的影响①。该法内容十分丰富，具有以下重要内容：

（一）明确了网络空间主权的原则

《网络安全法》第一条开宗明义指出立法目的是"为了保障网络安全，维护网络空间主权和国家安全、社会公共利益，保护公民、法人和其他组织的合法权益。促进经济社会信息化健康发展"。这一条文宣示了网络空间已经成为陆、海、空、天之后的第五大主权领域空间，显示了捍卫我国网络安全、国家主权的决心，为构建我国网络安全保障制度提供了法理依据。

《网络安全法》归纳的网络安全运行制度主要包括：网络安全等级保护制度、网络关键设备和网络安全专用产品的认证和检测制度、关键信息基础设施安全保护制度、采购网络产品或者服务的安全审查制度、网络安全和风险的检测评估制度等。

（二）明确了网络运营者的安全义务

《网络安全法》明确了网络运营者在维护网络安全方面需要承担的一系列义务和责任。其中包括下列内容。

1.采取措施保障网络安全

该法规定，建设、运营网络或者通过网络提供服务，应当采取技术措施和其他必要措施，保障网络安全、稳定运行。同时制订网络安全事件应急预案，及时处置系统漏洞、计算机病毒、网络攻击、网络侵入等安全风险；在发生危害网络安全事件时，立即启动应急预案，采取相应的补救措施，并向有关主管部门报告。

2.实名登记

该法第二十四条规定，网络运营者为用户办理网络接入、域名注册服务，办理固定电话、移动电话等入网手续，或者为用户提供信息发布、即时通信等服务，在与用户签订协议或者确认提供服务时，应当要求用户提供真实身份信息。用户不提供真实身份信息的，网络运营者不得为其提供相关服务。

3.对用户发布的信息负责

该法第四十七条规定，网络运营者应当加强对其用户发布的信息的管理，发现法律、

---

① 中国信息通信研究院互联网法律研究中心，腾讯研究院法律研究中心.网络空间法治化的全球视野与中国实践 [M].北京：法律出版社，2016：159.

行政法规禁止发布或者传输的信息的,应当立即停止传输该信息,采取消除等处置措施,防止信息扩散,保存有关记录,并向有关主管部门报告。

(三)完善个人信息保护规则

《网络安全法》明确了网络运营者在保护和处理个人信息时的各种义务责任。

1.信息处理规则

该法第四十一条规定,网络运营者在收集、使用个人信息时,应当遵循公开收集、使用规则,明示收集、使用信息的目的、方式和范围,并经被收集者同意的基本原则。

2.信息泄露通知义务

该法第四十二条规定,网络运营者应当采取技术措施和其他必要措施,确保其收集的个人信息安全,防止信息泄露、毁损、丢失。在发生或者可能发生个人信息泄露、毁损、丢失的情况时,应当立即采取补救措施,按照规定及时告知用户并向有关主管部门报告。

3.个人信息删除权

该法第四十三条规定,个人发现网络运营者违反法律、行政法规的规定或者双方的约定收集、使用其个人信息的,有权要求网络运营者删除其个人信息。

4.个人信息更正义务

该法规定,当发现网络运营者收集、存储的其个人信息有错误的,有权要求网络运营者予以更正。

(四)建立了关键信息基础设施安全保护制度

《网络安全法》规定了关键信息基础设施的范围,并对保护办法的制定、负责安全保护工作的部门、运营者的安全保护义务、有关部门的监督和支持等作了规定。同时在关键信息基础设施安全保护制度里规定了关键信息基础设施的运营者在境内存储公民个人信息等重要数据的要求,确需在境外存储或者向境外提供的,应当按照规定进行安全评估。

三、网络著作权

我国很早就关注网络著作权侵犯问题,为了应对数字媒体技术对知识产权的威胁,我国已经先后出台了若干保护知识产权的法律法规、司法解释和行政规章,形成了我国网络著作权保护的基本框架。如《计算机软件保护条例》《音像制品管理条例》《互联网站从事登载新闻业务管理暂行规定》《信息网络传播权保护条例》《互联网著作权行政保护办法》等。

2001年10月27日,全国人大常委会审议并通过了《中华人民共和国著作权法》修正案。这次著作权法的修改,被认为是为了适应计算机网络环境下著作权保护的迫切需要而进行的。

2005年4月30日,国家版权局和信息产业部联合发布了《互联网著作权行政保护办法》(以下简称《办法》),这是我国第一部网络著作权行政管理规章,填补了国内关于互联网著作权行政保护的法律空白。该《办法》主要针对互联网用户的作品使用行为进行规范,其中要规制的对象或者行为主要有三个方面:第一,要规制的内容主要包括文字作品和录音录像制品,因为文字作品和音视频作品是当前网络中最普遍、最常用的内容形式。第二,要规制的行为是对内容的上载、存储、链接或搜索,这几种行为很容易会对著作权产生侵犯。第三,特别强调的侵权特点是用户"对存储或传输的内容不进行任何编辑、修改或选择的行为"①。

2006 年 5 月 10 日,国务院通过了《信息网络传播权保护条例》(以下简称《条例》),该条例是为保护著作权人、表演者、录音录像制作者的信息网络传播权而制定,与《互联网著作权行政保护办法》相比,该条例对网络著作权的规定大幅细化。《条例》共 27 条,包括合理使用、法定许可、避风港原则、反权管理技术等一系列内容,更好地区分了著作权人、图书馆、网络服务商、读者各自可以享受的权益,网络传播和使用都有法可依。

第二节　隐私权与名誉权

与西方国家对隐私价值的推崇不同,中国的传统文化一向崇尚集体主义,强调个人服从集体,个人具有次要的地位。因此,隐私作为个人保持私密性的核心含义在传统中国并无生长的土壤。甚至,隐私被一度理解为"阴私",意为不可见人的丑事。直到改革开放之后,隐私作为一种中立的、积极的私权才逐渐得到公众的认可。而相比之下,我国对名誉权的认识却早很多,至少在清朝末年《大清民律草案》中就已经有关于名誉权的法律规定。本节将主要介绍我国对隐私权和名誉权进行法律保护的过程和现状,并重点介绍立法者如何适应新媒体环境对这些法律法规做出适时调整。

一、隐私权

中国目前的法律体系中没有一部专门的"隐私法"或者"个人信息保护法",对隐私和隐私权的保护,分散在数个法律性文件当中,比如,《中华人民共和国宪法》(以下简称《宪法》)对公民的人身自由、住宅、通信自由和通信秘密、人格尊严作出了保护性规定。《中华人民共和国刑法》(以下简称《刑法》)第二百五十三条禁止相关人员售卖公民个人信息。此外,《中华人民共和国妇女权益保护法》是中国第一部使用"隐私权"这个概念的法律。这些零散的法律保护说明,立法者已经意识到隐私和隐私权的价值,但是由于对隐私的含义和概念并未形成统一意见,而且我国的隐私传统一直都很薄弱,还没有形成专门的隐私保护法。

---

① 张化冰.互联网内容规制的比较研究[D].北京:中国社会科学院研究生院,2011:121.

由于立法者对隐私权没有充分的认识,1986年《中华人民共和国民法通则》(以下简称《民法通则》)在对人格权进行规定时只包括了健康权、姓名权、名称权、肖像权、名誉权、荣誉权、婚姻自主权等人身权,没有将隐私权规定为公民的人格权。"这是立法上的一个疏漏。在《民法通则》颁布实施以后的不长时间里,人们就认识到了这个问题,在立法和司法上采取了一系列的补救措施,对这一立法疏漏进行补救。"①其中一种重要的补救措施就是对隐私权保护问题进行司法解释,在名誉权的框架下保护隐私权。

最高人民法院在1988年和1993年出台了两部实施《民法通则》有关隐私问题的司法解释。在《最高人民法院关于贯彻执行〈中华人民共和国民法通则〉若干问题的意见(1988)》中,第一百四十条规定:"以书面、口头等形式宣扬他人的隐私,或者捏造事实公然丑化他人人格,以及用侮辱、诽谤等方式损害他人名誉,造成一定影响的,应当认定为侵害公民名誉权的行为。"在《最高人民法院关于审理名誉权案件若干问题的解答(1993)》规定:"对未经他人同意,擅自公布他人的隐私材料或以书面、口头形式宣扬他人隐私,致他人名誉受到损害的,按照侵害他人名誉权处理。"《最高人民法院关于确定民事侵权精神损害赔偿责任若干问题的解释法释(2001)》规定:"违反社会公共利益、社会公德侵害他人隐私或者其他人格利益,受害人以侵权为由向人民法院起诉请求赔偿精神损害的,人民法院应当依法予以受理。"这些司法解释是我国处理隐私权纠纷的主要法律依据。

在隐私权法还未出台的情况下,网络时代为中国的隐私保护提出了新的挑战。但是,在隐私权保护法律基础与文化传统都还相当薄弱的中国,对网络空间的个人隐私权没有专门的法律规定可供适用。只有有关部门出台的一些管理性质的规定文件,其中有对个人隐私的零星规定。比如《计算机信息网络国际联网安全保护管理办法》第七条规定:"用户的通信自由和通信秘密受法律保护。任何单位和个人不得违反法律规定,利用国际联网侵犯用户的通信自由和通信秘密。"《互联网信息服务管理办法》第十五条规定:"互联网信息服务提供者不得制作、复制、发布、传播含有下列内容的信息:……(八)侮辱或者诽谤他人,侵害他人合法权益的。"《互联网电子邮件服务管理办法》第三条规定:"公民使用互联网电子邮件服务的通信秘密受法律保护。除因国家安全或者追查刑事犯罪的需要,由公安机关或者检察机关依照法律规定的程序对通信内容进行检查外,任何组织或者个人不得以任何理由侵犯公民的通信秘密。"第九条规定:"互联网电子邮件服务提供者对用户的个人注册信息和互联网电子邮件地址,负有保密的义务。互联网电子邮件服务提供者及其工作人员不得非法使用用户的个人注册信息资料和互联网电子邮件地址;未经用户同意,不得泄露用户的个人注册信息和互联网电子邮件地址,但法律、行政法规另有规定的除外。"《全国人大常委会关于维护互联网安全的决定》规定,利用互联网侮辱他人或捏造事实诽谤他人及非法截获、篡改、删除他人的电子邮件或者其他数据资料,侵犯公民通信自由和通信秘密的,可以构成犯罪,依刑法追究刑事责任。

这些管理办法如同各种法律对隐私权的保护一样零散、不统一,只是简单地对电子

---

① 杨立新.关于隐私权及其法律保护的几个问题[J].人民检察.2000(1):26.

邮件、通信秘密等具体的隐私利益进行了规定,既没有专门的互联网隐私权立法,也很难从既有的法律中寻找到更多的依据。值得一提的是,2016 年新出台的《网络安全法》明确了网络运营者在保护和处理个人信息时的各种义务责任,这是互联网时代我国保护公民个人信息隐私的一部比较有效的法律文件。

【推荐阅读】关于网络空间中的私域与公域问题,可参考胡泳的著作《众声喧哗》,广西师范大学出版社,2008 年 9 月。

二、名誉权

名誉是指社会对特定公民的品行、思想道德、才干能力等方面的评价,名誉权是指这些社会评价与其自身实际情况相符、不受歪曲和诋毁的权利。名誉权是公民人格权的重要组成部分,它保护个人享有正常的社会评价,侵害名誉权的常见方式是侮辱和诽谤。作为公民人格权的一种,对名誉权进行法律保护是国际共识。《世界人权宣言》第十二条规定:任何人的私生活、家庭、住宅和通信不得任意干涉,他的荣誉和名誉不得加以攻击。人人有权享受法律保护,以免受这种干涉或攻击。《公民权利和政治权利国际公约》第十七条规定:任何人的私生活、家庭、住宅或通信不得加以任意或非法干涉,他人的荣誉和名誉不得加以非法攻击。人人有权享受法律保护,以免受这种干涉或攻击。

作为联合国的重要成员国,我国尊重国际法的基本精神,并通过立法形式对名誉权进行保护。但我国并没有单独的诽谤法,对于诽谤行为的规制,散见于《宪法》《刑法》《民法》《司法解释》《侵权责任法》《行政法》特别是《治安管理处罚法》之中。比如我国《宪法》第三十八条规定,中华人民共和国公民的人格尊严不受侵犯。禁止用任何方法对公民进行侮辱、诽谤和诬告陷害。其中的"人格尊严"包含了名誉权。这一法律规定是我国保护公民名誉权的最高法律依据。我国《刑法》第二百四十六条规定,以暴力或者其他方法公然侮辱他人或者捏造事实诽谤他人,情节严重的,处三年以下有期徒刑、拘役、管制或者剥夺政治权利。前款罪,告诉的才处理,但是严重危害社会秩序和国家利益的除外。《民法通则》规定,公民、法人享有名誉权,公民的人格尊严受法律保护,禁止用侮辱、诽谤等方式损害公民、法人的名誉。公民的姓名权、肖像权、名誉权、荣誉权受到侵害的,有权要求停止侵害,恢复名誉,消除影响,赔礼道歉,并可以要求赔偿损失。《侵权责任法》第二条规定,侵害名誉权等民事权益,应当承担侵权责任。

除了这些对名誉权的抽象法律规定外,最高人民法院的司法解释是细化名誉权法的重要规则。最高人民法院自 20 世纪 80 年代以来,发布过 20 多条单项批复和几条成文的规定,成为我国名誉权法的重要法源,比如上文提到的 1988 年《最高人民法院关于贯彻执行〈中华人民共和国民法通则〉若干问题的意见(试行)》对名誉权保护及侵害名誉权案的民事责任进行了解释。最高人民法院于 1998 年专门颁布了《关于审理名誉权案件若干问题的解释》,针对地方各级人民法院在审理名誉权案件中出现的问题进行了较为详细的规定。

网络名誉权是传统名誉权在网络环境下的延展,是指名誉主体在网络这一虚拟空间内享有的保有和维护其名誉,使之获得客观公正之社会评价以及免受侮辱、诽谤等加害行为的一种人格权①。互联网大大扩展了公民的言论自由权利,同时也为通过捏造事实或者辱骂等方式侵害他人名誉提供了便利。随着网络深入人们的日常生活,通过网络产生的名誉权纠纷日渐增多。因此,对公民的网络隐私权进行法律保护已逐渐成为一种共识。

我国有关网络名誉权保护的规定主要在以下几个法律文件中:

2000年9月25日国务院颁布《互联网信息服务管理办法》,其中第十五条规定:"互联网信息服务提供者不得制作、复制、发布、传播含有下列内容的信息:……(八)侮辱或者诽谤他人,侵害他人合法权益的。"

2000年10月8日,信息产业部颁布《互联网电子公告服务管理规定》,其中第九条规定:"任何人不得在电子公告服务系统中发布含有下列内容之一的信息:……(八)侮辱或者诽谤他人,侵害他人合法权益。"

2000年12月28日,全国人大常委会通过的《关于维护互联网安全的决定》,其中第三条规定:"为了维护社会主义市场经济秩序和社会管理秩序,对有下列行为之一,构成犯罪的,依照刑法有关规定追究刑事责任:……(二)利用互联网损害他人商业信誉和商品声誉;第四条规定,为了保护个人、法人和其他组织的人身、财产等合法权利,对有下列行为之一,构成犯罪的,依照刑法有关规定追究刑事责任:(一)利用互联网侮辱他人或者捏造事实诽谤他人。……"

2013年《最高人民法院、最高人民检察院关于办理利用信息网络实施诽谤等刑事案件适用法律若干问题的解释》是我国近年出台的专门针对网络诽谤的一部比较详细的司法解释。其中第一条明确了何为"捏造事实诽谤他人":(一)捏造损害他人名誉的事实,在信息网络上散布,或者组织、指使人员在信息网络上散布的;(二)将信息网络上涉及他人的原始信息内容篡改为损害他人名誉的事实,在信息网络上散布,或者组织、指使人员在信息网络上散布的;明知是捏造的损害他人名誉的事实,在信息网络上散布,情节恶劣的,以"捏造事实诽谤他人"论。该司法解释第二条规定,利用信息网络诽谤他人,具有下列情形之一的,应当认定为《刑法》第二百四十六条第一款规定的"情节严重":(一)同一诽谤信息实际被点击、浏览次数达到五千次以上,或者被转发次数达到五百次以上的……

这一司法解释从诽谤罪公诉案件的入罪条件开始,试图强力治理网络诽谤行为。因为我国《刑法》规定诽谤罪"告诉的才处理",即诽谤罪是自诉案件。此后留有"但书"条款:"但是严重危害社会秩序和国家利益的除外"。2013年的"两高"司法解释重点细化了"但书"的入罪条件,该法第三条规定:"利用信息网络诽谤他人,具有下列情形之一的,应当认定为《刑法》第二百四十六条第二款规定的'严重危害社会秩序和国家利益':(一)引发群体性事件的;(二)引发公共秩序混乱的;(三)引发民族、宗教冲突的;(四)诽谤多人,造成恶劣社会影响的;(五)损害国家形象,严重危害国家利益的;(六)造成恶劣

---

① 刘超.简论网络名誉侵权的概念和特征[J].法制与社会,2009(31):341.

国际影响的;(七)其他严重危害社会秩序和国家利益的情形。这意味着公诉案件中诽谤罪可能会更多地被适用。"①

通过这些法律条款可以看出,国家和司法部门越来越认识到网络空间中名誉权保护的重要性,并力图出台针对性的措施对其进行有力的法律保护。但是,互联网的发展日新月异,而作为一种可克减的权利,名誉权与言论自由、出版自由之间的冲突在网络空间中表现得更加淋漓尽致。在这种背景下,尤其是在"诽谤去罪化"的国际趋势下,如何对名誉权与其他公民权利进行适度平衡,改善现有法律,成为立法者不得不考虑的主要问题之一。

第三节　淫秽色情信息与未成年人保护

网络大大扩展了人们可以接触的信息量,这是其最迷人之处。但是,不得不承认,网络空间中的海量信息并非都是有益的,淫秽色情信息在网络空间中的泛滥已经成为监管者和整个社会都无法忽视的一种现象。而受这种信息毒害最大的莫过于未成年人。虽然对淫秽色情信息是否属于言论自由的一部分尚有争议,但为了保证未成年人的健康成长,我国已经出台了大量的法律法规来限制这些信息在网络空间中的流通。

一、网络淫秽色情信息

淫秽色情内容缺乏有效规制是互联网表达的突出问题之一,也是我国相关法律未成体系、亟待梳理与统一的问题。就目前来说,我国的《刑法》《治安管理处罚法》《互联网信息服务管理办法》等一系列法律法规都对制作或传播淫秽色情的行为施加了处罚,但这些法律法规并没有明确界定什么是"淫秽"(或者"色情")。在现实中,执法机关往往在"扫黄打非"的名义下对网吧、电影院、书店等营业场所进行"治理整顿",对法人或公民个人加以行政甚至刑事的处罚②。在我国法律中,淫秽属于普遍禁止传播,是犯罪行为。色情属于特定对象(未成年人)限制传播,即非普遍禁止。因此,表达边界的划定,以及淫秽与色情的区分即成为复杂问题。

我国对网络淫秽色情信息进行规范的法律法规有:《刑法》第六章妨害社会管理秩序罪第九节规定的制作、贩卖、传播淫秽物品罪,包括五个罪名,分别是制作、复制、出版、贩卖、传播淫秽物品牟利罪,为他人提供书号出版淫秽书刊罪,传播淫秽物品罪,组织播放淫秽音像制品罪和组织淫秽表演罪。其中,主要通过网络实施的是制作、复制、出版、贩卖、传播淫秽物品牟利罪和传播淫秽物品罪两项。《治安管理处罚法》第六十八条规定,

---

① 徐迅."诽谤"立法历史回顾:刑法与民法的博弈[N].检察日报,2013-12-24.
② 郑海平."淫秽色情"与言论自由:美国的经验[J].东吴法学,2012(秋季卷):56.

利用计算机信息网络、电话以及其他通信工具传播淫秽信息的，处十日以上十五日以下拘留，可以并处三千元以下罚款，情节较轻的，处五日以下拘留或者五百元以下罚款。第七十六条补充，对违反第六十八条，屡教不改的，可以按照国家规定采取强制性教育措施。

2004 年 9 月，最高人民法院、最高人民检察院联合发布了《关于办理利用互联网络、移动通信终端、声讯台制作、复制、出版、买卖、传播淫秽电子信息刑事案件具体应用法律若干问题的解释》，对制作、复制、出版、贩卖、传播淫秽物品牟利罪中的"淫秽"电子信息制定了具体的定罪量刑标准："（一）制作、复制、出版、贩卖、传播淫秽电影、表演、动画等视频文件十个以上的；（二）制作、复制、出版、贩卖、传播淫秽音频文件五十个以上的；（三）制作、复制、出版、贩卖、传播淫秽电子刊物、图片、文章等一百件以上的；（四）制作、复制、出版、贩卖、传播的淫秽电子信息，实际被点击数达到五千次以上的；（五）以会员制方式出版、贩卖、传播淫秽电子信息，注册会员达一百人以上的；（六）利用淫秽电子信息收取广告费、会员注册费或者其他费用，违法所得五千元以上的……"这部司法解释是目前我国以刑法方式制裁网络色情最重要的法律文件。

2000 年 12 月，全国人大常委会通过了《关于维护互联网安全的决定》，其第三条规定，在互联网上建立淫秽网站、网页，提供淫秽站点链接服务，或者传播淫秽书刊、影片、音像、图片，构成犯罪的，依法追究刑事责任。这是目前针对网络色情最高效力的法律文本。

2000 年 9 月，国务院颁布《互联网信息服务管理办法》，这是目前针对网络信息服务提供者责任的最高效力的法律规范。其第十五条规定，互联网信息服务提供者不得制作、复制、发布、传播含有下列内容的信息："……（七）散布淫秽、色情、赌博、暴力、凶杀、恐怖或者教唆犯罪的……"第十六条规定，互联网信息服务提供者发现其网站传输的信息明显属于本办法第十五条所列内容之一的，应当立即停止传输，保存有关记录，并向国家有关机关报告。

2002 年 9 月，国务院公布的《互联网上网服务营业场所管理条例》明确了网吧、电脑休闲室等场所经营单位的相关责任。其第十四条规定，互联网上网营业场所经营单位和上网消费者不得利用互联网上网服务营业场所制作、下载、复制、查阅、发布、传播或者以其他方式使用含有下列内容的信息：……（七）宣传淫秽、赌博、暴力或者教唆犯罪的……本条例第三十条规定了相应的罚则：互联网上网服务营业场所经营单位违反第十四条规定的，触犯刑律的，追究刑事责任不够刑罚的，由公安机关警告、没收违法所得情节严重的，责令停业整顿、直至吊销经营许可证。

此外，还有公安部、信息产业部、国务院新闻办公室、新闻出版广电总局（现国家广播电视总局）、文化部（现文化和旅游部）等各部委颁布的规章，这些行政规章都对互联网上的淫秽色情信息的传播作出了具体的规定。

二、未成年人法律保护

当前，我国保护未成年人网络安全的法律法规主要有《中华人民共和国未成年人保护法》(以下简称《未成年人保护法》)、《中华人民共和国预防未成年人犯罪法》(以下简称《预防未成年人犯罪法》)、《互联网上网服务营业场所管理办法》等。2006年12月29日,十届全国人大常委会第二十五次会议审议通过了《未成年人保护法(修订草案)》,互联网对青少年产生的巨大影响是这次修订的背景原因之一。修订后的法案规定了应对互联网对青少年产生的一些不良影响的举措。比如该法第三十三条规定,国家采取措施,预防未成年人沉迷网络。国家鼓励研究开发有利于未成年人健康成长的网络产品,推广用于阻止未成年人沉迷网络的新技术。该法第三十四条规定,禁止任何组织、个人制作或者向未成年人出售、出租或者以其他方式传播淫秽、暴力、凶杀、恐怖、赌博等毒害未成年人的图书、报刊、音像制品、电子出版物以及网络信息等。该法第三十六条规定,中小学校园周边不得设置营业性歌舞娱乐场所、互联网上网服务营业场所等不适宜未成年人活动的场所,并要求经营者在显著位置设置未成年人禁入标志。《预防未成年人犯罪法》第二十六条规定,禁止在中小学校附近开办营业性歌舞厅、营业性电子游戏场所以及其他未成年人不适宜进入的场所。禁止开办上述场所的具体范围由省、自治区、直辖市人民政府规定。《预防未成年人犯罪法》第三十三条规定,营业性歌舞厅以及其他未成年人不适宜进入的场所、应当设置明显的未成年人禁止进入标志,不得允许未成年人进入。营业性电子游戏场所在国家法定节假日外,不得允许未成年人进入,并应当设置明显的未成年人禁止进入标志。对于难以判明是否已成年的,上述场所的工作人员可以要求其出示身份证件。《互联网上网服务营业场所管理办法》第二十一条规定,互联网上网服务营业场所经营单位不得接纳未成年人进入营业场所。互联网上网服务营业场所经营单位应当在营业场所入口处的显著位置悬挂未成年人禁入标志。

此外,2004年9月《最高人民法院、最高人民检察院关于办理利用互联网、移动通信终端、声讯台制作、复制、出版、贩卖、传播淫秽电子信息刑事案件具体应用法律若干问题的解释》发布,该司法解释第六条规定,(一)制作、复制、出版、贩卖、传播具体描绘不满十八周岁未成年人性行为的淫秽电子信息;(二)明知是具体描绘不满十八周岁的未成年人性行为的淫秽电子信息而在自己所有、管理或者使用的网站或者网页上提供直接链接;(三)向不满十八周岁的未成年人贩卖、传播淫秽电子信息和语音信息的,将依照刑法有关规定从重处罚。2010年2月2日,最高人民法院和最高人民检察院联合发布《关于办理利用互联网、移动通信终端、声讯台制作、复制、出版、贩卖、传播淫秽电子信息刑事案件具体应用法律若干问题的解释(二)》。其中第一条规定,利用互联网、移动通信终端制作、复制、出版、贩卖、传播内容含有不满十四周岁未成年人的淫秽电子信息,依照《刑法》第三百六十三条第一款的规定,以制作、复制、出版、贩卖、传播淫秽物品牟利罪定罪处罚。

在数字时代,未成年人已经逐渐成为网络主力军,如何使未成年人既享受网络的自由便利,同时避免其接触网络不良信息,已经成为社会关注的焦点。我国现有关于保护未成年人的法律规定主要以保护未成年人远离娱乐场所和不良信息为主,但长远来看,唯有个人、家庭、学校、社会、监管部门、立法部门等多方联动,自律、立法、监管、引导多策协同,才能有效保护未成年人在网络空间中趋利避害。

【课后思考】

1.我国对互联网的法律规制主要有什么内容?

2.我国的互联网法律规制体系主要有什么问题,未来应如何改进?

3.网络空间中,隐私权呈现何种特点?

【话题讨论】

1.我国和西方国家的互联网法律规制有什么不同?

2.**案例**:你的信息值多少钱? 你所有的隐私信息,包括开房记录、名下资产、乘坐航班,四大银行存款记录,手机实时定位,手机通话记录,甚至网吧上网记录信息,只要有人付钱,就可以轻易被查到。而且"服务"提供者称在全球范围内,提供 7 天×24 小时不间断服务。查询人只需提供身份证号码,即可查询包括开房记录、列车记录、航班记录、网吧记录、出境记录、入境记录、犯罪记录、住房记录、租房记录、银行记录、驾驶证记录 11个项目在内的材料,统称"身份证大轨迹"。这一"全套服务",收费仅 850 元。如果针对性地查询单个项目,则收费另计。比如查个人征信费用是 300 元;查开房记录是 200 元,同时,还可查到同住人信息;查询联通手机号码的通话记录,价格为 1 500 元;四大银行的存款余额,每查一个银行是 600 元。此外还有查询定位服务,只要有手机号码或 QQ、微信等,就可以进行定位,查询时间为半小时,收费是 600 元。南都记者亲身试验,服务提供者查出的信息准确无误。

案例来源:饶丽冬、李玲.谁在泄露我们的信息? 南都敦促打击网络黑产,南方都市报,2016-12-12。

请讨论:你的个人信息是如何泄露的? 在贩卖个人信息这一黑色产业链中,有几方参与者? 如何利用法律手段保护个人信息?

第十九章　新媒体伦理与新媒体素养

【本章作者】

　　同春发,社会学博士,浙江师范大学文化创意与传播学院副教授,研究方向:媒介与社会、广告与消费文化,主持教育部人文社科项目1项。电子邮箱:549571232@qq.com。

【案例导入】

2016 年 11 月 30 日上午,一篇《罗一笑,你给我站住!》的文章刷爆微信朋友圈。事件起源于深圳作家罗尔的 5 岁女儿罗一笑在 9 月 8 日被诊断出白血病。之前作者在个人公众号上已经写了孩子病情的文章,并获得了数万元的打赏。当年 11 月 23 日,孩子第二次进入重症监护室,病情加重,治疗费用增多。罗尔在 2016 年 11 月 25 日又写出了《罗一笑,你给我站住!》这篇文章。同时,罗尔的文章在小铜人的公众号"P2P 观察"里推送,读者每转发一次,小铜人公司向罗尔定向捐赠 1 元。结果很快赞赏金就抵达上限,阅读量激增。

但是,仅仅从当日清晨到中午,该事件就呈现了反转。有知情人站出来说,罗尔在东莞和深圳有三套房。另外,根据深圳市儿童医院提供的信息,罗一笑住院费用一共 20 万余元,医保报销 82.3% 后,自费不足 4 万元。而罗尔在《罗一笑,你给我站住!》称"每天上万块""我们花不起这个钱"。经调查,小铜人公司是一家营销公司。怀着被欺骗的心情,网友纷纷怀疑这是一次以孩子病重为幌子的营销事件,并唾弃当事人。在政府、媒体、网友多方介入后,2016 年 11 月 30 日罗尔将所有文章的赞赏资金 250 多万元原路退回至各网友。罗一笑小朋友于 2016 年 12 月 24 日凌晨抢救无效,过早地离开人世。

"罗一笑事件"这一原本充满社会大爱的温暖剧情反转为践踏社会信任的"带血营销"事件,它暴露出新媒体环境下的诸多伦理问题。那么,什么是新媒体伦理,新媒体伦理失范的表现有哪些,它的起因是什么? 如何重构新媒体的伦理规范,又如何构建科学的新媒体素养呢?

第一节 新媒体伦理

新媒体不仅催生了新型的生活方式、思维方式,而且创造了全新的网络虚拟空间。然而,新科技、新媒体也给公众带来了诸多困惑。在越来越商业化的时代,媒体受到强大的市场压力,逐渐以谋取最大的经济效益为归依,传统的媒体伦理日益受到挑战和冲击。在新媒体环境下,新闻传播伦理遭遇到哪些困境,对媒体伦理失范的现象如何正确认识并积极应对,如何建构媒体伦理的新规则? 这些都成为近年来传媒业界、学术界重点关注的议题。

一、媒体伦理与新媒体伦理

"伦理"源于希腊语"ethos",指外在的风俗、习惯以及内在的品性、品德,指人们应当如何行事的行为规范。随着大众传播媒介的普及,媒体对现代生活方式影响的深度和广度日益扩展,引发了一系列亟待解决的伦理问题。

(一)媒体伦理的含义

什么是媒体伦理?①中外学者众说纷纭。一是"狭义的媒体伦理"。罗伯特·拉罗斯教授认为,媒体伦理是关于职业传播者在他们的行为可能对他人产生消极影响的情况下,应该如何行动的指导方针或者道德的规则②。在此,他将媒体伦理等同于记者、编辑等媒体专业人士的职业道德。二是"规范的媒体伦理"。这种理论认为,媒体伦理研究不仅应包括媒介从业人员的伦理道德,也包括媒介组织的伦理道德。三是"广义的媒体伦理",这种理论认为,媒体伦理除了媒介从业人员的职业道德和媒体组织的伦理功能以外,还应该包含媒体用户的伦理问题。它指媒体机构、媒体从业者、用户在采集、发布、使用信息时必须遵守的行为规范和道德准则的总和。本书采用第三种定义。

克里斯蒂安(Clifford·G.Christians)是享誉世界的传播学者。他与其他学者合著的《媒体伦理学:案例与道德论据》(第5版)一书导言中介绍了五个伦理学准则:亚里士多德的中庸之道、康德的绝对命令、穆勒的功利主义、罗尔斯的无知之幕、犹太教—基督教的将人作为目的。在第9版中,作者又新增了来自中国孔子的中庸之道、伊斯兰的神圣戒律、诺丁思的关怀伦理学等内容,更加体现了媒体伦理的全球关怀③。虽然克氏没有架构一个完整的媒体伦理体系,但他认为,面对涉及经济利益、社会伦理等错综复杂的情况,媒体工作人员应通过"波特图式(Potter Box)"④的过滤,作出对社会负责的、合乎伦理的决定。

【推荐阅读】《媒介伦理:案例与道德推理》第5版中译本在中国学界影响深远,有学者指出该书明确了媒介伦理研究的边界与框架,激发了中国学者的深入思考,使媒介伦理学在我国全面兴起。第9版更是与时俱进,拓展了媒介伦理研究,能够提升读者对传播伦理现象的分析技巧、判断力和敏锐性。

就国内而言,展江与彭桂兵合编的《媒体道德与伦理·案例教学》一书通过对国内外近百个有关媒体道德与伦理案例的解读,全面阐述了媒体的职业道德准则和伦理规约。本书包括红包与软文、虚假新闻之捏造与掺假、虚假新闻之导演与隐瞒、涉性案件与媒体披露、暗访偷拍与媒体披露、记者该不该救人性命、自杀事件与媒体传播等内容,涉及媒介伦理的诸多领域。展江教授还主张将媒体道德问题和媒体伦理议题区分开来⑤。不过,该书所论述限定于媒体专业伦理,对新媒体环境的伦理问题没有展开论述。

---

① 媒体伦理(Media Ethics),又称"传媒伦理""媒介伦理""传播伦理",本书采用媒体伦理。
② 约瑟夫·斯特劳巴哈,罗伯特·拉罗斯.今日媒介:信息时代的传播媒介[M].熊澄宇,等,译.北京:清华大学出版社,2001:431.
③ 克利福德·G.克里斯琴斯,等.媒介伦理:案例与道德推理[M].9版.孙有中,等,译.北京:中国人民大学出版社,2014:序言.
④ 波特图式,又称波特方块,是由哈佛神学院的拉尔夫·波特(Ralph Potter)博士提出的,它通过对"定义""价值""原则""忠心"四个问题的分析,来寻找道德答案。要对某个问题作出道德判断时,我们针对某一个问题定义情况—确认价值—提出一个道德原则—选择忠心—推理出要解决的问题。
⑤ 展江,彭桂兵.媒体道德与伦理·案例教学[M].北京:中国传媒大学出版社,2014:序言.

（二）从媒介伦理到新媒体伦理

新媒体环境下用户的传播身份及其面临的舆论生态处在不断变化当中，具体表现在：一是"传受复合"构成新媒体时代用户的传播身份。新媒体环境中发言的低成本、匿名性以及快速互联、多点融通的特点让公众的表达权和传播权得到了释放。公民不仅是媒体信息的被动接受者，同时也成了主动的传播者；二是"公私含混"形塑了新媒体时代的舆论生态。新媒体时代个人媒体和社会化媒体的传播活动，不仅包括日常生活的私人化表达，也包括针对公共问题的讨论，"网络揭黑""微公益"等一系列公民新闻活动的舆论影响力日益显著。但是，网络中的公与私并非泾渭分明。私人表达和公共讨论相互渗透，成为当下网络舆论生态的主要特征之一[①]。在全新的网络生态环境下，社会信息传播方式、社会群体的构成、社会的互动方式被不断重塑和整合，从而深刻影响着媒体伦理的变迁。英国学者库尔德里（Nick Courdry）认为，随着媒体技术的发展，媒体生产和消费的界限已经模糊，媒体伦理不再被视为一场关乎媒体"局内人"的辩论。因此，媒体伦理必须重新设定。在构建负责任的媒体时，人人有份参与其中[②]。

二、新媒体环境下的媒体伦理问题及其危害

网络信息技术如同一把双刃剑。在新媒体环境下，新信息技术给媒体与用户带来诸多利益的同时，也引发信息污染、网络安全等伦理失范问题，对媒体生态与社会秩序形成新的冲击。

（一）信息污染阻碍社会文明发展

1.垃圾信息

新媒体的垃圾信息一般包括以下三种：一是具有违法犯罪内容的信息。二是未经用户同意而发布的具有广告性质的信息。三是具有骚扰、报复等性质的恶意信息。由于这些信息并非用户所需要，对用户造成干扰，轻者浪费用户时间，重者还涉嫌违法。

2.色情信息

在新媒体的虚拟空间中，色情信息的充斥和泛滥是信息污染问题的突出表现之一。这些不良信息严重污染了新媒体的虚拟环境，对网民的身心健康构成威胁。

（二）网络安全问题引发社会安全隐患

互联网诞生以来，对网络的技术攻击就相伴而生。其中，网络病毒、黑客入侵最具破坏性。

1.网络病毒

网络病毒不但可以使计算机瘫痪，还会出现计算机用户账号密码被盗现象，给用户带来了极大的个人隐私和财产安全威胁。近年来，由于手机的普遍使用，手机病毒的波

---

① 冯若谷.从媒介素养到媒介伦理——新媒体时代公民的传播抉择[J].新闻战线,2014(12):82.
② 展江.如何激发全球媒体伦理研究的想象力——媒体道德与伦理经典案例评析（三十一）[J].青年记者,2016(34):66.

及范围将更大、速度会更快。

2.黑客入侵

黑客的网络技术高超,能破译各种软件和网络系统的密码,他们在网络上四处游荡、无孔不入。由于黑客具有极大的破坏力,一些国家的安全数据、个人的信息隐私、公司的商业秘密在黑客的非法入侵下全面泄露,造成巨大的经济损失和社会危害。

(三)网络侵权背离社会伦理道德

在新媒体传播活动中,存在许多涉及侵权的伦理问题。主要表现如下:

1.侵犯隐私权

首要是对个人信息的侵犯,即未经用户授权而非法搜集、刺探和公开用户的私人信息。除个人行为外,还有其他集体侵权行为。主要表现在:网络管理等政府部门出于公共安全目的收集用户信息的滥用行为;软硬件制造商收集用户个人信息的侵权行为;网络服务商出于商业目的的获取用户个人信息的侵权行为。网络隐私侵权行为不但危害了网民的正常生活,还给其造成沉重的心理负担,成为网络发展不可忽视的障碍。

2.侵犯知识产权

除侵犯他人隐私权、肖像权外,还有侵犯著作权、知识产权等其他网络侵权行为。新媒体传播中侵犯知识产权的具体形式多种多样,如未经授权把产权所有人的产品在网络中发布;未经授权把产权所有人在网络上发布的信息作品进行转载或下载并在非网络媒体上发表;使用或售卖盗版软件等。

三、新媒体伦理问题的成因

在"传受复合""公私含混"的新媒体环境下,上述种种违反新媒体伦理道德的失范行为是如何形成的呢? 除了新媒体组织与记者、编辑等专业媒体人士的伦理道德失守之外,它还与转型时期的社会背景、政府和行业组织制度建设滞后、公众媒体素养水平不高等有密切的关联。

(一)转型期社会问题的媒体反映

媒体传播过程中的问题离不开大的社会背景。当前中国正处在社会转型时期。《2016 年传媒伦理问题报告》报道了网易财经"标题党"事件、雷洋案不雅词汇泛滥事件、八达岭动物园老虎咬死游客事件(图 19.1)、湖南卫视临时父女事件等九起典型媒体伦理案例①。这些媒体事件分别折射了中国转型期存在的社会问题,如语言低俗问题、网络暴力问题、儿童权益保护问题等。媒体报道的曝光为公众强烈的不满情绪得以疏泄,并为这些社会矛盾提供了解决的可能。不过,在媒体传播过程中,部分媒体机构与媒介人士,不顾职业伦理规范采访报道,引发了公众对媒体伦理的争论。

(二)市场化媒体的逐利性质

伴随新技术的不断革新,用户的触媒习惯和媒体的竞争格局发生着巨大的变化。在

---

① 伦理报告课题组.2016 年传媒伦理问题研究报告[J].新闻记者,2017(2):4-16.

图 19.1　央视新闻频道报道八达岭野生动物园老虎伤人事件

注意力经济时代，日趋激烈的竞争压力迫使媒体把阅读量、点击率、关注度作为首要的取胜法则。部分网络媒体一味迎合用户的低级趣味，把猎奇、低俗的新闻作为"吸睛吸金"的法宝，追求轰动效应。在急功近利心理的驱使下，部分网络新闻媒体甚至炮制耸人听闻的奇异事件（即假新闻）博取用户眼球，置媒体伦理于不顾，失去了媒体应有的人文关怀。

（三）新媒体技术的传播特性

新媒体传播信息的海量化、发布的强时效性、沟通的双向性等特点加速了新闻的生产速度和传播速度。争时效、抢独家、最快获得用户关注成为媒体快捷的成功方式，如"标题党新闻""悬疑新闻""烂尾新闻"等现象都是媒体盲目跟风的结果。新媒体环境下，新闻信息的生产活动不再是媒体的专利和特权，人人都能成为独立的"新闻发布者"和"新闻传播者"。由于缺少相应的把关人，新闻来源过于庞杂，信息良莠不齐、真假难辨，损害了媒体伦理，影响了媒体行业的发展。另外，网络信息的海量化与人的精力有限性的矛盾带来碎片化阅读、浅阅读问题，也容易使用户对新闻报道产生误读。

（四）网络监管制度建设的滞后

当前，各类新媒体形态处于高速发展之中，媒体行业也在发生着急剧的变革，传统的新闻准则已无法应对全新的传播生态。但是，针对新媒体信息传播活动的相关规范、标准还不够完善。加上新媒体环境的虚拟性、多空间、低门槛等特点，都提高了行业管理的难度。一边是缺乏明确的网络媒体监管规定和网络媒体行为准则，缺少刚性制度的约束；一边是部分媒体行业和从业人员新闻伦理道德的滑坡和媒体素养有待提升的公众，很容易导致媒体伦理的失范与新媒体传播生态的混乱。

（五）用户网络媒体素养的不足

由于新媒体发展历史较短，媒体素养教育跟不上，中国网络的用户媒体素养普遍偏低。新媒体环境下的碎片化信息极易遭人误解，一味接收并传播，缺少重要的信息审核和信息评价环节，引发虚假新闻病毒式传播，从而造成社会恐慌与行业危机。

四、新媒体环境下媒体伦理的重构

"数字化生存"是社会发展的必然趋势,也是人类全新的生活方式。因此,重构与新媒体环境相适应的媒体伦理规范势在必行。鉴于新媒体与伦理问题的多元性、复杂性、发展性,人们对新媒体失范行为的理解和界定也充满争议。一些学者在积极构建新媒体伦理规范的同时,也强调新媒体伦理的探索性、不完整性和原则性。

(一)确立新媒体伦理的基本原则与行为规范

2016 年 4 月 19 日,习近平在北京主持召开网络安全和信息化工作座谈会上指出,要培育积极健康、向上向善的网络文化,用社会主义核心价值观和人类优秀文明成果滋养社会与人心,为广大网民特别是青少年营造一个风清气正的网络空间。这为规范新时期中国的网络传播行为指明了方向。美国学者理查德·A.斯皮内洛曾提出网络媒体伦理的四条规范型原则:自主原则、无害原则、知情同意原则、公正原则[1]。严耕等人也提出了几条构建网络道德的基本原则:全民原则、兼容原则、互惠原则[2]。2016 年,胡钰提出"五个尊重"原则,即尊重客观事实、尊重知识产权、尊重个人隐私、尊重社会公益、尊重国家利益[3]。

20 世纪 90 年代以来,一些地区协会性、行业性的网络伦理规范,网络社区的伦理公约陆续出台。1992 年,美国计算机伦理研究院发布了"计算机伦理十戒",涉及不应用计算机去伤害别人、不应干扰别人的计算机工作、不应窥探别人的文件、不应用计算机进行偷窃等内容。2002 年 3 月 26 日,中国互联网行业协会发布了《中国互联网行业自律公约》,这是中国最早、最全面的对互联网行业进行约束的行为规范。2006 年 4 月 19 日,由中国互联网协会发布《文明上网自律公约》,号召互联网从业者和广大网民从自身做起,承担起应负的社会责任,始终把国家和公众利益放在首位,坚持文明办网、文明上网。除此之外,还有《中国互联网协会反对垃圾邮件规范》(2003 年)、《互联网站禁止传播淫秽、色情等不良信息自律规范》(2004 年)、《中国互联网网络版权自律公约》(2005 年)、《抵制网络谣言倡议书》(2012 年)等一系列计算机与网络相关的行业伦理规范与公约。这些都为新媒体环境下的媒体伦理规范奠定了基础。

(二)构建新媒体环境下媒体伦理的对策措施

在确定新媒体伦理的基本原则和行为规范之后,如何在实践过程中贯彻实施这些伦理原则与规范呢? 建议从媒体、政府、用户三类行动主体入手。

1.建立新媒体从业者自律体系

首先,新媒体从业者应遵循社会公德和职业道德,自觉约束和管理自身行为。当经济利益与传媒伦理发生冲突时,新媒体从业者应作出理性抉择。新媒体行业协会应该组

---

① 理查德·A.斯皮内洛.铁笼,还是乌托邦:网络空间的道德与法律[M].李伦,等,译.北京:北京大学出版社,2007:21.

② 严耕,陆俊,孙伟平.网络伦理[M].北京:北京出版社,1998:188-198.

③ 胡钰.确立新媒体传播的伦理规范[N].人民日报,2016-03-02.

织从业者经常进行学习和培训,提高专业素养,提高把关能力,培养自我约束意识。从业者自律意识的增强,有利于提高新媒体在用户心中的公信力。

其次,软调控与硬调控共同规范新媒体行业及其从业者。实施软调控,即建立相应的新媒体人员道德评议机制。针对新媒体从业人员,应成立专门的道德评议机构,每年对新媒体从业人员所在不同媒体机构之间进行相互的道德评议,加强相互间的监督与管理。道德互评的结果可与从业者考核相挂钩,进一步督促行业者自律。实施硬调控,即制定相应的法规,约束新媒体从业人员的言行,对违反规章制度和职业道德规范的行为和传播活动进行惩戒。尤其针对制作、撰写和发布假新闻的新媒体从业者进行严格惩处,杜绝网络假新闻、有偿新闻,增强用户对新媒体的信任。

最后,针对新媒体从业人员,建立专门的新媒体行业协会。新媒体行业协会制定系统的准则,形成潜移默化的约束力,规范新媒体从业人员,净化新媒体行业环境,重塑新媒体信任体系。

2.健全新媒体机构监管机制

首先,研讨并建立有效的符合市场需求的新媒体监管机制。由于新媒体技术发展迅速,新媒体用户人数逐年递增,新媒体传播内容日益丰富,原先分散监管的办法阻碍了新媒体健康有序的发展。因此,需要形成集中统一的新媒体管理机制。政府与相关部门要做好市场调节者的角色,根据新媒体市场的发展趋势及特点,采取系统性的措施,建立科学、高效、规范的现代化监督管理机制,强化对新媒体的引导、监管及整治;通过制定、规范惩处措施,规避新媒体不当行为,提高新媒体在受众心目中的地位。

其次,完善新媒体管理的法律法规。相对于新媒体的飞速发展,我国法律法规的建设仍然滞后。因此,急需建立健全新媒体相关法律法规,整治行业乱象,使新媒体行业有法可依,为其健康、绿色、安全发展提供良好的法律保护。针对造成恶劣影响的媒体、个人,进行相应的法律惩处,净化网络空间,维护网络暴力受害人的权益,为新媒体公信力的重建提供强有力的法律依据。

3.提升用户的媒体素养[①]

首先,政府要做好新媒体伦理道德建设的宣传工作,通过报纸、电视、网络等不同媒体的宣传,加强用户媒介使用观念的培养,引导用户形成健康使用新媒体的习惯。

其次,利用多方面的力量推进用户的媒体素养教育。可以利用媒体、学校、社区等方面的力量进行宣讲,引导用户合理使用新媒体,正确、有效地筛选信息,杜绝虚假信息、恶意欺骗,提高用户的自我保护意识,维护个人隐私不受侵犯,坚决抵制网络暴力伤害,不传谣、不信谣等。

最后,强化新媒体用户的法律意识,利用法律手段约束新媒体用户的行为,对新媒体用户违反法律的行为进行惩戒。

---

① 详见第二节新媒体素养相关内容。

第二节　新媒体素养

　　媒体行业正在经历着又一次全新的改革，信息传播方式从单向线性传播已演变为多渠道、高互动的现代传播形式，传统媒体与新媒体的媒介融合已是大势所趋。随着 Web 2.0 时代的到来，人人都是传播者、个个都有自媒体，新媒体伦理已然成为一项亟待普及的公民素养。因此，媒体业者与媒体用户如何提高媒体素养，适应新时代的需求，已成为新媒体环境下必须面对的挑战。

一、从媒体素养到新媒体素养

（一）媒体素养

　　媒体素养（media literacy）于 20 世纪 30 年代最先由英国学者利维斯（E.R. Leavis）等人在《文化和环境：批判意识的培养》一书中提出，以保护英国传统的价值观念和文化。1992 年，美国媒体素养研究中心对其给出了定义：媒体素养是指人们面对媒介各种信息时的选择能力、理解能力、质疑能力、评估能力、创造和生产能力以及思辨的反应能力[①]。国内学者张志安、沈国麟认为，媒体素养是人们对各种媒体信息的解读和批判能力以及使用媒体信息为个人生活、社会发展所用的能力[②]。

（二）新媒体素养

　　媒体技术的不断革新让新媒体在现代环境中不断普及，并形成影响社会的强大力量。新媒体素养实则是新传播技术条件下对媒介素养的延伸。

　　新媒体素养是指在互联网革命、社交网络革命的背景下，为了适应新的媒介环境和社会关系的变化，公民为建构更好的社交网络、获取更佳的网络资源、保持更理性的批判思维所应该掌握的新的能力。美国新媒体联合会在 2005 年发布的《全球性趋势：21 世纪素养峰会报告》中将新媒体素养定义为："由听觉、视觉以及数字素养相互重叠共同构成的一整套能力与技巧，包括对视觉、听觉力量的理解能力，对这种力量的识别与使用能力，对数字媒介的控制与转换能力，对数字内容的普遍性传播能力，以及轻易对数字内容进行再加工的能力。"[③]这一说法重视媒介内容特别是数字音视频信息方面的能力，却忽视了社交媒体的发展与影响。

　　一般来说，新媒体素养包括信息识别能力、图像处理能力、信息的组织和联通能力、

①　张玲.媒介素养教育——一个亟待研究与发展的领域[J].现代传播，2004（4）：101.
②　张志安，沈国麟.一个亟待重视的全民教育课题——对中国大陆媒介素养研究的回顾和简评[J].新闻记者，2004（5）：11.
③　A Global Imperative：The Report of the 21st Century Literacy Summit[J]. New Media Consortium，2005.

专注能力、多任务处理的能力、怀疑精神以及道德素养等。麻省理工学院的亨利·詹金斯(H.Jenkins)教授认为,新媒体素养包含11项核心技能:游戏能力、模拟能力、表演能力、挪用能力、多重任务处理能力、分布性认知能力、集体智慧能力、判断能力、跨媒介导航能力、网络能力以及协商能力①。这11项技能强调个体与社区中其他人之间的交流与协作,强调个人与周围环境之间的关系。

瑞妮·霍布斯(Renee Hobbs)认为,在数字时代,媒介素养概念应该扩展。她在《数字与媒介素养》白皮书中提出了"数字与媒介素养(Digital and Media Literacy)"的概念。它包括以下五个方面。

①媒介接触:媒介工具和技术的应用能力。

②分析评价:批判性思考和分析能力。

③媒介创作:信息采编与创作实践能力。

④反映:参与和交往行为中道德思考的能力。

⑤行动:团队协作和合作积极参与能力②。

在此,她将数字与媒介素养定义为全面参与媒体发展、信息化社会所必需的综合能力。

与传统的媒体素养相比,新媒体素养具有三个新的特征。

①在强调受众对媒介的使用、解读能力之外,增加了利用媒介进行表达、传播的能力。在新媒介环境下受众的主动性得到增强,媒介素养的内容由单向的获取信息开始向包括利用媒介主动表达的双向行为拓展。

②在新媒体格局中,传者与受者的界限开始模糊,双方身份出现相互渗透与转化。因此,传统上普遍针对作为受众的公众的媒介素养开始向多元主体的方向拓展,新媒体素养也成为传媒业者专业主义精神的内在要求。

③新媒体素养以网络社区为基础的参与式文化范式为要求,从关注个人表达转向关注社区参与,强调新媒体环境下公民应该具备的社会技能和文化能力。

二、中国新媒体素养的发展现状与存在的问题

近年来,国内已有一些研究机构和高校开始对公众的媒体素养进行实证调查和分析。通过对这些调查结果进行综合梳理,结果表明,新媒体环境下中国公众的媒体素养非常薄弱,存在三个主要问题。

(一)在媒介接触内容上,审美趣味感性化和功利化

当代社会竞争日益激烈,给人们的心理造成了严重的压力。这使得他们接触和应用媒介的目的在很大程度上是为了宣泄情绪、寻求感官刺激、放松心情。轻松、愉快、自由

---

① Jenkins, H(2006). White paper: Confronting the challenges of participatory culture: Media education for the 21st century. Berkeley, CA: MacArthur Foundation.

② Hobbs, R(2010). Digital and media literacy: A plan of action. A white paper on the digital and media literacy recommendations of the Knight Commission on the information needs of communities in a democracy. Washington, DC: The Aspen Institute.

的媒介内容受到普遍青睐,甚至猎奇、猎色、猎暴等也备受推崇,而学术性思想性强的媒体内容则少有人问津。再加上媒介权力的异化、传媒的商业化、媒介信息追逐受众的眼球刺激和感官享受而放弃传媒主流的价值导向。

(二)在媒介的认知判断上,缺乏理性认识

传统媒体素养单向的金字塔式闭合结构日益转向蛋形的扁平结构。由于信息传播的草根性,往往导致不少不负责任、未经核实的言论和信息大行其道。甚至在一些重大事件面前,不加辨别和选择思考,以讹传讹。揭人隐私、造谣中伤、人身攻击、戏谑恶搞等网络不端行为时有发生,它既侵害了他人的合法权利,也影响了新媒体的公信力和健康的舆论氛围。价值取向多元化的同时也易导致对主流文化和道德规范的消解和认同的危机。公众普遍缺乏对媒介信息质疑批判的能力和媒介内容生产和创造的能力。

(三)在媒体素养构成上,偏重于媒体技术,轻道德伦理监督

这导致不少媒体从业人员职业操守模糊,社会责任感缺失,用户则缺乏主体自律和媒介选择意识,媒体失范行为频频发生。在新媒体环境下,用户在网络世界的伦理取向完全是自主自觉的。媒体伦理作为伴随媒体技术高度发展所带来的特殊伦理,迫切呼唤主体的道德自律和外在法律规范的支撑。

三、新媒体环境下媒体素养的指导理念与构建策略

媒体素养决定着新媒体时代公众的生活质量,是信息社会"人的延伸"。新媒介素养是一个多层面、彼此联系、相互影响、动态发展的开放系统。在 Web 2.0、Web 3.0 网络时代,应以"参与式文化"为指导理念,将新媒体素养教育纳入国民教育体系当中,建构一个由学校、政府、社区、家庭、媒体、用户多元参与、立体化的媒体素养知识体系,对不同的群体实施多样化的教育手段,促进全社会新媒体素养水平的提升。

(一)指导理念:从"保护主义"到"参与式文化"

随着媒体的发展,媒体素养的内涵也处于不断变化之中。它经历了保护主义、培养辨别力、批判性解读以及参与式文化的四次范式转移。20 世纪 30 年代到 60 年代为"消极抵抗"时期,由于受到"保护主义"观念的影响,当时媒介素养专家们纷纷强调要培养受众的"文化素养"以免受低俗文化的侵害;20 世纪 60 年代到 70 年代是"辨别取舍"时期,传播效果研究的角度开始由传者向受众转化,受众的地位逐渐得到重视,这个时期的媒介素养教育强调培养受众有选择地获取媒介信息的能力;20 世纪 70 年代到 80 年代属于"批判解读"时期,在原来选择性获取的基础上,进一步培养受众的批判意识,能够对媒介信息进行批判的理解和吸收;20 世纪 90 年代以后,由于互联网技术的发展以及参与式文化的渗透,新媒体素养更为关注受众利用媒介这一工具来进行互动交往、参与社会公共领域的能力。这一时期又称"参与式文化"时期[①]。

"参与式文化"这一概念由詹金斯与其合作者在 1992 年《面对参与式文化的挑战:二

---

① 陆晔.媒介素养的全球视野与中国语境[J].今传媒,2008(2):11.

十一世纪的媒介教育》白皮书中首先提出。詹金斯认为,"参与"涵盖了教育实践、创造过程、社区活动、民主进程等内容。在参与式文化环境中,应该培养青少年的新媒体素养,鼓励年轻人学习并发展参与技能和知识,建立良好的道德体系和伦理框架,为全面参与当代文化生活打下良好的基础①。

(二)策略路径:构建多主体、参与式、立体化的媒体素养知识体系

1.学校:加强理论研究、开设媒体教育课程

第一,要加强媒体素养理论建设,包括媒体素养的宏观理论指导、国家教育的政策性干预和支持、学校学科建设和课程设置以及师资和教材的建设等。借鉴西方媒体素养教育的成功经验,挖掘传统文化,研究传播特点和受众心理,实现传统文化与媒体素养的融合,打造具有中国特色的媒体素养教育。

第二,构建一个包括媒体从业者、受众、传播者三者在内的媒体教育体系。其中以学校媒体素养教育为主渠道,将媒体素养教育纳入学校素质教育范畴,根据受众的特点和年龄,分阶段开设相关课程和专题讲座,使媒体素养教育成为学校的通识教育和终身教育。

2.政府:提高自身公信力、加强宏观管理

第一,政府要重视受众的媒介素养教育,将这项任务作为公民素质教育的一个基本组成部分,并纳入社会主义精神文明建设之中。

第二,政府自身要善于利用新媒体,保证信息的公开和透明,保持公信力,引导舆论的健康发展。

第三,政府也要加强对新媒体的依法管理。有序的网络空间需要公众内化的道德,也需要完善的法律法规,在网络事件频发的今天,新闻立法尤为迫切,有法可依是提高媒介素养的硬性保证。

3.媒体:强化行业自律、传播媒体素养

第一,作为信息传播载体的媒体必须加强行业自律和媒体伦理建设,坚持媒体公信力。避免媒介过分商业化和娱乐化,发扬社会公器的角色,坚持正确的舆论导向和价值取向。

第二,现代媒介要承担传播媒体素养的责任和义务,让人们将媒体素养知识内化为一种自觉性的行动。不论是传统媒体还是新媒体,都应当在发掘有价值的新闻、保证公民知情权的同时,逐步培养用户的批判性思维,以保证良好的传播效果。

4.用户:学习媒体技术、参与社区行动

在信息社会与知识经济的背景下,公众很容易深陷数字迷雾之中。各种新媒介形态的产生提供了更加丰富的传播渠道,产生了更加多样的海量内容,然而这些新媒介与信息的使用要求各种新技术手段的支持。公众需要了解各种新媒介技术,提高信息的传播能力,并实现对媒介信息的获取、遴选、分析、制作与传播的操作,用以处理个人事务。同时,利用个人新媒介传播技能的提高,参与公民社会中的民主协商与公共决策,推动社会

---

① Jenkins, H.(2006). White paper: Confronting the challenges of participatory culture: Media education for the 21st century. Berkeley, CA: MacArthur Foundation.

的和谐发展。

5.家庭：培养媒体素养，要从娃娃抓起

家庭教育对个人尤其是未成年人的新媒体素养的提高是至关重要的。因为未成年人在成长过程中，大部分的媒介接触行为都是在家庭发生的。因此，家长要给孩子进行科学的引导，使孩子适当地接触和使用媒介，培养孩子形成正确的媒体观念。尤其是对电视、网络中出现的不利于孩子成长的负面信息，不能一味地采用禁止的方式来保护他们免受侵害，而应当锻炼他们独立思考的能力，培养其批判性思维，懂得甄别信息的真伪与好坏。

6.社区：聚合社会力量，推行社区教育

以社区为单位开展媒体素养教育是当前国际媒体素养教育发展的新趋势。各类媒体传播协会、大学新闻与传播院系、青少年权益保护组织等社会性团体应该与居民社区合作开展一些经常性的新媒体素养讲座。这也是加强青少年新媒体素养教育的重要社会途径之一。

【课后思考】

1.新媒体失范的表现有哪些，请举例说明。

2.媒体伦理与媒体素养的关系是什么？

3.新媒体素养的主要特征有哪些？

【话题讨论】

1.作为大学生，如何提升自身的新媒体素养？谈谈你的看法。

2.案例：2014年12月31日晚，上海外滩陈毅广场发生踩踏事件，造成36人死亡、49人受伤。第二天，《新京报》以"复旦20岁'才女'外滩踩踏事故中遇难"为标题，登出遇难者的人物特写报道，涉及大量个人信息。随后，多家媒体转载该篇报道，甚至配上遇难者照片。媒体关于复旦女生的报道和转发引起轩然大波，激起一场新闻领域学界与业界等关于灾难报道新闻伦理的论争。有人认为，媒体报道为追求"眼球效应"，对遇难者加以"名校才女""青春美貌"等标签突出报道，有为了新闻噱头消费"死者"之嫌。也有媒体人发声，"报道真相，是新闻媒体最重要的伦理功能。而逝者报道，则是抵达真相的一种方式"。在众多遇难者中对"复旦才女"进行报道，究竟是新闻消费主义还是满足公众知情权，追求公共价值？灾难性事件如何报道，对遇难者如何报道，这些灾难报道中的媒体伦理问题，再次被提上了台面。

请讨论：上海外滩踩踏事故报道引发不少媒体伦理问题的论争，如隐私权和知情权之争，社交媒体信源引用得当与否之争，新闻消费主义与公共价值之争等。请联系本章所学内容，以小组讨论形式，阐明你的立场与看法。

参考文献
REFERENCES

［1］尼葛洛庞帝.数字化生存［M］.胡泳,范海燕,译.海口:海南出版社,1997.

［2］曼纽尔·卡斯特.网络社会的崛起［M］.夏铸九,等,译.北京:社会科学文献出版社,2001.

［3］威廉·米切尔.比特之城:空间·场所·信息高速公路［M］.范海燕,胡泳,译.上海:三联书店,1999.

［4］阿尔文·托夫勒.第三次浪潮［M］.朱志焱,等,译.上海:三联书店,1983.

［5］保罗·莱文森.莱文森精粹［M］.何道宽,译.北京:中国人民大学出版社,2007.

［6］保罗·莱文森.新新媒介［M］.何道宽,译.2 版.上海:复旦大学出版社,2014.

［7］简·梵·迪克.网络社会——新媒体的社会层面［M］.蔡静,译.2 版.北京:清华大学出版社,2014.

［8］马丁·李斯特.新媒体批判导论［M］.吴炜华,付晓光,译.2 版.上海:复旦大学出版社,2016.

［9］威尔克森,格兰特,费舍尔.融合新闻学原理［M］.郭媛媛,贺心颖,译.2 版.北京:中国时代经济出版社.2011.

［10］哈里斯,拉塞尔.多元化趋势［M］.郭武文,周正,译.北京:华夏出版社,2004.

［11］维克托·迈尔-舍恩伯格,肯尼思·库克耶.大数据时代:生活、工作与思维的大变革［M］.盛杨燕,周涛,译.杭州:浙江人民出版社,2013.

［12］迈克尔·海姆.从界面到网络空间——虚拟实在的形而上学［M］.金吾伦,刘钢,译.上海:上海科技教育出版社,2001.

［13］维克托·迈尔-舍恩伯格.删除——大数据取舍之道［M］.袁杰,译.杭州:浙江人民出版社,2013.

［14］劳伦斯·弗里德曼.选择的共和国——法律、权威与文化［M］.高鸿钧,等,译.北京:清华大学出版社,2005.

［15］理查德·斯皮内洛.铁笼,还是乌托邦:网络空间的道德与法律［M］.李伦,译.北京:北京大学出版社,2007.

［16］五十岚清.人格权法［M］.铃木贤,葛敏,译.北京:北京大学出版社,2009.

［17］克利福德·G.克里斯琴斯,等.媒介伦理:案例与道德推理［M］.孙有中,等,译.9 版.北京:中国人民大学出版社,2014.

［18］菲利普·帕特森,李·威尔金斯.媒介伦理学:问题与案例[M].李青蒙,译.北京:中国人民大学出版社,2006.

［19］谢尔·以色列.微博力[M].任文科,译.北京:中国人民大学出版社,2010.

［20］塞伦·麦克莱.媒介社会学[M].曾静平,译.北京:中国传媒大学出版社,2005.

［21］罗伯特·洛根.理解新媒介:延伸麦克卢汉[M].何道宽,译.上海:复旦大学出版社,2012.

［22］尼克·库尔德利.媒介、社会与世界:社会理论与数字媒介实践[M].何道宽,译.上海:复旦大学出版社,2014.

［23］尼古拉斯·盖恩,戴维·比尔.新媒介:关键概念[M].刘君,周竞男,译.上海:复旦大学出版社,2015.

［24］杰伦·拉尼尔.虚拟现实:万象的新开端[M].赛迪研究院专家组,译.北京:中信出版社,2018.

［25］戴维·温伯格.万物皆无序:新数字秩序的革命[M].李燕鸣,译.太原:山西人民出版社,2016.

［26］威廉·J.米歇尔.比特城市:未来生活志[M].余小丹,译.重庆:重庆大学出版社,2017.

［27］迈克·华莱士,贝丝·诺伯尔.光与热:新一代媒体人不可不知的新闻法则[M].华超超,许坤,译.北京:中国人民大学出版社,2017.

［28］佩德罗·多明戈斯.终极算法[M].黄芳萍,译.北京:中信出版社,2017.

［29］朱莉娅·卡热.媒体的未来:数字时代的困境与重生[M].洪晖,申华明,译.北京:中信出版社,2018.

［30］汤姆·斯丹迪奇.从莎草纸到互联网:社交媒体2000年[M].林华,译.北京:中信出版社,2015.

［31］西蒙·罗杰斯.数据新闻大趋势:释放可视化报道的力量[M].岳跃,译.北京:中国人民大学出版社,2015.

［32］张金海.20世纪广告传播理论研究[M].武汉:武汉大学出版社,2002.

［33］明安香.信息高速公路与大众传播[M].北京:华夏出版社,1999.

［34］彭兰.中国网络媒体的第一个十年[M].北京:清华大学出版社,2005.

［35］黄升民,丁俊杰.媒介经营与产业化研究[M].北京:北京广播学院出版社,1999.

［36］匡文波.手机媒体——新媒体中的新革命[M].北京:华夏出版社,2010.

［37］王菲.媒介大融合[M].广州:南方日报出版社,2007.

［38］宫承波,庄捷,翁立伟.媒介融合概论[M].北京:中国广播影视出版社,2011.

［39］麦尚文.全媒体融合模式研究——中国报业转型的理论逻辑与现实选择[M].北京:中国人民大学出版社,2012.

［40］蔡雯.媒体融合与融合新闻[M].北京:人民出版社,2012.

［41］刘建明.社会舆论原理[M].北京:华夏出版社,2002.

［42］陈力丹.舆论学——舆论导向研究[M].北京:中国广播电视出版社,1999.

[43] 周鸿铎,王文杰,陈鹏.传媒集团运营机制[M].北京:经济管理出版社,2005.

[44] 邵培仁,陈兵.媒介战略管理[M].上海:复旦大学出版社,2003.

[45] 喻国明,张小争.传媒竞争力:产业价值链案例与模式[M].北京:华夏出版社,2005.

[46] 周鸿铎.世界五大媒介集团经营之道[M].北京:经济管理出版社,2005.

[47] 魏永征.新闻传播学法教程[M].2 版.北京:中国人民大学出版社,2002.

[48] 向淑君.敞开与遮蔽[M].北京:知识产权出版社,2011.

[49] 张新宝.名誉权的法律保护[M].北京:中国政法大学出版社,1997.

[50] 展江,吴薇.开放与博弈——新媒体语境下的言论界限与司法规制[M].北京:北京大学出版社,2013.

[51] 张民安.美国当代隐私权研究——美国隐私权的界定、类型、基础及分析方法[M].广州:中山大学出版社,2013.

[52] 张化冰.网络空间的规制与平衡:一种比较研究的视角[M].北京:中国社会科学出版社,2013.

[53] 展江,彭桂兵.媒体道德与伦理·案例教学[M].北京:中国传媒大学出版社,2014.

[54] 张艳秋.理解媒介素养:起源、范式与路径[M].北京:人民出版社,2012.

[55] 谷虹.品牌智能:数字营销传播的核心理念与实战指南[M].北京:电子工业出版社,2015.

[56] 方洁.数据新闻概论:操作理念与案例解析[M].北京:中国人民大学出版社,2015.

[57] 梁丽丽.程序化广告个性化精准投放实用手册[M].北京:人民邮电出版社,2017.

[58] 张立波.基于大数据的文化企业商业模式创新[M].北京:北京大学出版社,2017.

[59] 谭天.媒介平台论:新兴媒体的组织形态研究[M].北京:中国人民大学出版社,2017.

[60] 邓建国.媒体融合:基础理论与前沿实践[M].上海:复旦大学出版社,2017.

[61] 张志安.新媒体与舆论:十二个关键问题[M].北京:中国传媒大学出版社,2016.

[62] 牟怡.传播的进化:人工智能将如何重塑人类的交流[M].北京:清华大学出版社,2017.

[63] 闵大洪.中国网络媒体 20 年(1994—2014)[M].北京:电子工业出版社,2016.

[64] 吴军.智能时代:大数据与智能革命重新定义未来[M].北京:中信出版集团,2016.

[65] 龚铂洋.直播营销的场景革命[M].北京:清华大学出版社,2016.

[66] 张成良.新媒体素养论:理念、范畴、途径[M].北京:人民出版社,2015.

[67] 胡泳.众声喧哗:网络时代的个人表达与公共讨论[M].桂林:广西师范大学出版社,2008.

[68] Jim Sterne. Artificial Intelligence for Marketing Practical Applications[M]. John Wiley & Sons, Inc, 2017.

[69] Weber W., Rall H. Between Data Visualization and Visual Storytelling：The Interactive Information Graphic as A Hybrid Form[J]. Conference Papers-International Communication Association, 2012:1-36.

[70] Wang C. Internet Censorship in the United States：Stumbling Blocks to the Information

Age[J]. IFLA Journal, 2003(3):1-6.

[71] Samuel D. Warren and Louis D. Brandeis. The Right to Privacy[J]. Harvard law review. 1890:193-220.

[72] McKinsey Global Institute. Big Data: The Next Frontier for Innovation, Competition and Productivity[R]. 2011(5):19.

[73] Steve Mann. Wearable Computing: toward Humanistic Intelligence[J]. Intelligent Systems, 2001(3):10-15.

[74] Vallance-Jones, F. Making Journalism Better by Understanding Data[J]. Global Media Journal-Canadian Edition, 2013(1):67-72.

[75] Russell, C.A. Investigating the Effectiveness of Product Placements Intelevision Shows: The Role of Modality and Plot Connection Congruence Onbrand Memory and Attitude [J]. Journal of Consumer Research, 2002(3):306-318.

[76] Yue-ting ZHUANG, Fei WU, Chun CHEN, Yun-he PAN. Challenges and Opportunities: From Big Data to Knowledge in AI 2.0[J]. Frontiers of Information Technology & Electronic Engineering, 2017(1):3.

[77] Gonzalvez, JC, Mochon, F. Operating an Advertising Programmatic Buying Platform: A Case Study[J]. International Journal of Interactive Multimedia And Artificial Intelligent, 2016(6):6-15.

后 记
AFTERWORD

　　本书的写作缘起于我的老同学唐启秀，他硕士研究生毕业后一直就职于重庆大学出版社。在我 2014 年博士毕业后，他曾经多次跟我谈起出一本新闻传播方面的教材，限于能力和精力，我一直未敢应允。2016 年，他再次提起此事，我抱着试一试的心态，向我熟悉的一些博士同学打电话，没想到他们都很爽快地答应了！于是我们就立马启动了教材的编写工作。

　　之所以打算写《新编新媒体概论》这样的教材，一方面是基于我本人有多年教授这门课程的教学经验，并且积累了一点心得；另一方面是因为这是一个全新的领域而且年轻一点的博士都会对此有所关注和研究，这有利于组织人手。

　　虽然写作人员分散在全国各地，但我们一直保持密切沟通。除了通过电话、微信群和 QQ 群这些常规的线上交流方式外，我们还利用回母校聚会、参加学术会议甚至假期旅游等线下方式碰头讨论。比如，教材的基本体例就是 2016 年秋季我们利用在武汉大学参加一个学术会议的契机，会后在星巴克群光店集体讨论确定的。另外，我和编辑唐启秀、副主编刘淑华也曾在武汉、重庆、广州等地就教材的编写工作多次交换意见。

　　作为主编，我要向多方表示诚挚的感谢。首先，我要感谢对教材的编写提出指导和建议的专家、同行和同学。尤其是我的博士生导师张金海教授，他不仅对教材的编写提出了许多宝贵的意见，还亲自为教材作序，鼓励和鞭策我们前进，让我们不忘初心，在求知的路上永不懈怠。其次，我要感谢写作团队的每一位成员。如果没有他们的积极响应和大力支持，这本教材是不可能完成的。正是在他们浓浓的学术情怀和深深的学术情谊的感召和激励下，我才能不畏艰难、不辱使命，担当起组织者的角色并圆满完成工作。再次，我要感谢重庆大学出版社的编辑唐启秀先生。如果把这本教材比喻成一颗种子，那么他的策划和支持就是催生这颗种子生根发芽的阳光和雨露。唯愿这颗种子长成大树！最后，我还要代表团队感谢那些无法一一列举却又对教材的写作有所启迪的专家、学者们。

谭辉煌

2018 年 7 月 8 日于湖北咸宁